*AS ENCRUZILHADAS
DO LABIRINTO IV*

A ascensão da insignificância

CORNELIUS CASTORIADIS

AS ENCRUZILHADAS DO LABIRINTO IV

A ascensão da insignificância

Tradução:
Regina Vasconcellos

PAZ E TERRA

© by Cornelius Castoriadis

C349a

CIP-Brasil. Catalogação na fonte
Sindicato Nacional dos Editores de Livros, RJ.

Castoriadis, Cornelius, 1922-1997
A ascensão da insignificância / Cornelius Castoriadis ; tradução de Regina Vasconcellos. — São Pauo : Paz e Terra, 2002.
— (As encruzilhadas do labirinto ; 4)

Tradução de: La montée de l'insignifiance
ISBN 85-219-0464-9

1. Ciência política – Filosofia. 2. Liberdade – Filosofia. 3. Ciências sociais – Filosofia. I. Título. II. Série.

02-1014   CDD-320.01
                                           CDU-32.01

001130

EDITORA PAZ E TERRA S/A
Rua do Triunfo, 177
Santa Ifigênia, São Paulo, SP — CEP 01212-010
Tel.: (011) 3337-8399
Rua General Venâncio Flores, 305 — Sala 904
CEP 22441-090, Rio de Janeiro, RJ
Tel.: (0xx21) 2512-8744
E-mail: vendas@pazeterra.com.br
Home page: www.pazeterra.com.br

2002
Impresso no Brasil / *Printed in Brazil*

Índice

KAIROS

A crise das sociedades ocidentais 9
Os movimentos dos anos 60 27
Marxismo–Leninismo: a pulverização 41
Entre o vazio ocidental e o mito árabe 57
A degradação do Ocidente 67
A ascensão da insignificância 95

KOINÔNIA

Antropologia, filosofia, política 121
A crise do processo de identificação 145
Freud, a sociedade, a história 163

POLIS

Imaginário político grego e moderno 183
A democracia ateniense: questões falsas e verdadeiras ... 211
A cultura em uma sociedade democrática 225
A dissimulação da ética 239
A democracia como procedimento e como regime 255

Advertência

Reuni aqui a maioria de meus textos dos últimos anos consagrados à situação contemporânea, à reflexão sobre a sociedade e a política. Poderão ser observadas algumas repetições em certos textos. Elas são inevitáveis, quando se faz necessário familiarizar públicos diferentes com os pressupostos do autor, que não são evidentes para todos. Teria sido difícil eliminá-las sem, a cada vez, destruir a ordem lógica da argumentação. Espero poder contar com a indulgência do leitor.

Julho de 1995.

Os textos foram reproduzidos sem modificações, salvo para a correção de alguns *lapsus calami*. As notas originais são chamadas por algarismos arábicos e algumas notas novas por letras. *Post-scriptum* foram acrescentados a dois textos.

KAIROS

A crise das
sociedades ocidentais*

Na presente edição, omiti as três primeiras páginas do texto de 1982 que dizia respeito às situações relativas à Rússia e ao Ocidente no início dos anos 1980. Isso porque hoje elas não teriam mais do que um interesse histórico, embora, a meu ver, sua substância ainda permaneça verdadeira. Durante quarenta anos a coalizão dos mais ricos países da Terra tremeu diante do poder da Rússia, com a metade da população desses países, com fontes produtivas irrisórias em relação às suas, e enredada em uma crise interior contínua e profunda. Contrariamente ao que se diz, a questão não se concluiu pela "vitória do Ocidente", mas pela implosão do regime burocrático que cedeu primeiro ao que se tinha chamado "o processo de decadência competitiva" entre o Ocidente e a Rússia. É ao lado ocidental desta decadência que se referem as páginas que se seguem.

Da mesma forma que a explicação da força relativa da Rússia, a compreensão da fraqueza relativa dos regimes ocidentais remete a causas sociais e históricas. Por trás dos fatos descritos, encontram-se fatores que qualquer um pode constatar: a incoerência, a cegueira, a incapacidade das camadas dominantes ocidentais e de seus agentes políticos. Mas esses fatores, por sua vez, não são concludentes, eles exigem análise. Como e por que as camadas dirigentes de países que, durante cinco séculos, dominaram o planeta, revelam bruscamente um estado de decrepitude que os coloca em situação de inferioridade em relação à estratocracia russa? Como e por que as mais ricas sociedades, as sociedades mais produtivas que a Terra jamais teve, se encontram mortalmente ameaçadas por um regime que não consegue alimentar e alojar decentemente sua população? Como

---

* Publicado em *Politique Internationale*, nº 15, 1982, pp. 13-47.

e por que se produz e se mantém esta fantástica cegueira voluntária das populações ocidentais ante as virtualidades monstruosas dessa situação?

Por trás desses fenômenos se oculta um processo de decomposição das sociedades ocidentais que inclui todas as classes. Apesar dos discursos que se sucedem há três quartos de século — declínio do Ocidente, crise de civilização, crise da sociedade —, essa decomposição fica sempre por compreender e analisar. As páginas que se seguem se propõem a fornecer alguns elementos, fragmentários, desta análise.

A DECOMPOSIÇÃO DOS MECANISMOS DE DIREÇÃO

As manifestações dessa decomposição podem ser facilmente arroladas por meio do fracasso durável das políticas adotadas (ou, mais radicalmente ainda, pela ausência de qualquer política) em todos os domínios essenciais. Se as sociedades ocidentais continuam a funcionar, não é seguramente por culpa de seus dirigentes, mas sim como resultado da extraordinária flexibilidade e adaptabilidade (resiliência) das instituições capitalistas e liberais (traços totalmente desconhecidos pelos críticos e adversários do regime) e das enormes reservas de toda sorte (não somente de riqueza) já acumuladas.

É fácil constatar a ausência (e/ou inadequação radical) das políticas ocidentais em relação ao Terceiro Mundo e em matéria de armamento. Posso apenas evocar brevemente dois outros domínios decisivos em que a mesma situação é manifesta.

O primeiro é o da economia. O capitalismo pôde se manter como sistema social, essencialmente, graças a seu sucesso "econômico": pleno emprego aproximativo, expansão da produção e do consumo. Esta evolução não tinha nada de "fatal" (não mais, simetricamente, do que um "desmoronamento"). O alargamento dos mercados internos — indispensável em escala global, para o sistema tomado em seu conjunto — graças ao aumento secular das remunerações reais, lhe foi imposto pelas lutas dos trabalhadores. Foi preciso um século e meio para que o regime "compreendesse" que uma das condições de seu equilíbrio dinâmico era a igualdade aproximativa dos ritmos de aumento do consumo e de elevação da produtividade, incorporando-a em seu funcionamento. Entretanto, só esta condição não é suficiente, em razão das flutuações quase inevitáveis do investimento e dos ciclos de expansão/contração que elas engendram. Finalmente, após a Segunda Guerra Mundial, os governos foram constrangidos a assumir a gestão da demanda global a fim de manter um pleno emprego aproximativo. É assim que se pôde desenvolver a longa onda de expansão 1945-74, durante a qual a economia capitalista conheceu apenas flutuações menores.

Não era necessário ser um grande especialista para prever que uma fase ininterrupta de pleno emprego deveria criar outros problemas à economia capitalista.[1] Manifestas (e agravadas por outros fatores) na Grã-Bretanha desde os anos 50, essas dificuldades se generalizaram por todos os países industriais durante a segunda metade dos anos 60, levando a uma aceleração contínua da alta dos preços. Os "acidentes" sucessivos que representaram a Guerra do Vietnã e seu modo de (não-)financiamento dos Estados Unidos, a crise monetária internacional de 1970 e, enfim, a guerra do Kippur e o embargo do petróleo, os fizeram explodir.

Já faz oito anos [1982] que os governos ocidentais vêm demonstrando com clareza sua incapacidade diante dessa situação. As políticas aplicadas tiveram, globalmente, como único resultado quebrar a expansão e provocar uma subida grave e contínua do desemprego, sem com isso reduzir sensivelmente a alta dos preços. À inflação auto-sustentada veio juntar-se uma estagnação auto-sustentada, uma reforçando a outra. O empobrecimento mental absoluto dos meios dirigentes se exprime pelas pro-

---

1. M. Kalecki já o tinha previsto em um artigo célebre publicado em 1943. Eu também tinha analisado o problema com base no exemplo da Grã-Bretanha em "Le mouvement révolutionnaire sous le capitalisme moderne", *Socialisme ou Barbarie*, nº 33, dez. 1961, retomado agora em *Capitalisme moderne et révolution*, 2, Paris, 10/18, 1979, pp. 149-51; em relação ao problema em geral e à inflação dos anos 1960-1970, ver "Introduction à l'édition anglaise de 1974", *ibid*, pp. 234-58.

clamações relativas à falência do keynesianismo (o mesmo que dizer que nosso fracasso diante do câncer demonstra a falência de Pasteur), a voga do monetarismo (repetição da velha teoria quantitativa da moeda, tautologia da qual se sabe há muito tempo que sua transformação em teoria "explicativa" é falaciosa) ou novas invenções demonológicas, como os *supply side economics*. Por quanto tempo o sistema poderá fazer frente à subida contínua do número de desempregados e à estagnação do nível de vida daqueles que trabalham? Os bolsões de pobreza e de miséria relativa (e por vezes absoluta) nos países industriais, cujo peso era, até aqui, atenuado pela expansão geral e pelas antecipações concomitantes (o "terço submerso" de Roosevelt tinha sido sucessivamente transformado em "um quarto", depois em "um quinto"), transformam-se em bolsões permanentes e cada vez maiores de gente sem recurso e sem esperança. Os elementos que no deslocamento dos valores e das motivações chegaram a cimentar, bem ou mal, a sociedade (as antecipações de alta do nível de vida e as possibilidades não nulas de "promoção" na escala das qualificações e da renda) estão desaparecendo. Enfim, nas economias capitalistas sem crescimento, o desemprego não pode senão continuar a aumentar de alguns por cento da população ativa por ano (correspondendo ao crescimento natural da população, aumentado pelos efeitos pelos investimentos *labour-saving*).

O segundo domínio — que posso apenas mencionar — é aquele do complexo dos problemas designados pelos termos "energia", "fontes não renováveis", "meio ambiente", "ecologia". Em parte mascarados no presente pela estagnação econômica, eles se agravam com o passar do tempo. Aqui, ainda, as políticas são inexistentes, ou sem medida comparável com a gravidade potencial dessas questões.

Superficialidade, incoerência, esterilidade das idéias e versatilidade das atitudes são então, evidentemente, os traços característicos das direções políticas ocidentais. Mas como explicar sua generalização e sua persistência?

Certamente, os mecanismos de recrutamento e de seleção dos agentes políticos têm aí uma parte importante. Mais ainda do que nos aparelhos burocráticos que dominam as outras atividades sociais, a dissociação entre a possibilidade de promoção e a capacidade de trabalhar eficazmente atinge um ponto limite dentro dos partidos políticos. A "política", no sentido corrente do termo, tem sido em todos os tempos uma atividade bizarra. Ela sempre exige que se combinem as faculdades e as capacidades específicas requeridas, segundo o tipo de regime considerado, para "ter acesso ao poder", e as faculdades e as capacidades requeridas para saber utilizar este poder. Em si, a arte oratória, a memória das fisionomias, a capacidade de fazer amigos e de conquistar partidários, de dividir e enfraquecer os oponentes nada tem a ver com o gênio legislativo, o talento administrativo, a direção da guerra ou da política exterior; da mesma forma que, sob um regime absolutista, a arte de agradar ao monarca não tem relação com a arte de governar.

Entretanto, é evidente que qualquer regime só pode sobreviver se, de uma maneira ou de outra, seus mecanismos e dispositivos de seleção dos agentes políticos conseguirem combinar, bem ou mal, na medida do possível, esses dois requisitos. Não vamos examinar aqui como os regimes parlamentares (ou "republicanos") ocidentais resolveram, no passado, o problema. O fato é que, se durante cem ou 150 anos, dirigentes "capazes" e "incapazes" se alternaram no poder, raros são os casos em que a incapacidade governamental tenha constituído um fator de evolução decisivo.

O oposto é verdadeiro no período contemporâneo. Pode-se encontrar para esse fenômeno causas sociológicas gerais: vasto movimento de despolitização e de privatização, desintegração dos dispositivos de controle e de correção que atuavam sob os regimes parlamentares clássicos, esfacelamento do poder entre *lobbies* de toda espécie. Retomarei esta questão mais adiante. Mas é preciso sublinhar muito particularmente dois fatores específicos da organização "política" moderna.

O primeiro está ligado à burocratização dos aparelhos políticos (partidos). Para todos os partidos vale mais ou menos a regra absoluta do partido burocrático totalitário contemporâneo: a capacidade de ascensão no aparelho não tem, em princípio, qualquer relação com a capacidade de gerir os negócios dos quais ele está encarregado.[2] A seleção dos mais aptos é a seleção dos mais aptos a se fazerem selecionar.

O segundo é próprio dos países liberais. A escolha dos principais líderes, como se sabe, significa designar as personagens mais "vendáveis".[3] No aparelho burocrático totalitário contemporâneo, o tipo de autoridade não é nem racional, nem tradicional e nem carismático, para retomar as distinções de Max Weber. É difícil, por exemplo, discernir o carisma de M. Brejnev. Este tipo de autoridade ainda é novo e precisamos dar-lhe um nome — vamos chamá-lo de autoridade *inercial*. Entretanto, nos aparelhos burocráticos liberais (ou flexíveis), como são os partidos políticos ocidentais, assiste-se ao retorno de um tipo de autoridade "carismática": o carisma é aqui, simplesmente, o talento particular de uma espécie de ator que representa o papel do "chefe" ou do "homem de Estado". (Isso era evidente muito tempo antes da eleição de Ronald Reagan, que não é, a este respeito, senão um símbolo exagerado até a mediocridade.) Sabemos que essa evolução foi induzida pela fantástica expansão do poder da mídia e da dependência que ela impõe. Quanto à seqüência do processo, Kafka já a descreveu admiravelmente em *Josefina, a cantora*. A partir do momento em que a tribo admitiu publicamente que M. X. é um "grande chefe", ela se sente obscuramente obrigada a continuar a representar o seu papel: aplaudir.

Esses dirigentes acidentais e inelutáveis se encontram colocados à frente do imenso aparelho burocrático que é o Estado moderno, portador e produtor orgânico de uma irracionalidade prolífera,[4] e entre seus agentes o velho *ethos* burocrático (do alto escalão ao modesto funcionário consciencioso) se rarefaz. E eles devem fazer face a uma sociedade que se desinteressa cada vez mais da "política", ou seja, de seu destino enquanto sociedade.

---

2. *Devant la guerre*, Paris, Fayard, 1981, pp. 234-47; e os textos citados, *ibid.*, p. 245.
3. "Le mouvement révolutionnaire sous le capitalisme moderne", *op. cit.*, pp. 130, 140.
4. Ver os textos citados na nota 2.

A CRISE DAS SOCIEDADES OCIDENTAIS

O DESAPARECIMENTO GRADUAL DO CONFLITO SOCIAL E POLÍTICO

Uma das características dos países ocidentais tem sido, há séculos, a existência (desconhecida praticamente em qualquer outro lugar na História) de uma dinâmica sociopolítica, produzindo uma emergência contínua de correntes e de movimentos que visavam a encarregar-se da sociedade, propondo, ao mesmo tempo, modificações essenciais de suas instituições e orientações definidas das atividades sociais, ambas procedentes de — ou ligadas a — sistemas de crenças (ou "ideologias", etc.), e que se opunham, evidentemente, às tendências e correntes contrárias.

Ora, nos últimos trinta anos, estamos assistindo a um desaparecimento de fato desses movimentos. No plano "político" *stricto sensu*, os partidos, inteiramente transformados em máquinas burocráticas, não obtêm mais do que um apoio puramente eleitoral de cidadãos que eles se tornaram incapazes de "mobilizar", em qualquer sentido que se dê ao termo. Esses mesmos partidos morrem de inanição ideológica, repetem incansavelmente as ladainhas nas quais ninguém mais acredita (socialistas e comunistas na Europa Ocidental), ou então camuflam em "novas teorias" e "novas políticas" superstições antiquadas (Thatcher, Reagan, etc.).

Os sindicatos contemporâneos não passam de *lobbies* que defendem os interesses setoriais e corporativos de seus adeptos. Há aqui alguma coisa a mais do que aquilo que venho analisando há muito tempo como a burocratização dos sindicatos. De uma parte, não se pode mais falar verdadeiramente de uma burocracia sindical bem ou mal "unificada", perseguindo objetivos próprios (pouco importa quais); o único objetivo dessa burocracia é sua autoconservação. De outra parte, já não basta dizer que esses sindicatos "traem" os interesses de seus mandantes ou que eles os "negociam", tentando, sobretudo, evitar os conflitos com os capitalistas e a burocracia administrativa. Se necessário, eles certamente entram em conflito, mas para defender interesses corporativos, dando-lhes uma definição que transforma as diferentes categorias de trabalhadores em outros tantos *lobbies*.

Os grandes movimentos que há vinte anos vêm sacudido as sociedades ocidentais — jovens, mulheres, minorias étnicas e culturais, ecologistas — certamente tiveram (e conservam potencialmente) uma importância considerável sob todos os pontos de vista, e seria inconseqüente acreditar que seu papel esteja terminado. Mas, atualmente, seu refluxo os deixa numa situação de grupos não somente minoritários, mas fragmentados e setoriais, incapazes de articular seus objetivos e seus meios em termos universais ao mesmo tempo objetivamente pertinentes e mobilizadores. Estes movimentos abalaram o mundo ocidental, eles até mesmo o mudaram, mas, simultaneamente, fizeram com que ele se tornasse ainda menos viável. Fenômeno chocante, mas que, finalmente, não surpreende, porque, se eles puderam fortemente contestar a desordem estabelecida, não puderam ou não quiseram assumir um projeto político positivo. O nítido resultado provisório que se seguiu a seu refluxo foi o deslocamento acentuado dos regimes sociais sem o aparecimento de novos objetivos de conjunto ou de suportes para tais objetivos. Sua ilustração máxima é dada pelos fatos e gestos do movimento contestatório na Alemanha: 300 mil manifestantes contra os foguetes Pershing, dezenas de milhares de manifestantes em Frankfurt contra a extensão do aeroporto, mas nem um único manifestante contra a instauração do terror militar na Polônia. Se existe o desejo de manifestar contra os perigos biológicos da guerra ou contra a destruição de um bosque, existe igualmente um desinteresse total em relação às jogadas políticas e humanas ligadas à situação mundial contemporânea.

 A sociedade "política" atual está cada vez mais fragmentada, dominada por *lobbies* de todo tipo, que criam um bloqueio geral do sistema. Cada um desses *lobbies* é, com efeito, capaz de entravar eficazmente toda política contrária a seus interesses reais ou imaginários; nenhum dentre eles tem uma política geral e, mesmo que a tivessem, não teriam a capacidade de impô-la.

EDUCAÇÃO, CULTURA, VALORES

A questão é saber em que medida as sociedades ocidentais ainda são capazes de fabricar o tipo de indivíduo necessário a seu funcionamento continuado.

O primeiro e principal ateliê de fabricação de indivíduos adequados é a família. A crise da família contemporânea não consiste somente, e nem em grande medida, em sua fragilidade estatística. O que está em causa é a degradação e a desintegração dos papéis tradicionais — homem, mulher, pais, filhos — e sua conseqüência: *a desorientação informe* das novas gerações. O que foi dito anteriormente sobre os movimentos dos últimos vinte anos vale também neste campo (embora o processo remonte, no caso da família, a muito mais longe, e já tenha mais de três quartos de século nos países mais "evoluídos"). A desintegração dos papéis tradicionais exprime o impulso dos indivíduos em direção à autonomia e contém germes de uma emancipação. Mas tenho notado há muito tempo a ambigüidade de seus efeitos.[5] Quanto mais o tempo passa, mais se está em condições de questionar se este processo se traduz pela eclosão de novos modos de vida ou pela desorientação, pela anomia.

Pode-se perfeitamente conceber um sistema social em que o papel da família seria diminuído, ao mesmo tempo em que seria aumentado o de outras instituições de educação e criação. De fato, numerosas tribos arcaicas, como, aliás, também Esparta, empregaram tais sistemas. No Ocidente mesmo, a partir de uma certa época, esse papel foi assumido de maneira crescente pelo sistema educativo de um lado, e pela cultura ambiente de outro — geral ou particular (local: vilarejo; ou ligada ao trabalho: fábrica, etc.).

Ora, o sistema educativo ocidental entrou, há uns vinte anos, em uma fase de desagregação acelerada.[6] Ele está passan-

---

5. "La crise de la société moderne" (1965), em *Capitalisme moderne et révolution*, 2, *op. cit.*, pp. 293-316.
6. "La jeunesse étudiante" (1963), *ibid*, pp. 259-86.

do por uma crise dos conteúdos: o que é transmitido, o que deve *ser* transmitido, e a partir de quais critérios? Ou seja: uma crise dos "programas" e uma crise daquilo *em vista do que* esses programas são definidos. Ele conhece também uma crise da relação educativa: o tipo tradicional da autoridade indiscutível desabou, e tipos novos — o professor-colega, por exemplo — não chegam a se definir, a se afirmar ou a se propagar. Mas todas essas observações permaneceriam ainda abstratas caso não estivessem ligadas a mais flagrante e perturbadora manifestação da crise do sistema educativo, aquela que ninguém ousa sequer mencionar. Nem alunos nem professores se interessam mais pelo que se passa na escola como tal, a educação não é mais *investida* como educação pelos participantes. Ela se tornou um penoso ganha-pão para os educadores, uma imposição tediosa para os alunos — para quem ela deixou de ser a única abertura extrafamiliar —, alunos que não têm a idade (nem a estrutura psíquica) necessária para ver nela um investimento instrumental (cuja rentabilidade, aliás, se torna cada vez mais problemática). Em geral, trata-se de obter um "papel" que permita exercer um ofício (caso se encontre trabalho).

Dir-se-á que, no fundo, nunca foi de outro modo. Talvez. A questão não é esta. Antigamente — e não faz muito tempo —, todas as dimensões do sistema educativo (e os valores aos quais elas remetiam) eram incontestáveis; elas deixaram agora de sê-lo.

Saindo de uma família frágil, freqüentando — ou não — uma escola vivenciada como uma obrigação penosa, o jovem indivíduo se encontra confrontado com uma sociedade na qual todos os "valores" e "normas" são, de certa forma, substituídos pelo "nível de vida', pelo "bem-estar", pelo conforto e pelo consumo. Nem religião, nem idéias "políticas", nem solidariedade social com uma comunidade local ou de trabalho, com "colegas de classe". Se ele não se marginaliza (droga, delinqüência, instabilidade "de caráter"), resta-lhe a via real da privacidade, que ele pode ou não enriquecer com uma ou várias manias pessoais. Nós vivenciamos a sociedade dos *lobbies* e dos *hobbies*.

O sistema educativo clássico era alimentado, "do alto", pela cultura viva de sua época. O mesmo acontece com o sistema educativo contemporâneo — para sua desgraça. A cultura contemporânea torna-se, cada vez mais, uma mistura de impostura "modernista" e de impostura de museu.[7] Há muito tempo que o "modernismo" se tornou uma velharia, cultivada por si mesma, fundada freqüentemente sobre simples plágios que só são admitidos graças ao neo-analfabetismo do público (percebe-se isto, notadamente, na admiração professada pelo público parisiense "culto", já há alguns anos, por encenações teatrais que repetem, diluindo-as, as invenções de 1920). A cultura passada não está mais viva em uma tradição, mas é o objeto de um saber de museu e de curiosidades mundanas e turísticas reguladas pelas modas. Neste plano, e por banal que seja, a qualificação de alexandrinismo se impõe (e começa mesmo a ser insultante para Alexandria); tanto mais que, no domínio da reflexão mesma, a história, o comentário e a interpretação substituem progressivamente o pensamento criador.

A RUÍNA DA AUTO-REPRESENTAÇÃO DA SOCIEDADE

Não pode haver sociedade que não *seja* alguma coisa para si mesma; que não se *represente como* sendo alguma coisa — o que é conseqüência, parte e dimensão do que ela deve *estabelecer* que *é* "alguma coisa".

Essa "alguma coisa" não é nem simples "atributo" ordinário, nem "assimilação" a um objeto qualquer, natural ou não. A sociedade coloca-se como sendo alguma coisa, um ente singular e único, nomeado (reconhecível) mas, por outro lado, "indefinível" (no sentido físico ou lógico); ela se coloca, de fato, como uma substância sobrenatural mas suficientemente conhecida, detalhada, re-presentada por "atributos" que são a cunhagem

---

7. "Transformation sociale et création culturelle", *Sociologie et sociétés*, Montreal, 1979; retomado agora in *Le contenu du socialisme*, Paris, 10/18, 1979, pp. 413-39. Ver também, agora, "L'époque du conformisme généralisé", in *Les carrefours du labyrinthe*, III: *lemonde morcelé*, Paris, Le Seuil, 1990, pp. 11-24.

das significações imaginárias que mantêm a sociedade — e *esta* sociedade — unida. "Para si mesma", a sociedade não é jamais uma coleção de indivíduos efêmeros, substituíveis, vivendo em um dado território, falando uma mesma língua, praticando "exteriormente" os mesmos costumes. Ao contrário, esses indivíduos "pertencem" a esta sociedade *porque* eles participam de suas significações imaginárias sociais, de suas "normas", "valores", "mitos", "representações", "projetos", "tradições", etc., e porque eles partilham (quer saibam eles ou não) a vontade de ser desta sociedade e de fazê-la ser continuamente. Tudo isso faz evidentemente parte dessa instituição em geral — e da sociedade a qual, em dado momento, nos referimos. Os indivíduos são os seus únicos portadores "reais" ou "concretos", tais como eles foram precisamente moldados, fabricados pelas instituições — isto é, por outros indivíduos, eles mesmos portadores dessas instituições e das significações correlativas.

O que significa dizer que todo indivíduo deve ser portador, "suficientemente quanto à necessidade/uso" desta *representação de si* da sociedade. Trata-se de uma condição vital da existência *psíquica* do indivíduo singular. Mas (o que é muito mais importante no presente contexto), trata-se também de uma condição vital da existência da própria sociedade. O "eu sou alguma coisa" do indivíduo — cidadão ateniense, comerciante florentino ou outro —, que dissimula para si mesmo o abismo psíquico sobre o qual ele vive, só é reconhecível e, sobretudo, só tem sentido e conteúdo com referência às significações imaginárias e à constituição do mundo (natural e social), criadas por sua sociedade. O esforço do indivíduo de ser X ou de se manter como X é, *ipso facto*, esforço para fazer existir e fazer viver a instituição de sua sociedade. É por meio dos indivíduos que a sociedade se realiza e se reflete por partes complementares que não podem se realizar e se refletir (reflexionar) senão realizando-a e refletindo-a (reflexionando-a). Ora, a crise das sociedades ocidentais contemporâneas pode ser, por excelência, percebida com referência a esta dimensão: a ruína da auto-representação da sociedade, o fato de que essas sociedades não podem mais se colocar como "alguma coisa" (de outra forma que não de modo exterior e descritivo), ou então considerando que a maneira como elas se colocam se degrada, se aniquila, se esvazia, se contradiz. Isto não é senão uma outra maneira de dizer que há uma crise das significações imaginárias sociais, que elas não fornecem mais aos indivíduos as normas, os valores, os pontos de referência, as motivações que lhes permitam fazer funcionar a sociedade, mantendo-se eles mesmos, bem ou mal, em um "equilíbrio" suportável (a "desgraça banal" que Freud opunha à "miséria neurótica").

Para tentar evitar qualquer mal-entendido ou sofisma (que são, de qualquer modo, inevitáveis): não estou afirmando que as sociedades antigas ofereciam aos seres humanos a "felicidade" ou a "verdade", nem tampouco que suas ilusões valiam mais do que as ilusões, ou a ausência de ilusões, da sociedade contemporânea. Eu me coloco em um ponto de vista *de fato*: as condições de fabricação de indivíduos sociais capazes de fazer funcionar e reproduzir a sociedade que os fez existir. É deste ponto de vista que o *valer* (*Gelten*) das significações imaginárias sociais é condição *sine qua non* da existência de uma sociedade. Da mesma forma que não se poderia dizer que a crise das significações imaginárias sociais no mundo contemporâneo implica, pura e simplesmente, uma reação à alienação, uma liberação, uma "abertura" da sociedade à sua própria questão. Para que uma "abertura" assim tenha lugar, ainda é preciso que esta sociedade seja outra coisa que não uma simples coleção de indivíduos exteriormente uniformes e homogeneizados. A sociedade só pode se abrir à sua própria questão se, nesta questão e por meio dela, ela se afirma ainda como sociedade; ou seja, se a *sociabilidade como tal* (e, por outro lado, a historicidade como tal) é positivamente afirmada e colocada como aquilo que, em seu *fato de ser* (o *Dass-sein*) não constitui uma questão, mesmo que constitua questão em seu ser-determinado (o *Was-sein*).

Ora, o que está precisamente em crise hoje é a *sociedade como tal* para o homem contemporâneo.[8] Paradoxalmente,

---

8. No que se refere à sociedade russa, ver *Devant la guerre, op. cit.*, capítulo 4, em particular pp. 251-64.

estamos assistindo simultaneamente a uma hiper ou supersocialização (fatual e externa) da vida e das atividades humanas, e a uma "rejeição" da vida social, dos outros, da necessidade da instituição etc. O grito de guerra do liberalismo no início de século XIX, "o Estado é o mal", tornou-se hoje: "a sociedade é o mal". Não estou falando aqui dos pseudofilósofos confusos da época (que, de resto, exprimem sobre este ponto, sem o saberem, um movimento histórico que os ultrapassa de longe), e sim da "vivência subjetiva", cada vez mais típica do homem contemporâneo. Aí está a ponta extrema do que venho analisando, há vinte anos, como a privatização nas sociedades modernas; algumas análises recentes têm ilustrado outros aspectos dessa privatização sob o título de "narcisismo". Deixemos este aspecto, que pode dar oportunidade a fáceis disputas, e coloquemos brutalmente esta questão: o homem contemporâneo *quer* a sociedade na qual ele vive? Ou ele *quer* uma outra? Ou ainda, será que ele *quer* uma sociedade em geral? A resposta se lê nos atos, e na ausência de atos. O homem contemporâneo comporta-se como se a existência em sociedade fosse uma odiosa obrigação, que só uma infeliz fatalidade o impedisse de evitar. (Que esta seja a mais monstruosamente infantil das ilusões não muda evidentemente em nada os fatos.) O homem contemporâneo típico age como se ele *suportasse* a sociedade à qual, de resto (sob a forma do Estado ou de outrem), ele está sempre pronto a imputar todos os seus males e a apresentar — ao mesmo tempo — demandas de assistência ou de "soluções a seus problemas". Ele já não alimenta projeto relativo à sociedade — nem o de sua transformação, nem mesmo o de sua conservação/reprodução. Ele já não aceita as relações sociais nas quais se sente preso e que apenas reproduz porque não pode deixar de fazê-lo. Os atenienses ou os romanos *queriam ser* (e muito explicitamente) atenienses ou romanos; os proletários de antigamente deixavam de ser matéria de exploração a partir do momento em que *queriam ser* outra coisa além daquilo que o regime lhes impunha ser — e esta "outra coisa" era para eles um projeto coletivo. Quem poderia dizer, então, o que homem contemporâneo deseja ser? Passemos dos indivíduos ao todo: a sociedade presente não se deseja como sociedade, ela apenas se suporta. E, se ela não deseja ser, é porque ela não pode nem manter nem forjar uma representação de si mesma que seja capaz de afirmar e valorizar, ou engendrar um projeto de transformação social ao qual possa aderir e pelo qual queira lutar.

Um desmoronamento análogo afeta a outra dimensão da auto-representação da sociedade: a dimensão da historicidade, a definição pela sociedade de sua referência à sua própria temporalidade, sua relação com o seu passado e seu futuro.

Eu me limitarei aqui, no que se refere ao passado, a sublinhar o paradoxo no qual a sociedade contemporânea vive sua relação com a "tradição", e por intermédio do qual ela tende, na realidade, a abolir esta tradição. Trata-se da coexistência de uma hiper-informação e de uma ignorância e indiferença essenciais. A coleção das informações e dos objetos (até então nunca tão praticada) vai de par com a neutralização do passado: objeto de saber para alguns, de curiosidade turística ou de *hobby* para outros, o passado não é fonte e raiz para ninguém. Como se fosse impossível manter-se imparcial diante do passado, como se não pudéssemos sair do absurdo dilema — imitação servil ou negação pela negação, — senão pela indiferença. Nem "tradicionalista" nem criadora e revolucionária (apesar das histórias que ela conta a respeito) a época vive sua relação com o passado de uma forma tal que esta relação passa a representar uma inovação histórica: a da mais perfeita exterioridade.

Durante muito tempo, ela pôde — e nós pudemos — pensar que esta estranha abolição da relação com o passado viesse de uma relação nova e intensa instaurada com o "futuro" da sociedade. Marx, na qualidade de "chantre" da época burguesa de um lado, e a realidade (uma certa realidade) da sociedade americana de outro, encontravam-se aqui. A intensa preocupação com o futuro, a concentração nos projetos de transformação, as alterações que a modernidade fazia surgirem, teriam significado (e justificado) uma ruptura radical com o passado. *History is bunk* (a História é uma ninharia), dizia Henry Ford; o Modelo T, evidentemente, não o era.

Isso foi verdade durante um certo tempo (e deve ser explorado, o que não pode ser feito aqui). Já não é mais. No que concerne à cultura substantiva, a época de grande criatividade moderna chegou a seu fim por volta de 1930.[9] Como então esta sociedade tinha visto o seu futuro? Outras, antes dela, tinham visto o seu como repetição indefinida ou como espera da realização de uma promessa mítica. Ela a viveu na ideologia do "progresso" — sempre gradual (liberalismo) ou conduzindo, bruscamente, a uma transformação qualitativa (marxismo/anarquismo).

De fato, as duas variantes (progresso banal e progresso "revolucionário") se inscreviam na mesma interpretação global da História. De acordo com essa interpretação, havia uma "fatalidade do progresso" (era também a posição explícita de Marx e aquela que, implicitamente, é requerida para que o conjunto de seus trabalhos tenha um sentido). Havia também, mais profundamente, a necessidade de que a História "fizesse sentido" (o papel da herança judaico-cristã foi decisivo a este respeito; mas sua posição é igualmente consubstancial com a posição filosófica greco-ocidental dominante, a da centralidade do *logos* tornado Razão, e Razão divina). Pouco importa que este "sentido" tenha sido traduzido em termos de "progresso" (e não mais de "prova", por exemplo), e, finalmente, cunhado em moeda corrente — acumulação das forças produtivas e "elevação do nível de vida".[10]

Essa representação (criticada, como se sabe, desde o século XIX) foi duramente sacudida pela Primeira Guerra, depois pelo fascismo, e pelo nazismo, pela Segunda Guerra. A eliminação do nazismo, a fase de expansão da economia capitalista, a descolonização lhe deram ainda um quarto de século de vida suplementar. Ela se beneficiava também de um outro suporte: deixava

---

9. Ver os textos citados na nota 7.
10. Ver "Réflexions sur lê développement et la rationalité", in C. Mendes (ed.), *Le mythe du développement*, Paris, Le Seuil, 1977, pp. 205-40. (Agora em *Les carrefours du labyrinthe*, II: *domaines de l'homme*, Paris, Le Seuil, 1986, pp. 131-74.)

que os ocidentais permanecessem cegos diante do fato de que a "a vitória sobre o nazismo" tinha sido acompanhada pela consolidação e pela expansão considerável do totalitarismo comunista. A fatalidade do progresso permitia que o comunismo — ou os seus aspectos mais antipáticos — fosse tratado como um fenômeno "transitório" e que se pudesse ficar à espera da "liberalização" inelutável do regime, que estávamos, e continuamos, prontos a financiar.

O despertar definitivo tardou, mas foi brutal. Os países recentemente descolonizados não se precipitavam em direção às delícias do parlamentarismo. O *homo œconomicus* tardava a fazer sua aparição; quando aparecia, como em vários países da América latina, era para condenar a grande maioria de seus irmãos à miséria mais atroz, sob a proteção de militares e de torturadores educados *ad hoc* pela "maior democracia do mundo". A crise do meio ambiente e a perspectiva do "crescimento zero" vinham minar do exterior a representação do futuro como crescimento exponencial indefinido — antes que os choques do petróleo e a inflação rebelde a todos os remédios o fizessem do interior. O homem ocidental pôde, por muito tempo, olhar os selvagens como curiosidades etnográficas e as fases precedentes da História como etapas da marcha em direção à felicidade contemporânea; pôde ignorar que, sem nada que os obrigue a isso, 600 milhões de hindus continuem a viver sob um regime rígido de castas (ao mesmo tempo em que praticam o "parlamentarismo" e constroem uma bomba nuclear). As façanhas de Idi Amin e de Bokassa na África, a explosão islâmica no Irã, as atribulações do regime chinês, os massacres no Camboja e os *boat-people* do Vietnã acabaram por abalar sua certeza de representar a realização da finalidade inata da humanidade inteira. Se ele tivesse compreendido alguma coisa sobre o que se passa na Rússia e nos países que ela escravizou, sobre a invasão do Afeganistão, sobre a instauração de uma ditadura militar na Polônia "socialista" e "popular", deveria ter-se dado conta de que a sociedade na qual vive constitui apenas uma muito improvável exceção, seja na história da humanidade, seja em sua geografia contemporânea.

Esse novo questionamento do "universalismo" aparente da cultura ocidental só podia exercer um efeito equilibrador sobre a auto-representação dessa cultura e sobre a imagem que ela podia construir de seu futuro. A natureza deste efeito não estava determinada *a priori*. Ela teria podido encontrar aqui motivos para defender mais firmemente os valores aos quais pretende ainda aderir. Mas, ao contrário, ela parece perder, em virtude desta crise, a confirmação de si mesma, que buscava no exterior. Tudo se passa como se, por um curioso fenômeno de ressonância negativa, a descoberta pelas sociedades ocidentais de sua especificidade histórica terminasse por abalar sua adesão ao que puderam e quiseram ser e, mais ainda, sua vontade de saber o que elas querem, no futuro, ser.[11]

---

11. (1995) A entrada da economia capitalista há dois anos em uma fase de expansão não modifica essencialmente a análise que precede. Essa expansão moderada tem lugar, de resto, sobre o pano de fundo de novas evoluções carregadas de conseqüências. Há 15 anos, a profunda regressão mental das classes dirigentes e dos agentes políticos, que conduziu à "liberalização" total da economia (da qual na França os "socialistas" foram os protagonistas heróicos) e à globalização cada vez mais efetiva da produção e das trocas, tiveram como resultado a perda do controle dos Estados nacionais sobre suas economias. Elas foram acompanhadas, como seria de prever, por uma explosão da especulação, que transforma cada dia mais a economia capitalista em cassino. Nessas condições, mesmo um retorno às políticas keynesianas, que pressupõem o domínio do Estado sobre o câmbio externo e as políticas de moeda e crédito, não teria muito efeito. Ver também o *Post-scriptum* de "Délabrement de l'Occident", *infra*, pp. 79-81.

Os movimentos
dos anos 60*

A "interpretação" de Maio de 68 em termos de preparação (ou de aceleração) do "individualismo" contemporâneo constitui uma das mais extremadas tentativas que eu conheço —

---
* Publicado em *Pouvoirs*, nº 39, 1986. Retomado in E. Morin, C. Lefort, C. Castoriadis, *Mai 68: la brèche, suivie de vingt ans après*, Bruxelles, Ed. Complexe, 1988. O texto era precedido da seguinte nota: "Fragmento de um texto sobre Maio de 68, cuja totalidade será proximamente publicada. A primeira parte, não publicada aqui, discute a questão da interpretação dos acontecimentos históricos. Aqui, nas páginas que se seguem, é criticada a interpretação de Maio de 68 de Gilles Lipovetsky (L'*Ere du vide, Essai sur l'individualisme contemporain*, Gallimard, 1983), bem como as de Luc Ferry e Alain Renaut (*La Pensée 68. Essai sur l'antihumanisme contemporain*, Gallimard, 1985), que, desejando um "pluralismo interpretativo", privilegiam muito fortemente as teses de G. Lipovetsky. Sem este privilégio, a ligação que eles tentam estabelecer entre o movimento de Maio e o que eles escolheram chamar, curiosamente, "o Pensamento 68", desmorona. É evidente que a discussão desta parte do trabalho desses três autores — que têm todos minha estima e minha simpatia— não implica a rejeição de outros aspectos de suas obras: as finas análises antropológicas de Lipovetsky ou a vigorosa crítica de Ferry e Renaut das diversas imposturas que dominam há muito tempo a cena intelectual francesa. É ainda mais lamentável que Ferry e Renaut tenham acrescentado a uma análise errônea de Maio de 68 uma ligação completamente falaciosa entre os acontecimentos e uma constelação ideológica que lhes é completamente estranha".

levando em conta a incontestável boa-fé dos autores — de reescrever, a despeito de toda verossimilhança, uma história que a maioria de nós vivenciou, de alterar o sentido dos acontecimentos quando eles estão, se posso assim me expressar, ainda quentes. Tudo aquilo que introduziu uma inovação formidável, e cujos efeitos ainda estão muitas vezes presentes na vida das sociedades contemporâneas e da sociedade francesa em particular, fica apagado dentro dessa perspectiva. A verdade das semanas de confraternização e de solidariedade ativa, quando se dirigia a palavra a qualquer um na rua sem ter medo de passar por louco, quando qualquer motorista parava para dar carona, não teria então sido mais do que egoísmo hedonista. "Fale com seus vizinhos", slogan escrito sobre os muros em Maio de 68, estaria preparando dissimuladamente o isolamento moderno dos indivíduos na sua esfera privada. Os *sit-in* e *teach-in* de toda ordem, em que professores e estudantes universitários, professores e alunos de colégios, médicos, enfermeiros e pessoal auxiliar, operários, engenheiros, contra-mestres, executivos comerciais e administrativos ficavam durante dias e noites a discutir sobre seu trabalho, sobre suas relações, suas possibilidades de transformar a organização e as finalidades de suas empresas, conteriam em germe a visão do outro como "*gadget burlesco*"**. Quando, no grande anfiteatro inteiramente tomado da Sorbonne, os "delegados" das categorias mais heteróclitas e mais improváveis da população — de aposentados a deficientes físicos — se levantavam para pedir que, enfim, a sociedade os escutasse e entendesse, certamente não sabiam o que estavam dizendo ou fazendo.

No movimento de Maio, e por meio dele tem lugar uma formidável re-socialização, ainda que ela se tenha revelado passageira. As pessoas não pediam para sentir o calor e o odor umas das outras, nem tampouco para "ficarem apenas juntas". Elas estavam animadas pelas mesmas disposições: negativamente, uma imensa rejeição da futilidade vazia e da besteira pomposa que caracterizavam então o regime de De Gaulle, como hoje o regime

---

** "gadget loufoque", expressão de Gilles Lipovetsky.

de Mitterand-Chirac; positivamente, o desejo de uma maior liberdade para cada um e para todos. As pessoas procuravam a verdade, a justiça, a liberdade, a comunidade. Não puderam encontrar formas instituídas que encarnassem duravelmente esses objetivos. E, o que é geralmente esquecido, representavam uma minoria no país. Esta minoria pôde se impor durante várias semanas, sem terror nem violência: simplesmente porque a maioria conservadora tinha vergonha de si mesma e não ousava se apresentar em público. A minoria de Maio talvez tivesse podido tornar-se uma maioria se tivesse ido além da proclamação e da manifestação. Mas isto implicava uma dinâmica de um outro tipo, na qual, visivelmente, ela não quis nem pôde entrar. Se quisermos compreender onde estava o "individualismo" em Maio de 68, devemos então refletir sobre o que, após a modificação dos acordos de Grenelle, selou a derrocada do movimento: o reabastecimento das bombas de gasolina. A ordem foi definitivamente restabelecida logo que o francês médio pôde, de novo, em *seu* carro, com *sua* família, rumar para *sua* residência secundária ou o *seu* local de piquenique. Isso fez com que, quatro semanas mais tarde, 60% da população votasse no governo.

Não se pode também ignorar pura e simplesmente, como está na moda atualmente, os "conteúdos" do movimento, isto é, a *substância* das demandas e a *significação* das formas e dos modos de atividade. A atmosfera "ideológica" de Maio — como, no essencial, a dos movimentos dos anos 60 — era feita de uma mistura de idéias "revolucionárias tradicionais" e de críticas, ou de transposição, sem dúvida muitas vezes atenuada e confusa, das formas e dos conteúdos tradicionais do "movimento operário" ou "socialista". Isto pode ser constatado na confusão e nas ilusões de muitos participantes. Mesmo as piores mistificações que tiveram curso antes, durante e, sobretudo, após Maio, tinham seu fundamento no desejo de ver realizado em algum lugar um contexto de atividade coletiva auto-organizada e espontânea. As pessoas que eram "pró-chineses" não o eram porque esperavam que a China realizasse uma sociedade nazista ou mesmo "leninista", elas o eram porque sonhavam que lá estivesse em curso uma verdadeira revolução, que as massas estivessem eliminando a burocracia, que os "especialistas" estivessem sendo colocados em seu lugar, etc. Que este desejo tenha podido, neste caso, engendrar ilusões virtualmente criminosas, é uma *outra* discussão. Mas a "Grande revolução cultural proletária" era glorificada porque (pretensamente) ela teria significado uma liberação da atividade e da criatividade do povo, e não porque favorecesse a introdução do taylorismo ou da técnica industrial.

Já falei[1] da crítica e da recusa das formas de organização tradicionais que caracterizaram o movimento; complementarmente, seria preciso compreender o que significa, enquanto *conteúdo*, uma *forma* como o *sit-in* ou a assembléia aberta. Mas seria necessário, sobretudo, parar de esvaziar pura e simplesmente — ou embarcar, em contrabando, no cargueiro do individualismo — as modificações consideráveis na realidade (e na instituição) social introduzidas pelos movimentos dos anos 60-70, e por eles *explicitamente visadas*. Seria porque a sociedade evoluiu que a liberdade em relação à contracepção ou ao aborto oscilou do plano da autonomia dos sujeitos em direção ao plano do hedonismo sem princípios? Os movimentos dos anos 60 nada têm a ver com as modificações nas relações entre pais e filhos ou entre os sexos; ou será que deveríamos ver nessas modificações, como Debray, a "vitória da razão produtivista", da "lei do objeto comerciável" e da "ideologia capitalista"? Será que o fato de que os negros nos Estados Unidos tenham podido diminuir, ainda que não muito, a discriminação racial que sofriam, não há interesse do ponto de vista da autonomia individual e social? E por que o silêncio absoluto a propósito do re-questionamento dos conteúdos e das formas tradicionais de ensino, bem como a respeito do tipo de relação tradicional professor/aluno, e de seus efeitos, que ainda continuam inscritos na realidade? Aderiu-se então completamente às posições pomposamente afirmadas por Althusser, já em 1964, ante os primeiros sinais do descontentamento estudantil, ou seja, que ninguém poderia questionar o conteúdo do ensino (ou sua estrutura), visto que este tem por encargo trans-

---

1. Na parte não publicada aqui deste texto.

mitir o saber científico e objetivo? Foi esquecido que, antes de 1968, tanto para os poderes estabelecidos como para as organizações "de esquerda", um único problema relativo ao ensino era admissível, o dos créditos e das bolsas? O fato de que hoje, graças à Restauração e a seu instrumento em matéria de educação, o sr. Chevènement novamente se vilipendia a "pedagogia" e se aproveita das reações suscitadas pelos sobrelances (*Surenchères*) e pelos extremismos ridículos e nefastos (aqui e em toda a parte) para apagar as questões de base, não altera em nada a situação. Eu gostaria muito que alguém contestasse por um momento, com argumentos racionais, o direito dos alunos de colocarem, desde que disso sejam capazes, a questão: Por que e em que o que nos ensinam é interessante ou importante? Eu gostaria muito que alguém refutasse a idéia de que a verdadeira educação consiste também em levar os alunos a terem a coragem e a capacidade de colocar este gênero de questões e de discuti-las. E gostaria muito que alguém demonstrasse que não foram os movimentos dos anos 60, mas a "reforma Haby", a "reforma Chevènement" ou a futura "reforma Monory" que os levaram a ter consciência da sociedade.

É estranho ver chamar hoje de "Pensamento de 68"[2] um grupo de autores que viram sua voga aumentar após o *fracasso* de Maio de 68 e de outros movimentos do período, e que não representaram qualquer papel, nem mesmo na mais vaga preparação "sociológica" do movimento, porque não somente suas idéias eram totalmente desconhecidas dos participantes, como diametralmente opostas às suas aspirações implícitas e explícitas. A distribuição, durante a noite das barricadas do Quartier Latin, de uma antologia dos escritos dos autores analisados por Ferry e Renaut teria, na melhor das hipóteses, provocado um riso incontrolável, e, na pior, uma debandada dos participantes e a dispersão do movimento. A inscrição bem conhecida nos muros da Sorbonne: *Althusser para nada* dispensa comentários. Na Paris dos anos 60, qualquer um que estivesse no gozo de suas facul-

---

2. Por L. Ferry e A. Renaut, no livro citado.

dades mentais e que conhecesse o personagem e seus escritos, teria sequer sonhado que Lacan pudesse ter qualquer tipo de relação com um movimento social e político. Foucault não escondia suas posições reacionárias até 1968 (ele falava menos, é verdade, da maneira pela qual ele as tinha colocado em prática durante uma greve de estudantes em Clermont-Ferrand em 1965). O desaparecimento do sujeito, a morte do homem e as outras asneiras do que denominei a "Ideologia francesa"[3] já circulavam há anos. Seu corolário inelutável, a morte da política, podia ser explicado sem dificuldade (e o foi por Foucault, um pouco depois de Maio de 68: sendo toda política uma "estratégia", ela inevitavelmente acabaria por estabelecer contra-poderes — poderes, *portanto*); o que é visivelmente incompatível com as mesmas atividades às quais se entregaram os participantes dos movimentos dos anos 60, incluindo Maio de 68.

Dir-se-á que se trata aqui dos "conteúdos manifestos" e que nada impedia, em boa Astúcia da Razão, que os participantes de Maio de 68 fossem movidos por idéias radicalmente opostas àquelas que professavam e que tentavam explicitamente realizar. Isto significaria levar o paradoxo até o exagero, pois seria necessário então admitir que a verdadeira motivação não consciente que conduzia as pessoas de Maio a fazer, era a idéia de que não há nada a fazer e de que não se deve fazer nada. Mas a verdadeira questão não é esta. Todo o mundo sabe (e é surpreendente que os autores do *Pensamento de 68* não tenham quase levado isso em conta) que as primeiras participações das diferentes mortes — do sujeito, do homem, do sentido ou da significação, da história, etc. — tinham sido lançadas muito tempo antes de Maio de 68 pelos representantes de uma ideologia pseudocientífica, o Estruturalismo: na ordem cronológica, Lévi-Strauss, Lacan, Barthes, Althusser. E, muito tempo antes de Maio de 68, o estruturalismo tinha sido criticado, principalmente pelo autor dessas linhas, tanto em seu conteúdo como em suas implicações

---

3. Ver "La psychanalyse: projet et élucidation", em *Topique*, nº 19 (abril, 1977), retomado in *Les carrefours du labyrinthe*, Paris, Le Seuil, 1978.

políticas.⁴ Aqueles que viveram este período podem testemunhar que a militância no início dos anos 60 em contato com certos meios estudantis ou universitários parisienses implicava a tomada de posição contra o estruturalismo em geral e Althusser em particular, que, aliás, como já foi dito, não esperou muito tempo para contra-atacar e declarar, desde 1964, que os programas e as estruturas do ensino se encontravam, em sua essência, fora da "luta de classes", isto é, da questão política. Os outros autores da "Ideologia francesa" se situavam muito explicitamente (como Foucault) ou implicitamente no movimento estruturalista. Todos haviam dito o que tinham a dizer (presume-se) muito tempo antes de Maio de 68, e com bastante "sucesso" (junto à inteligência parisiense e do ponto de vista das publicações), para que suas idéias tivessem tido tempo de exercer uma "influência" sobre os atores. Ora, de tal influência não se encontra nenhum sinal. Se olharmos, por exemplo, a introdução do livro de Daniel e Gabriel Cohn-Bendit, *Le gauchisme* (Paris, Le Seuil, 1978), o *Journal de la Commune Étudiante*, de Pierre Vidal-Naquet e Alain Schnapp (Paris, Le Seuil, 1969) ou as diversas antologias de inscrições murais (por exemplo, Julien Besançon, *Les murs ont la parole*, Tchou, junho de 1968) não encontraremos o menor traço das "idéias" dos ideólogos (a não ser, e raramente, para serem ridicularizadas ou denunciadas). O que aqui aparece constantemente é a crítica da ordem estabelecida, as célebres invocações da imaginação (pergunta-se qual poderia ser a sua relação com Foucault, Derrida, Bourdieu ou mesmo Lacan!), naturalmente as apologias da liberdade e da "fruição" e, sobretudo, do socialismo e de uma nova ordem social.

Não podia ser de outra forma. Lacan, por exemplo, falava do des-ser do sujeito antes e depois de 68. Tanto antes como depois, ninguém poderia pensar (salvo, talvez, alguns bravos professo-

---

4. Ver "Marxisme et théorie révolutionnaire", nos números 39 e 40 de *Socialisme ou Barbarie* (1965), retomado em "*L'institution imaginaire de la société*, Paris, Le Seuil, 1975. E, retrospectivamente, meu artigo "Les divertisseurs", publicado primeiramente em *Le Nouvel Observateur* e retomado em *La Société française*, Paris, 10/18, 1979.

res universitários no Middle West americano), que ele era revolucionário ou mesmo individualista. Ele era claramente, estritamente e abertamente "lacanário" e "lacanista".[5] Sua tese central sempre foi a de que a *esquizo* (a clivagem) do sujeito é o mesmo que alienação estrutural e, pois, insuperável. A questão central de qualquer atividade política, presente durante Maio de 68, é a questão da instituição. Ela é cuidadosamente ocultada nas teses lacanianas por meio das obscuras mistificações da "Lei" e do "simbólico", justamente postas em relevo para tornar impossível qualquer distinção entre um "valor de fato" e um "valor de direito", o que inviabiliza o questionamento prévio a toda ação política. A este respeito é fácil notar que os outros autores discutidos por Ferry e Renaut dependem essencialmente de Lacan e que, como ele, todos evitam, de modo ao mesmo tempo dissimulado e vulgar, a questão elementar: "O que aconteceu com o meu discurso?"

Ora, os "resultados" de Maio de 68 sobre esse microcosmo foram duplos e aparentemente paradoxais, para não dizer contraditórios. De uma parte, o "estruturalismo" se dissolveu: ninguém mais ousava invocá-lo, enquanto os mais hábeis, como Foucault, pretendiam que já não eram mais estruturalistas e/ou que nunca o haviam sido. De outra parte, esses mesmos autores (e seus diversos seguidores, chefes de subclãs, etc.) foram rapidamente lançados a um grau de "sucesso" e de notoriedade qualitativamente diferente. Para fixar as idéias, como se diz em matemática ou na linguagem simbólica, se antes de 68 foram vendidos 30 mil exemplares dos *Écrits* de Lacan, 300 mil serão vendidos depois. Isto certamente se deve à habilidade mercantil e de mídia dos personagens em questão ou de seus empresários, e à forte demanda do comércio atacadista de idéias, interno e de exportação. Mas isso se deve também e, sobretudo, ao *fracasso* de Maio de 68 — e é aqui que se situa o engano colossal de Ferry e Renaut. O que os ideólogos fornecem com atraso é, ao mesmo tempo, uma legitimação dos *limites* (das limitações, ou melhor,

---

5. N.T.: "lacanaire" e "lacaniste".

das fraquezas históricas) do movimento de Maio — vocês não tentaram tomar o poder e vocês tinham razão; vocês nem mesmo tentaram constituir contra-poderes e, mais uma vez, vocês tinham razão, pois quem diz contra-poder diz poder, etc. — e uma legitimação da retirada, da renúncia, do não-engajamento ou do engajamento pontual e medido: de toda maneira, a História, o sujeito, a autonomia, não são mais do que mitos ocidentais. Esta legitimação será de resto rapidamente substituída pela canção dos "novos filósofos", a partir de meados dos anos 70: a política visa o todo, logo ela é totalitária, etc. (e ela explica também o seu sucesso). Antes de se fechar nas "residências secundárias" e na vida privada, e *para* fazê-lo, as pessoas tiveram necessidade de um mínimo de justificativa ideológica (nem todo o mundo tem, infelizmente, a mesma admirável liberdade em relação a seus ditos e atos de ontem como uns e outros). É isto que os ideólogos continuavam a fornecer, em embalagens ligeiramente modificadas. É espantoso que Ferry e Renaut não tenham visto o acordo perfeito entre a ideologia da morte do sujeito, do homem, da verdade, da política, etc., e os estados de espírito, o humor, o *mood,* a *Stimmung* que se seguiram ao fracasso (o fracasso *bizarro*) de Maio e à *decomposição* do movimento. Na verdade, um certo número entre os mobilizados de Maio continuou a militar entre os trotskistas, os maoístas, etc. durante alguns meses ou anos; entretanto, eles nunca passaram de alguns milhares e seu número declinou rapidamente após 1972. Para os demais, para as dezenas ou centenas de milhares de pessoas que atuaram em maio-junho, mas não acreditavam mais em um movimento real, pessoas que queriam encontrar uma justificativa ou legitimação tanto para o fracasso do movimento como para a sua própria privatização inicial, conservando ao mesmo tempo uma "sensibilidade radical", o niilismo dos ideólogos, que tinham dado um jeito de pular no trem de uma vaga "subversão', convinha admiravelmente. O contra-senso de Ferry e Renaut é total: o "Pensamento de 68" é o pensamento anti-68, o pensamento que construiu seu sucesso de massa sobre as ruínas do movimento de 68 e em virtude de seu fracasso. Os ideólogos discutidos por Ferry e Renaut são os ideólogos da impotência do homem diante de suas próprias criações; e é o sentimento de incapacidade, de desânimo, de cansaço que eles vieram legitimar após 68.

Quanto às filiações ideológicas do movimento de Maio de 68 — considerando que se pode fornecer as suas origens "concretas", e que a questão apresenta algum interesse — elas são retraçadas em detalhe por P. Vidal-Naquet e A. Schnapp no *Journal de la Commune Étudiante* já citado, e adequadamente resumidas por Daniel e Gabriel Cohn-Bendit, quando escrevem em *Le gauchisme* (pp. 18-19) que esse livro poderia ter sido substituído "por uma antologia de textos publicados em *Socialisme ou barbarie*, *L'internationale situationniste*, *Informations et correspondance ouvrières*, *Noir et rouge*, *Recherches libertaires* e, em menor grau, nas revistas trotskistas".

O que Maio de 68 e os outros movimentos dos anos 60 mostraram foi a persistência e o poder do desejo de autonomia, traduzido, ao mesmo tempo, pela recusa do mundo capitalista-burocrático e pelas novas idéias e práticas inventadas ou propagadas por esses movimentos. Mas o que igualmente testemunharam foi a dimensão de *fracasso* até aqui aparentemente indissociável dos movimentos políticos modernos: imensa dificuldade em prolongar positivamente a crítica da ordem das coisas existente, impossibilidade de assumir o objetivo de autonomia como autonomia simultaneamente individual e social, instaurando um autogoverno coletivo. (Daí, após a ruína do movimento, as múltiplas e multiplamente irrisórias deriva em direção às microburocracias trotskistas e maoístas, à liquefação maoísta, ou ao niilismo ideológico pseudo-"subversivo".)

Mas esse fracasso está presente desde o início dos tempos modernos. São os oficiais trazendo finalmente à razão o exército dos *Roundheads* e Cromwell tornando-se Lorde Protetor. É a Nova Inglaterra caindo deste lado, em vez de ir para o outro lado da linha jeffersoniana (a América de Tocqueville é uma sociedade ao mesmo tempo idealizada e terminada). É a França em retirada diante do prosseguimento da obra imensa iniciada entre 1789 e 1792 — daí o campo livre deixado aos jacobinos — e depois o Terror. É a Rússia de 1917, onde os bolcheviques se apoderam do poder pela indiferença da população e instauram o primeiro poder totalitário dos tempos modernos. Devemos lembrar que esse fracasso só muito raramente é total. Na maioria das vezes esses movimentos levaram à instituição formal de certos direitos, liberdades e garantias sob os quais continuamos a viver. Em outros casos, sem nada instituir no sentido formal, deixaram traços profundos na mentalidade e na vida efetiva das sociedades: foi, com certeza, o que aconteceu com a Comuna de Paris de 1871 e, como lembrei acima, com os movimentos dos anos 60.

Situação evidentemente ligada ao caráter antinômico do imaginário político moderno. Este imaginário é, de um lado, trabalhado pelo objetivo de autonomia e de sua extensão sucessiva aos diferentes campos da instituição do social; de outro lado, não chega senão muito raramente, e brevemente, a se desligar da representação da política — e da instituição — como feudo exclusivo do Estado e de um dado Estado (que continua ele mesmo a encarnar, mesmo nas mais modernas sociedades, a figura de um poder de direito divino), como se não pertencesse senão a si mesmo. É assim que, na modernidade, a política como atividade coletiva (e não profissão especializada) só pôde estar presente até aqui como espasmo e paroxismo, acesso de febre, de entusiasmo e de raiva, reação aos excessos de um poder sempre e simultaneamente hostil e inevitável, inimigo e fatalidade — em suma, somente como "Revolução".

Pode-se considerar esperteza demonstrar que o "sentido" de Maio de 68 foi, em definitivo, a expansão das vendas de fitas de vídeo pornô. Talvez menos divertido, porém mais fecundo, é ver em Maio e nos movimentos dos anos 60 as promessas enormes que a época contemporânea contém virtualmente e a dificuldade imensa que experimenta a humanidade moderna em sair da idiotice, em se politizar, em chegar à conclusão de que se ocupar de seus negócios (coletivos) poderia ser seu estado habitual e normal.

A dissolução dos movimentos dos anos 60 anunciou o início, há uns 15 anos, da nova fase de regressão da vida política nas sociedades ocidentais. Essa regressão vai de par com (é quase sinônimo de) um novo "round" de burocratização/privatização/ mídiatização, ao mesmo tempo em que — em um vocabulário mais tradicional — está associada a um forte retorno das tendências políticas autoritárias no regime liberal-oligárquico. Tem-se o direito de pensar que esses fenômenos são provisórios ou permanentes, que eles traduzem um momento particular da evolução da sociedade moderna, ou então que constituem a expressão conjuntural de traços insuperáveis da sociedade humana. Mas não se pode esquecer que é graças a, e por meio desse tipo de mobilização coletiva, representado pelos movimentos dos anos 60, que a história ocidental é o que é, e que as sociedades ocidentais sedimentaram as instituições e as características que as tornam, bem ou mal, viáveis e que farão delas, talvez, o ponto de partida e o trampolim para uma outra coisa.

Esta é a única divisão importante: há aqueles que consideram — é o meu caso — que a margem de liberdade que o regime contemporâneo comporta é apenas um subproduto sedimentado há séculos por movimentos desse tipo; que sem esses movimentos o regime não somente não teria jamais produzido liberdades, mas as teria, a cada vez, inexoravelmente cerceado (como está acontecendo agora); e que, enfim, a humanidade pode certamente fazer melhor. E há aqueles que não ousam dizer (salvo, evidentemente, quando fazem parte da "direita"), mas que demonstram, por seus argumentos e raciocínios, acreditar que vivemos dentro da forma enfim encontrada da sociedade política livre e justa (ainda que restem, certamente, algumas reformas a fazer). A discussão deve parar por aqui; cada um deverá fazer suas escolhas ou confirmar as já feitas.

Entretanto, ainda que se admitisse que estamos vivendo o fim de um período de embriaguez histórica, iniciado, pela segunda vez, há uns oito séculos nas primeiras comunas burguesas da Europa ocidental, o fim de um sonho de liberdade e de autogoverno, de verdade e de responsabilidade; ainda que se admitisse que estamos hoje em condições de ver, com sentidos sóbrios, a forma enfim encontrada da sociedade política, a verdade definitiva da condição humana sob as formas de Pasqua e de Fabius, de Hernu e de Léotard, de *Playboy* e dos videoclipes, da filosofia pop e das misturas disparatadas pós-modernas; ainda que fosse esse o caso, seria incongruente ver aí o "sentido" de 1776 e de 1789, de 1871, de 1917 e de Maio de 68, pois, mesmo nesta hipótese de pesadelo, esse sentido terá sido a tentativa de fazer existirem outras possibilidades da existência humana.

Marxismo-leninismo: a pulverização*

A queda do Império romano durou três séculos. Não foi preciso mais do que dois anos, e isso sem a ajuda de bárbaros externos, para desfazer irreparavelmente a rede mundial de poder dirigida a partir de Moscou, suas pretensões à hegemonia mundial e as relações econômicas, políticas e sociais que a mantinham unida. Seria vão procurar, e impossível encontrar, um análogo histórico a esta pulverização do que parecia ainda ontem uma fortaleza de aço. O monólito granítico revelou-se, de repente, feito de saliva, enquanto os horrores, as monstruosidades, as mentiras e os absurdos que surgiam dia após dia se revelavam ainda mais inacreditáveis do que os mais acerbos dentre nós teriam podido afirmar.

Ao mesmo tempo em que desaparecem esses bolcheviques para os quais "não havia fortaleza inexpugnável" (Stalin), esfuma-se a nebulosa do "marxismo-leninismo" que, por mais de meio século, representou quase por toda a parte o papel de ideologia dominante, fascinando uns, e obrigando outros a se situarem a seu respeito. O que aconteceu então com o marxismo,

---

* Publicado em *Le Monde*, 24 e 25 de abril de 1990. A redação tinha modificado seu título para "L'effondrement du marxisme-leninisme".

"filosofia insuperável de nosso tempo" (Sartre)? Sobre qual mapa, com qual lupa se descobrirá, de agora em diante, o novo "continente do materialismo histórico", em qual antiquário se encontrará a tesoura do "corte epistemológico" (Althusser) que teria relegado às velharias metafísicas a reflexão sobre a sociedade e a História, substituindo-as pela "ciência do *Capital*"? Deve-se apenas mencionar que se procuraria em vão a menor relação entre tudo o que diz e faz hoje Gorbatchev com — já não digo — a "ideologia" marxista-leninista, mas uma *idéia* qualquer. Com o passar do tempo, a rapidez do desmoronamento pode parecer evidente. Não estava esta ideologia, desde os primeiros anos da tomada do poder bolchevique na Rússia, em contradição frontal com a realidade e, apesar dos esforços conjugados dos comunistas, companheiros de jornada e mesmo da imprensa respeitável dos países ocidentais (que, em sua maioria, tinha engolido sem hesitação os processos de Moscou), esta realidade não era visível e conhecível para quem quisesse ver e conhecer? Considerada em si mesma, não atingia ela o cúmulo da incoerência e da inconsistência?

Mas o enigma fica cada vez mais obscuro. Como e por que essa fantasia pôde durar tanto tempo? Uma promessa de liberação radical do ser humano, de instauração de uma sociedade "verdadeiramente democrática" e "racional", invocando a "ciência" e a "crítica dos ideólogos" — mas que se atualizou como ilustração nunca antes levada tão longe da escravidão de massa, do terror, da miséria "planejada", do absurdo, da mentira e do obscurantismo —, como este engano histórico sem precedente pôde funcionar por tanto tempo?

Lá onde o marxismo-leninismo se instalou no poder, a resposta pode parecer simples: a sede de poder e o interesse para uns, o terror para todos. Mas ela não é suficiente pois, mesmo nestes casos, a tomada do poder foi quase sempre conduzida por uma importante mobilização popular. E a resposta nada diz quanto a seu atrativo quase universal. Elucidar isso demandaria uma análise da história mundial do último século e meio.

Devemos nos limitar aqui a dois fatores. Inicialmente, o marxismo-leninismo apresentou-se como a continuação do projeto libertador, democrático, revolucionário do Ocidente, ou o caminho necessário para alcançá-lo. Apresentação tanto mais crível porque ele foi por muito tempo — o que todo o mundo esquece tranqüilamente hoje —, o único que parecia se opor às maravilhas do capitalismo, seja o da metrópole, seja o colonial. Contudo, por trás disso, há mais, e é onde se encontra enterrada a sua novidade histórica. Na superfície está o que chamamos uma ideologia: uma "teoria científica" labiríntica — a de Marx — suficiente para ocupar coortes de intelectuais até o fim de seus dias e uma versão simples, disseminada desta teoria (já formulada pelo próprio Marx), dotada de força explicativa suficiente para os simples fiéis; enfim, uma versão "escondida" para os verdadeiros iniciados, que aparece com Lenin, e que faz do poder absoluto do Partido o objetivo supremo e o ponto arquimediano da "transformação histórica". (Eu não estou falando das altas esferas dos aparelhos, em que a pura e simples obsessão pelo poder, unida ao cinismo total, reinou, ao menos desde Stalin.)

No entanto, o que mantém unido o edifício não são as "idéias" ou os raciocínios, e sim um novo imaginário que, ele mesmo, se desenvolve e se altera em duas etapas. Na fase propriamente "marxista', numa época de dissolução da velha fé religiosa, ele é, sabemos, o imaginário de uma salvação laica. O projeto de emancipação, da liberdade como atividade, do povo como autor de sua história, inverte-se em imaginário messiânico de uma Terra prometida ao alcance da mão e garantida pelo substitutivo de transcendência produzido pela época: a "teoria científica".[1]

Na fase seguinte, a fase leninista, este elemento, embora não desapareça inteiramente, fica cada vez mais relegado ao segundo plano em razão de outro: mais do que as "leis da História",são o Partido e o seu chefe, seus poderes efetivos, o poder simples-

---

1. A propósito do messianismo, o padre J.-Y. Calvez, com toda a benevolência cristã, faz, com relação ao marxismo, comentários desastrados em *Le Monde* de 14 de abril de 1990. (Neste artigo, ele louvou o marxismo como salvaguarda da esperança messiânica.)

mente, a força, a força bruta que se tornam não somente os garantidores, mas os alvos da fascinação e da fixação das representações e dos desejos. Não se trata apenas do temor da força — real e imensa, lá onde o comunismo está no poder —, mas da atração positiva que ela exerce sobre os seres humanos. Se não compreendermos isso, não compreenderemos jamais a História do século XX, o nazismo ou o comunismo. No caso deste último, a conjunção daquilo em que se desejaria acreditar e da força se revelará por muito tempo irresistível. E é só a partir do momento em que esta força não consegue mais se impor — Polônia, Afeganistão —, somente a partir do momento em que se torna claro que nem os tanques nem as bombas H russas podem "resolver" todos os problemas, que a debandada começa verdadeiramente, e que os vários riachos da decomposição unem-se no Niágara, que começa a se espalhar desde o verão de 1988 (primeiras manifestações na Lituânia).

As mais fortes reservas, as críticas mais radicais a respeito de Marx não anulam sua importância de pensador nem a grandeza de seu esforço. Ainda se refletirá sobre Marx quando se procurar penosamente os nomes de von Hayek e de Friedmann nos dicionários. Mas não é em razão dessa obra que Marx representou seu imenso papel na História efetiva. Ele teria sido um outro Hobbes, outro Montesquieu ou Tocqueville caso não se pudesse tirar dele um dogma — e se seus escritos não se prestassem a isso. E se eles se prestam, é porque sua teoria contém mais que os elementos de um dogma.

A vulgata (devida a Engels), que afirma serem Hegel, Ricardo e os socialistas "utópicos" franceses as fontes de Marx, oculta a metade da verdade. Marx é igualmente o herdeiro do movimento emancipatório e democrático — daí sua fascinação, até o fim, pela Revolução Francesa e também, em sua juventude, pela *polis* e pelo *demos* gregos. Movimento de emancipação, projeto de autonomia, em marcha há séculos na Europa e que encontra sua culminância com a Grande Revolução.

Mas a Revolução deixa um enorme e duplo déficit. Ela mantém e mesmo acentua, fornecendo-lhe novas bases, uma imensa desigualdade do poder efetivo na sociedade, enraizada nas desigualdades econômicas e sociais. Ela mantém e reforça o poder e a estrutura burocrática do Estado, superficialmente "controlado" por uma camada de "representantes" profissionais separados do povo.

A esses déficits, bem como à existência inumana a que o capitalismo — que se espalha com uma rapidez fulminante — os submete, responde o movimento nascente dos operários, primeiro na Inglaterra, depois no continente.

Os germes das idéias mais importantes de Marx concernentes à transformação da sociedade — notadamente a de autogoverno dos produtores —encontram-se não nos escritos dos socialistas utópicos, mas nos jornais e na auto-organização dos operários ingleses de 1810 a 1840, de longe anteriores aos primeiros escritos de Marx. O movimento operário nascente aparece assim como o prosseguimento lógico de um movimento democrático deixado a meio caminho.

Ao mesmo tempo, um outro projeto, um outro imaginário social-histórico invade a cena: o imaginário capitalista, que transforma a olhos vistos a realidade social e parece, de toda evidência, estar destinado a dominar o mundo. Contrariamente a um preconceito confuso, ainda dominante hoje — e que se encontra no fundamento do "liberalismo" contemporâneo —, o imaginário capitalista está em contradição frontal com o projeto de emancipação e de autonomia. Já em 1906, Max Weber demolia a idéia de que o capitalismo tivesse alguma relação com a democracia (e podemos ainda rir com ele quando pensamos na África do Sul, em Taiwan ou no Japão de 1870 a 1945, e mesmo no atual Japão).

Trata-se de subordinar tudo ao "desenvolvimento das forças produtivas"; os homens como produtores e, a seguir, como consumidores, devem ser integralmente submissos a ele. A expansão ilimitada do domínio racional — pseudodomínio, pseudo-racionalidade, percebe-se muito bem hoje — torna-se assim a outra grande significação imaginária do mundo moderno, poderosamente encarnada na técnica e na organização.

As potencialidades totalitárias desse projeto são fáceis de ver — e perfeitamente visíveis na fábrica capitalista clássica. Se nem nesta época nem mais tarde o capitalismo conseguiu transformar a sociedade em uma só vasta fábrica submetida a um comando único e a uma só lógica (o que, a seu modo e de uma certa maneira, o nazismo e o comunismo tentarão fazer mais tarde), é certamente por causa das rivalidades e das lutas entre grupos e nações capitalistas, mas, sobretudo, por causa da resistência que lhe opõem, desde o início, o movimento democrático na escala da sociedade, as lutas operárias ao nível das empresas.

A contaminação do projeto emancipatório da autonomia pelo imaginário capitalista da racionalidade técnica e organizacional, assegurando um "progresso" automático da História, acontecerá rapidamente (já em Saint-Simon). Contudo, Marx será, no movimento operário e socialista, o teórico e o artesão principal da penetração, das idéias da centralidade da técnica da produção da economia. Assim, o conjunto da História da humanidade, por uma projeção retroativa do espírito do capitalismo, será por ele interpretado como o resultado da evolução das forças produtivas — evolução que "garante", salvo acidente catastrófico, a nossa liberdade futura.

A economia política é mobilizada, após re-elaboração, para mostrar o caráter "inelutável" da passagem ao socialismo, assim como a filosofia hegeliena é "restabelecida" para desvelar secretamente uma razão ao trabalho na História, realizada na técnica, assegurando a reconciliação final de todos com todos e de cada indivíduo consigo mesmo. As esperas milenaristas e apocalípticas, de origem imemorial, receberão de agora em diante um "fundamento" científico, plenamente consoante com o imaginário da época. O proletariado, a "última classe", receberá a missão de salvador, mas suas ações serão necessariamente ditadas por suas "condições reais de existência", elas mesmas incansavelmente trabalhadas pela ação das leis econômicas para forçá-lo a liberar a humanidade liberando a si mesmo.

Tende-se muito facilmente hoje a esquecer o enorme poder explicativo que a concepção marxista, mesmo em suas versões mais vulgares, parece ter tido durante longo tempo. Ela desvela e denuncia as mistificações da ideologia liberal, mostra que a economia funciona para o capital e o lucro (o que descobririam embasbacados, há vinte anos, os sociólogos americanos), prediz a expansão mundial e a concentração do capitalismo. As crises econômicas se sucedem durante mais de um século com uma regularidade quase natural produzindo miséria, desemprego e uma destruição absurda das riquezas. A carnificina da Primeira Guerra Mundial, a grande Depressão de 1920-33, a ascensão dos fascismos só podem ser compreendidos na época como confirmações manifestas das conclusões marxistas — e o rigor dos raciocínios que a elas conduzem não pesa quase nada diante da massa das realidades.

Entretanto, sob a pressão das lutas operárias que não cessavam, o capitalismo se viu obrigado a se transformar. Desde o fim do século XIX, a "pauperização" (absoluta ou relativa) era desmentida pela elevação dos salários reais e pela redução das horas de trabalho. O alargamento dos mercados internos pelo aumento do consumo de massa torna-se gradualmente estratégia consciente das camadas dominantes e, após 1945, as políticas keynesianas assegurarão, bem ou mal, um pleno emprego aproximativo.

Um abismo se cava entre a teoria de Marx e a realidade dos países ricos. Entretanto, acrobacias teóricas, às quais os movimentos nacionais nos antigos países colonialistas parecerão fornecer apoio, atribuirão aos países do Terceiro Mundo (aos "condenados da terra") o papel de edificadores do socialismo, que Marx havia atribuído, com menor inverossimilhança, ao proletariado industrial dos países avançados.

A doutrina marxista teve certamente uma importante atuação nas crenças — e, portanto, nas lutas. Mas o marxismo não era a condição necessária destas lutas que mudaram a condição operária e o próprio capitalismo, como demonstram os países (anglo-saxões, por exemplo) onde o marxismo pouco penetrou. E o preço a pagar foi muito alto.

Se esta estranha alquimia combinando a "ciência" (econômica), uma metafísica racionalista da História e uma escatologia laicizada pôde exercer durante tanto tempo um tão poderoso apelo, é porque ela respondia à sede de certeza e à esperança de salvação garantida, em última instância, por muito mais do que apenas as frágeis e incertas atividades humanas: as "leis da História". Ela trazia assim para os movimentos operários uma dimensão pseudo-religiosa, prenhe das catástrofes por vir. Ao mesmo tempo, ela introduzia igualmente nesses movimentos a noção monstruosa de *ortodoxia*. Aqui, ainda, a exclamação (num contexto particular) de Marx — "eu não sou marxista" — pesa muito pouco relativamente à realidade. Quem diz ortodoxia, diz necessidade de guardiões titulados da ortodoxia, de funcionários ideológicos e políticos, como também satanização dos heréticos.

Unida à tendência incoercível das sociedades modernas à burocratização, que desde o fim do século XIX penetra e domina o próprio movimento operário, a ortodoxia contribui poderosamente para a constituição de partidos-igrejas. Ela conduz também a uma esterilização mais ou menos completa do pensamento. A "teoria revolucionária" torna-se comentário talmúdico dos textos sagrados, ao passo que, diante das imensas transformações científicas, culturais, artísticas que se acumulam desde 1890, o marxismo permanece afônico ou se limita a qualificá-las de produtos da burguesia decadente. Um texto de Lukács e algumas frases de Trotski e de Gramsci não são suficientes para invalidar o diagnóstico.

Homóloga e paralela é a transformação que o marxismo provoca nos participantes do movimento. Durante a maior parte do século XIX, a classe operária dos países que se industrializam se autoconstitui, se alfabetiza e se forma por si, fazendo surgir um tipo de indivíduo confiante em suas forças, em seu julgamento, que se instrui o máximo que pode, pensa por ele mesmo e nunca abandona a reflexão crítica. O marxismo, abarcando o movimento operário, substitui este indivíduo pelo militante doutrinado em um evangelho, crendo na organização, na teoria e nos chefes que a possuem e interpretam, militante que tende a lhes obedecer incondicionalmente, que se identifica com eles e que só pode, na maioria das vezes, romper esta identificação pela própria ruína.

Alguns dos elementos daquilo que virá a ser o totalitarismo já estão presentes no marxismo: fantasia do domínio total herdada do capitalismo, ortodoxia, fetichismo da organização, idéia de uma "necessidade histórica" que pode justificar tudo em nome da salvação final. Mas será absurdo imputar ao marxismo — e mais ainda a Marx — a invenção do totalitarismo, como vem sendo feito de modo fácil e demagógico desde os anos 60. Tanto quanto (e numericamente mais) no leninismo, o marxismo prolonga-se na social-democracia, da qual podemos dizer qualquer coisa que desejarmos, menos que ela é totalitária, e que não teve dificuldade em encontrar em Marx todas as citações necessárias à sua polêmica com o bolchevismo no poder.

O verdadeiro criador do totalitarismo é Lenin. As contradições internas do personagem importariam pouco se não ilustrassem, uma vez mais, o absurdo das explicações "racionais" da História. Aprendiz de feiticeiro que jura somente pela "ciência", inumano e, certamente, desinteressado e sincero, Lenin, que foi extremamente lúcido quanto a seus adversários e cego quanto a si mesmo, reconstrói o aparelho do Estado czarista após tê-lo destruído (ainda que protestando contra esta reconstrução), cria comissões burocráticas para lutar contra a burocracia que ele mesmo fazia proliferar, surge por fim simultaneamente como o artesão quase exclusivo de uma formidável transformação e uma palha insignificante sobre a onda dos acontecimentos.

Mas é ele quem cria a instituição sem a qual o totalitarismo é inconcebível e que está agora caindo em ruínas: o partido totalitário, o partido leninista, simultaneamente a Igreja ideológica, armada militante, aparelho de Estado já *in nuce*, quando ainda cabe inteiro "em uma carruagem", fábrica onde cada um tem seu lugar dentro de uma estrita hierarquia e uma rigorosa divisão do trabalho.

Lenin fará a síntese desses elementos, presentes há tempos, ainda que dispersos, e conferirá uma nova significação ao todo que comporá. Ortodoxia e disciplina são levadas ao limite (Trotski se orgulhará da comparação do partido bolchevique com a ordem dos jesuítas) e estendidas em escala internacional.[2] O princípio "quem não está conosco deve ser exterminado" será impiedosamente utilizado, os meios modernos do Terror serão inventados, organizados e aplicados em massa. Sobretudo, surge e se instala, não mais como traço pessoal, mas como determinante social-histórico, a obsessão do poder, o poder pelo poder, o poder como fim em si, por todos os meios e pouco importa para quê. Não se trata mais de se apoderar do poder para introduzir transformações definidas, trata-se de manter-se no poder e reforçá-lo incessantemente. Lenin, em 1917, só sabe de uma coisa, e apenas uma: que o momento de tomar o poder chegou e que amanhã poderá ser tarde demais.

O que fazer com esse poder? Ele não sabe, e o dirá: "Nossos mestres infelizmente não nos disseram como fazer para construir o socialismo". Dirá também, em seguida: "Se um Thermidor se revela inevitável, nós mesmos o faremos". Entenda-se: "Se, para conservar o poder, for preciso inverter completamente

---

2. Não é inútil, para as novas gerações, lembrar algumas das "21 condições" adotadas no Segundo Congresso da III Internacional (17 de julho – 7 de agosto de 1920): "1. Todos os órgãos de imprensa devem ser redigidos por verdadeiros comunistas (...) A imprensa e todos os serviços de edição devem ser inteiramente submetidos ao Comitê Central do Partido (...) — 9. Estes núcleos comunistas — nos sindicatos, etc. — devem ser completamente subordinados à totalidade do Partido... — 12 (....) Na época atual de guerra civil encarniçada, o Partido Comunista só poderá desempenhar seu papel se estiver organizado da maneira mais centralizada, se uma disciplina de ferro, semelhante à militar, for admitida e se seu organismo central for munido de largos poderes, exercer uma autoridade incontestada, beneficiar da confiança unânime dos militantes. — 13. Os PCs dos países onde os comunistas militam legalmente devem proceder a depurações periódicas de suas organizações, a fim de afastar delas os elementos interesseiros e os pequenos-burgueses (...) — 15. É de regra que os programas dos partidos filiados à Internacional Comunista sejam confirmados pelo Congresso Internacional *ou pelo Comitê Executivo* (o grifo é meu) (...) — 16. Todas as decisões dos Congressos do IC, *inclusive as do Comitê Executivo* (o grifo é meu), são obrigatórias para todos os países filiados ao IC".

nossa orientação, nós o faremos". Ele o fará, com efeito, em várias ocasiões (Stalin, posteriormente, levará esta arte à mais absoluta perfeição.) Único ponto fixo impiedosamente mantido por meio das mais inacreditáveis mudanças de rumo: a expansão sem limites do poder do Partido, a transformação de todas as instituições, a começar pelo Estado, em seus simples apêndices instrumentais e, finalmente, sua pretensão, não simplesmente de dirigir a sociedade nem mesmo de falar em seu nome, mas de ser, de fato, a sociedade mesma.

Sabemos que esse projeto atingirá sua forma extrema e demente sob Stalin. E que foi a partir de sua morte que seu fracasso começará a tornar-se evidente. O totalitarismo não é uma essência imutável, ele tem uma história que não cabe retraçar aqui, mas a respeito da qual não se pode esquecer ter sido ela, basicamente, a história da resistência dos homens e das coisas à fantasia da reabsorção total da sociedade e da feitura integral da História pelo poder do Partido.

Aqueles que recusavam a validade da noção de totalitarismo voltam hoje à carga, argumentando que o regime estava se desmoronando (neste sentido, nenhum regime histórico teria jamais existido), ou que tinha encontrado resistências internas.[3] Claramente, os próprios críticos participavam da fantasia totalitária: o totalitarismo poderia e deveria ter sido, para o bem ou para o mal, o que pretendia ser — um monólito sem falha. Como ele não era o que dizia ser, então, muito simplesmente, não existia.

Mas aqueles que discutiram seriamente o regime russo nunca foram vítimas dessa miragem. Nunca deixaram de ressaltar e analisar suas contradições e antinomias internas.[4] Indiferença e resistência passiva da população; sabotagem e desperdício da produção, tanto industrial como agrícola; irracionalidade profunda do sistema, de seu próprio ponto de vista, em razão de sua burocratização delirante, das decisões tomadas segundo os caprichos do autocrata ou da súcia que tinha conseguido impor-

---

3. Ver, por exemplo, as recensões de S. Ingerflohm em *Liber*, de março de 1990.
4. De minha parte, venho fazendo isto desde 1946.

se; conspiração universal da mentira que se tornou traço estrutural do sistema e condição de sobrevivência dos indivíduos, desde os *zeks* até os membros da direção política. Tudo amplamente confirmado pelos acontecimentos que se seguiram a 1953 e pelas informações que não pararam, a partir daí, de se espalhar: revoltas dos *zeks* nos campos desde a morte de Stalin, greves em Berlim oriental em junho de 1953, relatório Kruchev, revoluções polonesa e húngara em 1956, movimentos tchecoslovaco (1968) e polonês (1970), onda da literatura dissidente e a explosão polonesa de 1980 tornam o país ingovernável.

Após o fracasso das incoerentes reformas de Kruchev, a necrose que gangrenava o sistema e que não lhe deixava como saída senão a fuga para o superarmamento e a expansão externa tornou-se manifesta — e eu já escrevia em 1981 que não se podia mais falar deste sistema em termos de totalitarismo "clássico".[5]

Também é verdade que o regime não teria podido sobreviver durante setenta anos se ele não pudesse criar na sociedade apoios importantes, desde a burocracia ultraprivilegiada até as camadas que, sucessivamente, se beneficiaram de uma "promoção social"; se não tivesse criado, sobretudo, um tipo de comportamento e um tipo antropológico de indivíduo dominado pela apatia e pelo cinismo, unicamente preocupado com os ínfimos e preciosos benefícios que, à força de astúcia e de intrigas, poderia levar a seu nicho privado.

Sobre este último ponto, o sistema teve um êxito parcial, como demonstra a extrema lentidão das reações populares na Rússia, mesmo a partir de 1985. Mas ele também fracassou, e isto, paradoxalmente, pode ser observado com mais clareza no centro do aparelho do próprio partido. Quando a pressão das circunstâncias (impasses polonês e afegão, pressão do re-armamento americano diante de um atraso tecnológico e econômico crescente, incapacidade de levar por mais tempo sua superextensão mundial) demonstrou que a evolução "estratocrática"

---

5. "Les destinées du totalitarisme", in *Domaines de l'homme, op. cit.*, pp. 201-8.

dominante sob Brejnev se tornava com o tempo insustentável, pôde emergir, no seio do aparelho e em torno de um líder de uma habilidade pouco comum, um grupo "reformista" suficientemente importante para se impor e impor uma série de mudanças inimagináveis antes — entre as quais o ato oficial de morte do poder do partido único, redigido em 13 de março de 1990, cujo futuro ainda é totalmente obscuro, mas cujos efeitos já são irreversíveis.

Assim como o nazismo, o marxismo-leninismo permite medir a loucura e a monstruosidade de que são capazes os seres humanos, bem como a sua fascinação pela força bruta. E, mais do que o nazismo, sua capacidade de se iludirem, de transformarem em seu contrário as idéias mais libertadoras, de fazerem delas os instrumentos de uma mistificação ilimitada.

Ao desmoronar-se, o marxismo-leninismo parece sepultar sob suas ruínas tanto o projeto de autonomia como a própria política. O ódio ativo daqueles que o suportaram no Leste os leva a rejeitar qualquer outro projeto que não a adoção rápida do modelo capitalista liberal. No Ocidente, a convicção das populações de que vivem sob um regime que é o menos ruim possível será reforçada e acentuará seu mergulho na irresponsabilidade, na distração e na retirada para a esfera "privada" (evidentemente menos "privada" que nunca).

Não que essas populações tenham muitas ilusões. Nos Estados Unidos, Lee Atwater, presidente do Partido Republicano, falando do cinismo da população, diz: "O povo americano está convencido de que a política e os políticos não passam de conversa fiada, de que a mídia e os jornalistas não passam de conversa fiada, de que a religião organizada não passa de conversa fiada, de que o *big business* não passa de conversa fiada, de que os grandes sindicatos não passam de conversa fiada."[6] Tudo o que se sabe

---

6. Traduzi *baloney* por "boniment", mas penso que um equivalente mais exato seria "foutaise" ou "connerie". *International Herald Tribune*, 19 de abril de 1990. [N. T.: Neste caso, os equivalentes mais adequados em português seriam, respectivamente, "ninharia" e "besteira]".

sobre a França demonstra o mesmo estado de espírito. Mas os comportamentos efetivos pesam muito mais do que as opiniões. As lutas contra o sistema, até mesmo as simples reações, tendem a desaparecer. Mas o capitalismo não se modificou e não se tornou relativamente tolerável senão em virtude das lutas econômicas, sociais e políticas que demarcam dois séculos. Um capitalismo dilacerado pelo conflito e obrigado a enfrentar uma forte oposição interna, e um capitalismo ligado apenas a lobbies e corporações, podendo tranqüilamente manipular as pessoas e comprá-las por meio de um novo brinde todos os anos, são eles dois animais sócio-históricos completamente diferentes. A realidade o indica com clareza.

A história monstruosa do marxismo-leninismo mostra o que um movimento de emancipação não pode e não deve ser. Ela não permite de modo algum concluir que o capitalismo e a oligarquia liberal sob os quais nós vivemos encarnam o segredo enfim resolvido da história humana. O projeto de um domínio total (que o marxismo-leninismo retoma do capitalismo e que, nos dois casos, se inverte em seu contrário) é um delírio. Isso não significa que devamos agüentar nossa História como uma fatalidade. A idéia de fazer tabula rasa de tudo o que existe é uma loucura que conduz ao crime. Não resulta daí que devamos renunciar ao que define a nossa História desde a Grécia e ao que a Europa deu novas dimensões: fazemos nossas leis e nossas instituições, queremos nossa autonomia individual e coletiva, e essa autonomia somente nós mesmos podemos e devemos limitar. O termo igualdade serviu de cobertura a um regime em que as desigualdades reais eram de fato piores do que aquelas do capitalismo. Nem por isso podemos esquecer que não há liberdade política sem igualdade política e que esta é impossível quando as enormes desigualdades de poder econômico, diretamente traduzido em poder político, existem e se acentuam. A idéia de Marx de que mercado e moeda poderiam ser eliminados é uma utopia incoerente. Compreender isso não leva a caucionar o poder absoluto do dinheiro ou a crer na "racionalidade" de uma economia que nada tem a ver com um verdadeiro mercado e que se parece cada vez mais com um cassino planetário.

Não é porque não existe sociedade sem produção e consumo que eles devem ser erigidos como fins últimos da existência humana — o que é a substância efetiva do "individualismo" e do "liberalismo" de hoje. Essas são algumas das conclusões às quais deve levar a experiência combinada da pulverização do marxismo-leninismo e da evolução do capitalismo contemporâneo. Não são as conclusões que a opinião pública tirará de imediato. No entanto, quando a poeira se dissipar, é a elas que a humanidade deverá chegar, a menos que continue sua corrida em direção a um *sempre* mais ilusório que, cedo ou tarde, se chocará contra os limites naturais do planeta, se ele já não tiver desabado sob o peso de sua falta de sentido.

Entre o vazio ocidental e o mito árabe*

CORNELIUS CASTORIADIS: A decisão de fazer a Guerra [do Golfo] desprezava por completo os fatores a longo termo, ou seja, o risco de aprofundar ainda mais o abismo cultural, social, político e imaginário que existe entre os países ocidentais e o mundo árabe.

EDGAR MORIN: Agora é possível estabelecer uma primeira retrospectiva. A guerra ocorreu numa região onde todos os problemas não são apenas solidários, mas se apresentam ligados entre si por múltiplos nós górdios. Por isso pensei, antes e durante a guerra, que a demarcação principal não se situava entre pacifistas e belicistas, mas entre aqueles que queriam desfazer estes nós e aqueles que só queriam atingir o Iraque de Saddam e evitar o problema palestino.

Hoje o problema está em saber se a guerra cortou os nós górdios, se os enredou ainda mais, ou então se permitiu que os mais graves sejam desfeitos. É importante que ela tenha sido curta, que não tenha utilizado nem gases nem terrorismo, que

---

* Discussão com Edgar Morin, publicada em *Le Monde*, 19 de março de 1991.

ela não se tenha generalizado nem se tenha prolongado até o fim, porque Bush não avançou até Bagdá, e, enfim, que ela possa dar ensejo a uma reação de rejeição do povo iraquiano em relação a Saddam Hussein. Tudo isto, para nosso grande alívio, fez com que se evitassem catástrofes em cadeia, provocadas por uma guerra longa e irremissível.

Mas isso não é o bastante para ter a medida dessa guerra. Quem teria podido imaginar, em 1919, após o Tratado de Versalhes, que o efeito principal da Guerra de 1914-18 não seria o enfraquecimento da Alemanha e o afastamento da URSS do jogo, e sim o desencadear dessas duas potências sob o signo do totalitarismo? Foi somente depois de 1933 que se tornou evidente que a Grande Guerra tinha engendrado efeitos inversos daqueles buscados pelos vencedores. Assim, só o que vai acontecer no futuro poderá dar à Guerra do Golfo a sua significação.

Esse futuro depende evidentemente da nova situação que vai se esboçar no Oriente Médio. Acredito que essa situação já esteja desde já modificada pela responsabilidade global assumida pela América em toda a região após a sua vitória. A América hoje não é mais apenas a espada de um Ocidente em Guerra Fria, que tem em Israel seu baluarte oriental avançado. Ela tende a tornar-se responsável por uma pacificação generalizada em relação a seus aliados árabes e europeus, e em relação à ONU. É neste sentido que, desde o fim dos combates, Bush e Baker estabeleceram de fato a ligação entre as questões do Kuwait e do Oriente Médio, que haviam recusado até então.

Hoje, existe uma chance de que haja convergência de esforços para resolver o mais virulento dos problemas: o que liga a independência da Palestina à segurança de Israel, visto que se trata de uma idéia comum aos europeus; é esta a idéia do plano Mitterand de 15 de janeiro, bem como a da URSS. Em Israel mesmo, o fato do desaparecimento da ameaça iraquiana e a impossibilidade de realizar na atual conjuntura o sonho do Grande Israel, que expulsaria os palestinos de suas terras, criam novas condições para aceitar a liberdade de um povo que Tsahal pôs em gueto durante toda a duração dessa guerra.

A ONU, enfim, fora sido eclipsada no estágio do ataque terrestre contra o Iraque, volta a ser o embrião de instância internacional que, após dois de agosto de 1990, se revelou capaz de reprimir a pirataria de um Estado e poderia se mostrar apta a regular as tensões internacionais. Isto dependeu do acordo Estados-Unidos — URSS, que dependeu por sua vez da revolução antitotalitária iniciada por Gorbatchev. É evidente que se a contra-revolução triunfar na URSS, a ONU sairá enfraquecida, mas nos encontramos atualmente num período de trégua — do qual desconhecemos a duração — propício à esperança e à ação.

C. C.: Eu não compartilho em absoluto de sua concepção do papel, ainda que hipotético, da ONU. Não acredito que a situação de acordo entre a URSS e os Estados-Unidos, que explica o comportamento do Conselho de Segurança, seja o estado durável, normal, da relação entre esses dois países. Os franceses e os ingleses continuarão a se alinhar com os Estados-Unidos. Mas, a termo, a União Soviética, tanto quanto a China, não renunciou a ser uma grande potência.

No presente, a questão que se coloca é a do Oriente Médio. A unanimidade do Conselho de Segurança resistirá a ela? Todos se unirão em torno da posição dos falcões americanos e da direita israelense, que gostariam de ver os palestinos partirem para a Jordânia? Há Jerusalém. Há o problema curdo. E quem vai querer pôr em causa Hafez El Assad? Se houver um acordo, há o risco de que ele se faça mais uma vez à custa de palestinos e curdos.

A ONU não é mais do que um órgão por meio do qual as grandes potências tratam suas divergências. Ela tem o mesmo valor da Santa Aliança entre 1815 e 1848, ou o concerto das potências após o Congresso de Berlim de 1878. Ela pode parecer que está agindo enquanto valerem os acordos conjunturais entre as potências.

Mas, por trás de tudo isso, está a relação entre o mundo islâmico e o Ocidente. De um lado, temos o formidável mito que os árabes constroem sobre si mesmos, apresentando-se invariavelmente como as eternas vítimas da História. Ora, se houve uma nação conquistadora, do século VII ao século XI, esta foi sem dúvida a árabe. Os árabes não avançavam pelas encostas do Atlas no Marrocos, eles estavam na Arábia. No Egito não havia um único árabe. A situação atual é o resultado, primeiramente, de uma conquista e da conversão mais ou menos forçada das populações conquistadas; depois, da colonização dos árabes, não pelo Ocidente, mas por seus correligionários, os turcos, durante séculos; enfim, da semicolonização ocidental durante um período comparativamente bem menor.

E como estão eles politicamente no momento atual? Trata-se de países onde as estruturas do poder são ou arcaicas, ou uma mistura de arcaísmo e stalinismo. Pegaram o que há de pior no Ocidente e colaram em uma sociedade culturalmente religiosa. Nessas sociedades, a teocracia nunca foi afetada: o Código Penal é o Alcorão; a lei não é o resultado de uma vontade nacional, ela é sagrada. O próprio Alcorão não é um texto revelado, consignado por mãos humanas, ele é substancialmente divino. Esta mentalidade profunda permanece, e ressurge diante da modernidade.

Ora, também fazem parte da modernidade os movimentos de emancipação que vêm se produzindo no Ocidente há séculos. Houve as lutas multisseculares para separar o religioso do político. Um movimento como esse jamais se desenvolveu no Islã. E este Islã tem diante de si um Ocidente que só vive digerindo sua herança — mantendo um *status quo* liberal sem criar novas significações libertadoras. Diz-se mais ou menos o seguinte aos árabes: joguem fora o Alcorão e comprem videoclipes de Madonna. E, ao mesmo tempo, aviões Mirage lhes são vendidos a crédito.

Se há uma "responsabilidade" histórica do Ocidente a esse respeito, ela encontra-se aqui. O vazio de significação de nossas sociedades, no cerne das democracias modernas, não pode ser preenchido pela proliferação dos *gadgets*. E ele não pode expulsar as significações religiosas que mantêm essas sociedades unidas. Esta é a dura perspectiva do futuro. O efeito da guerra já é, e amanhã o será mais ainda, a acentuação dessa separação que empurra os muçulmanos em direção a seu passado.

Há uma ironia trágica no fato de que, se Saddam Hussein cair hoje, existem fortes possibilidades de que ele seja substituído por um regime fundamentalista xiita, isto é, aquele mesmo que o Ocidente não tardou em combater quando ele se instalou no Irã.

E. M.: Antes da guerra, Jean Baudrillard tinha demonstrado de maneira lógica que, de todo modo, não poderia haver guerra. Você, por sua vez, acabou de demonstrar logicamente que não é possível progredir, considerando todas as contradições que estão em ação, etc. A vida, felizmente, no que ela tem de mais inovador, não obedece à lógica, e você sabe muito bem disso. Há, de todo modo, uma nova conjuntura mundial que possivelmente permitirá que se escape ao ciclo infernal.

Mas vamos ao fundo das coisas.

No primeiro grau, vemos exaltadas massas magribinas tomarem um escravizador por um libertador. É verdade. Mas não se trata de um traço árabe ou islâmico: vivenciamos entre nós, para citar apenas duas, as idolatrias por Stalin e Mao, e isto não faz tanto tempo assim. Conhecemos histerias religiosas, nacionalistas e messiânicas. Mas hoje nossa península européia ocidental vive um período de maré baixa mitológica. Já não temos esperanças gigantescas. Então acreditamos, neste estado talvez provisório, que as paixões e os fanatismos são próprios dos árabes.

Em um grau mais elevado, podemos lamentar que a democracia não consiga se implantar fora da Europa Ocidental. Mas basta pensar na Espanha, na Grécia, na Alemanha, ontem nazista, na própria França, para compreender que a democracia é um sistema difícil de se enraizar. Trata-se de um sistema que se alimenta de diversidades e de conflitos, na medida em que é capaz de regulá-los e torná-los produtivos, mas, pode justamente, ser destruído pelas diversidades e pelos conflitos. A democracia não pôde se implantar no mundo árabe-islâmico primeiramente porque este não pôde completar o estágio histórico de laicismo, que ele certamente portava em germe do século VIII ao século XIII, e que o Ocidente europeu pôde iniciar a partir do século XVI. Somente o laicismo, que é o recuo da religião em relação ao Estado e à vida pública, permite a democratização. Mesmo nos países árabe-islâmicos onde houve movimentos laicos importantes, a democracia pareceu uma solução tênue em relação à revolução, que permitia igualmente a emancipação ante o Ocidente dominador. Ora, tanto a promessa da revolução nacionalista como a da revolução comunista eram, na realidade, promessas religiosas, trazendo uma a religião do Estado-Nação, a outra, a da salvação terrestre.

Enfim, não devemos esquecer que a mensagem laica do Ocidente estava chegando junto com a dominação imperialista e a ameaça de homogeneização cultural e de perda de identidade que nossa onda técnico-industrial levava para o resto do mundo.

Então, a resistência da identidade ameaçada, forçada a se agarrar ao passado fundador tanto quanto ao futuro libertador, encontrou-se recentemente aumentada por um fenômeno capital que se agravou nos anos 80: a ruína de um futuro que trouxesse a emancipação. Esta perda do futuro também nós a sofremos: perdemos o futuro "progressivo" prometido pelo desenvolvimento da ciência e da razão, que revelaram cada vez mais suas ambivalências, perdemos o futuro "radioso" da salvação terrestre que definitivamente desabou junto com o muro de Berlim.

Quando o futuro está perdido, o que resta? O presente, o passado. Aqui, na medida em que consumimos, vivemos cotidianamente no presente. Mas e eles, o que eles podem consumir do presente? O que as prodigiosas receitas de desenvolvimento, modelo ocidental ou modelo soviético lhes deram? Subdesenvolvimento. Então, quando não há mais futuro e o presente está doente, resta o passado.

Por isso os formidáveis avanços dos fundamentalismos não devem ser vistos como uma recaída dos países árabes em si mesmos, um suflê que murcha. Eles são os produtos de um círculo histórico em que a própria crise da modernidade, isto é, do progresso, provoca esse fundamentalismo.

Você está justamente falando do problema do sentido. Para nós, a História não tem mais um sentido teleguiado. Para nós, as antigas certezas estão gravemente doentes.

Até agora, sempre se considerou que o ser humano tinha necessidade de certezas para viver. Quando as grandes religiões portadoras de sentido declinaram, outras certezas racionalistas, cientificistas trouxeram a convicção do progresso garantido. Podemos imaginar uma humanidade que aceita a incerteza, o questionamento, com tudo o que isso comporta de risco de angústia? Seria certamente necessária uma grande mudança em nosso modo de ser, de viver, de pensar. É este, todavia, o nosso novo destino. O que não significa que devamos viver sem raízes, sem mitos ou esperanças; entretanto, precisamos saber, como Pascal, que nossos mitos e nossas esperanças fazem parte da fé religiosa, da aposta. Nossas raízes devem ser operadas de um modo novo, no espaço e no tempo. Não podemos nos limitar a viver o presente no seu dia-a-dia, mas buscar nossas fontes no passado ("a herança que você recebeu de seus pais, diz Goethe, você precisa reconquistá-la"); e devemos nos projetar no futuro, não mais um futuro prometido, mas um futuro desejado. Nosso mito é o da fraternidade humana que se enraíza em nossa terra-pátria.

Estamos em um novo começo, e é neste sentido que acredito ser possível dar vida ao embrião da ONU, bem como tentar desmontar o que continua sendo o arsenal do mundo nessa zona de fratura entre Oriente e Ocidente, entre as três religiões monoteístas, entre a religião e o laicismo, entre o modernismo e o fundamentalismo e, finalmente, entre um progresso de humanidade ou a grande regressão.

C. C.: Parece-me claro que a situação mundial é intolerável e insustentável, que o Ocidente atual não tem nem os meios nem a vontade de modificá-la essencialmente e que o movimento libertador encontra-se aqui em pane. Parece-me igualmente claro que para fazer é preciso querer. E também encarar a realidade. Quando Edgar Morin evoca o problema de identidade, está evocando, na verdade, o do sentido, que confere uma identidade ao crente: eu sou um bom muçulmano, um bom cristão, ou mesmo um mau cristão. Porque, mesmo como mau cristão, eu sou algo definido.

Nós somos os descendentes de..., mas somos também aqueles que têm o objetivo de... O que significa que temos um projeto que não é mais o Paraíso na Terra, que não é mais um projeto messiânico ou apocalíptico, mas que diz alguma coisa sobre a direção em que estamos indo. É o que está faltando ao Ocidente hoje. O único impulso dessas sociedades é o impulso para a riqueza e o poder, nada mais.

Abro um parêntese: sabemos que os árabes foram, durante um período, mais civilizados do que os ocidentais. Depois, o desaparecimento. Mas o que eles captaram da herança da Antigüidade nunca foi de ordem política. A problemática política dos gregos, fundamental para a democracia, não fecundou nem os filósofos nem as sociedades árabes. As comunas européias obtiveram as liberdades comunais no final do século X. Não se trata de "julgar" os árabes, mas de constatar que foram necessários dez séculos para que o Ocidente conseguisse, bem ou mal, separar a sociedade política do domínio religioso.

Finalizarei com uma observação quase anedótica. Antes da guerra, George Bush era considerado um fraco por seus concidadãos. Transformou-se agora num herói. Mas a América não vai demorar a se defrontar com os seus verdadeiros problemas internos, diante dos quais o sr. Bush estará impotente. A crise da sociedade americana vai continuar com a decrepitude de suas cidades, as feridas sociais, e tudo o mais que conhecemos. O mesmo começa a acontecer na Europa, e só tende a se agravar enquanto os povos permanecerem paralisados e apáticos.

E. M.: Nossa sociedade prossegue aos trancos e barrancos. Todos os processos nos levam para uma grande crise de civilização. Estamos regredindo ou progredindo? Uma vez mais esperamos pelo inesperado. Salvemos ao menos em nós o tesouro mais precioso da cultura européia: a racionalidade crítica e autocrítica.

C. C.: Quando os gregos, já em sua decadência, conquistaram o Oriente, ele foi helenizado em alguns decênios. Quando Roma conquistou o mundo mediterrâneo, ela o romanizou. Quando a Europa representou o mesmo papel, não soube influenciar em profundidade as culturas locais. Ela as destruiu sem substituí-las.

O que resta hoje como herança defensável da criação européia e como germe de um futuro possível é um projeto de autonomia da sociedade, que se encontra numa fase crítica. É nossa responsabilidade fazê-lo reviver, avançar e fecundar as outras tradições.

A degradação do Ocidente*

ESPRIT: A atualidade imediata, com a Guerra do Golfo e o fim do comunismo, coloca, a nosso ver, a questão do valor do modelo democrático. Não seria o caso de dizer que existe, no final das contas, uma forma de relativismo na ordem internacional? Que há, por outro lado, uma nova polaridade, ou então uma supremacia renovada dos Estados Unidos?

CORNELIUS CASTORIADIS: Com o desmoronamento do império russo-comunista, a impotência da China, a limitação, talvez provisória, do Japão e da Alemanha no campo da expansão econômica, a nulidade manifesta da Europa dos Doze como entidade política, os Estados Unidos dominam a cena da política mundial, reafirmam sua hegemonia e pretendem impor uma "nova ordem mundial". A Guerra do Golfo foi uma manifestação dessa situação. Entretanto, não acredito que se possa falar de uma supremacia absoluta ou de uma ordem unipolar. Os Estados Unidos devem enfrentar um número extraordinário de países, de problemas e de crises, diante dos quais seus aviões e mísseis nada podem. Nem a "anarquia" crescente nos países pobres,

---

* Conversa com Olivier Mongin, Joël Roman e Ramin Jahanbegloo, publicada em *Esprit*, dezembro de 1991.

nem a questão do subdesenvolvimento, nem a do meio ambiente podem ser resolvidas por meio de bombardeios. E, mesmo do ponto de vista militar, a Guerra do Golfo demonstrou, provavelmente, o limite do que os Estados Unidos podem fazer — aquém da utilização das armas nucleares.

Ao mesmo tempo, os Estados Unidos estão sofrendo um declínio, uma degradação interna que, em minha opinião, não está sendo levada em conta pela França, o que é lamentável, visto que eles são o espelho no qual os outros países ricos podem ver o seu futuro. A erosão do tecido social, os guetos, a apatia e o cinismo sem precedentes da população, a corrupção em todos os níveis, a fantástica crise da educação (a maioria dos estudantes "graduados" são hoje de origem estrangeira), o questionamento do inglês como língua nacional, a degradação contínua do aparelho produtivo e econômico, tudo isso mina, a termo, as possibilidades de hegemonia mundial dos Estados Unidos.

ESPRIT: A crise do Golfo não representaria o fracasso do pretenso alcance universal dos valores ocidentais?

C. C.: A crise do Golfo atuou como um formidável revelador de fatores conhecidos, ou que deveriam sê-lo. Pudemos ver os árabes, e os muçulmanos em geral, identificando-se maciçamente com este gângster e carrasco de seu próprio povo, que é Saddam Hussein. A partir do momento em que Saddam se opunha ao Ocidente, eles estavam prontos a esquecer a natureza de seu regime e a tragédia de seu povo. Apesar do grande número de manifestações após a derrota de Saddam, a base continua presente: o integrismo ou "fundamentalismo" islâmico está mais forte do que nunca, e estende-se para regiões que se acreditava estarem em outro caminho (África do Norte, Paquistão, países ao sul do Saara). Ele é acompanhado por um ódio visceral em relação ao Ocidente, o que podemos compreender se consideramos que um ingrediente essencial do Ocidente é a separação entre a religião e a sociedade política. Ora, o islã, como de resto quase todas as religiões, pretende ser uma instituição *total*, ele recusa a distinção entre o religioso e o político. Esta corrente se completa e se auto-incita por meio de uma retórica "anticolonialista", sobre a qual o mínimo que se pode dizer é que, no caso dos países árabes, ela é vazia. Se existem hoje árabes na África do Norte, é porque ela foi colonizada por árabes a partir do século VII; o mesmo, em relação aos países do Oriente Médio. E os primeiros "colonizadores" não-árabes do Oriente Médio (e da África do Norte) não foram os europeus, mas outros muçulmanos — os turcos seldjuks primeiramente, seguidos dos turcos otomanos. O Iraque permaneceu sob domínio turco durante cinco séculos — e sob protetorado britânico durante quarenta anos. Não se trata de minimizar os crimes do colonialismo ocidental, mas de denunciar esta mistificação que apresenta os povos muçulmanos como não tendo nenhuma responsabilidade em sua própria história, como não tendo jamais feito outra coisa senão sofrer passivamente o que outros, isto é, os ocidentais, lhes impuseram.

ESPRIT: Não temos aqui os limites desse universalismo representado pelo Ocidente diante de um culturalismo antidemocrático?

C. C.: Há vários níveis nesta questão, que atinge hoje uma dimensão trágica. Em um sentido, o "universalismo" não é uma criação específica do Ocidente. O budismo, o cristianismo, o islã são universalistas, pois que seu apelo se dirige, em princípio, a todos os seres humanos, que têm o mesmo direito (e o mesmo dever) de se converter a ele. Essa conversão pressupõe um ato de fé — e acarreta a adesão a um mundo de significações (e de normas, valores, etc.) específico e *fechado*. Este fechamento é o traço característico das sociedades com heteronomia forte. No entanto, é próprio da história greco-ocidental a ruptura desse fechamento, o questionamento das significações, das instituições, das representações estabelecidas pela tribo, que dá um conteúdo bem diferente ao universalismo; esta ruptura vai de par com o projeto de autonomia social e individual, logo, com as idéias de liberdade e igualdade, o autogoverno das coletividades e os direitos dos indivíduos, a democracia e a filosofia.

Ora, encontramos aqui um paradoxo de primeira grandeza, alegremente escamoteado pelos que discorrem sobre os direitos do homem, a indeterminação da democracia, o agir comunicante, o autofundamento da razão, etc. — os Pangloss que prosseguem em sua retórica autocentrada sem se deixarem perturbar pelo barulho e pelo furor da história efetiva. Os "valores" do Ocidente se pretendem universais — e certamente o são no mais alto grau, visto que pressupõem e provocam o afastamento de todo o fechamento sócio-histórico particular, no qual os seres humanos se encontram sempre necessariamente presos de início. Mas não se pode desconhecer que eles têm *raízes* sócio-históricas particulares, sobre as quais seria absurdo pretender que fossem contingentes. Para encurtar as coisas e tomar a questão *in medias res*: essa ruptura do fechamento a temos *atrás* de nós, 25 ou cinco séculos atrás de nós. Mas os outros não a têm. Para nós é possível defender racionalmente os "nossos valores" — porque, precisamente, erigimos a discussão racional em pedra de toque do aceitável e do inaceitável. Se o outro entra nesta discussão, ele na verdade caiu para o lado de nossa tradição, onde tudo pode ser examinado e discutido. Mas se ele se esconde atrás de uma revelação divina, ou mesmo simplesmente atrás de uma tradição que ele sacramenta (é, de certo modo, o caso dos japoneses atuais), o que pode significar lhe impor uma discussão racional? E tendemos a esquecer com demasiada facilidade o que acontecia, não faz muito tempo, em terra cristã, com os livros — e com seus autores — que pretendiam simplesmente estabelecer uma discussão racional sem levar em conta a fé.

Para que os outros — islâmicos, hindus, ou o que sei eu? — aceitem o universalismo com o conteúdo que o Ocidente tentou dar a esta idéia, seria preciso que eles saíssem de seu fechamento religioso, de seu magma de significações imaginárias. Até o momento eles raramente o fazem — foi por excelência entre eles que o pseudomarxismo ou o Terceiro Mundo foi um substituto da religião — e até mesmo, por razões que veremos adiante, se crispam em seu fechamento.

Não podemos discutir aqui e agora por que foi, e continua a ser, assim. Por que, por exemplo, a filosofia hindu jamais questionou o mundo social, ou por que os comentaristas árabes de Aristóteles escreveram interminavelmente sobre sua metafísica e sua lógica, ignorando radicalmente qualquer problemática *política* grega: assim como foi preciso esperar por Spinoza, o excomungado, para encontrar uma reflexão política dentro da tradição judia. Mas podemos nos deter sobre os fatores que *hoje*, fazem as sociedades ocidentais ricas serem incapazes de exercer uma influência de emancipação sobre o resto do mundo; podemos questionar por que elas não apenas deixam de contribuir para a erosão das significações religiosas, na medida em que elas bloqueiam a constituição de um espaço político, mas talvez tendam mesmo a reforçar o seu domínio.

Qual é o "exemplo" que essas sociedades de capitalismo liberal dão ao resto do mundo? Primeiramente, o da riqueza e o do poder tecnológico e militar. Poder que os outros gostariam bastante de ter e que, por vezes, conseguem (o Japão, os "quatro dragões" e, certamente em breve, alguns outros). Mas como demonstram esses exemplos, e contrariamente aos dogmas marxistas e, até mesmo, aos dogmas "liberais", este poder enquanto tal não implica nada e não provoca nada quanto à emergência de um processo de emancipação.

Contudo, ao mesmo tempo, essas sociedades apresentam ao resto do mundo uma imagem que repele, a de sociedades onde reina um vazio total de significação. Nelas, o único valor é o dinheiro, a notoriedade na mídia ou o poder, no sentido mais vulgar e irrisório do termo. Suas comunidades são destruídas e a solidariedade se reduz a disposições administrativas. É diante deste vazio que as significações religiosas se mantêm, ou até mesmo ganham mais força.

É verdade que existe também o que jornalistas e políticos chamam de "democracia", e que, de fato, não é mais do que uma oligarquia liberal. Aqui, procuraríamos em vão o exemplo de ser um cidadão responsável, "capaz de governar e de ser governado", como dizia Aristóteles, o exemplo do que vem a ser uma coletividade política reflexiva e deliberativa. Certamente subsistem, resultantes de longas lutas anteriores, algumas liberdades que, embora parciais e essencialmente defensivas, são importantes e preciosas. Na realidade sócio-histórica efetiva do capitalismo contemporâneo, essas liberdades funcionam cada vez mais como simples complemento instrumental do dispositivo de maximização das "fruições" individuais. E são estas "fruições" que constituem o *único* conteúdo substantivo do individualismo de que tanto se fala. Isso porque não pode haver individualismo puro, isto é, vazio. Os indivíduos pretensamente "livres para fazerem o que quiserem" não deixam de fazer alguma coisa, ou fazem *qualquer* coisa. Eles fazem coisas precisas, definidas, particulares, desejam certos objetos e neles investem em detrimento de outros, valorizam tais e tais atividades, etc. Ora, esses objetos e essas atividades não são e nunca poderão ser determinados exclusivamente, ou mesmo essencialmente, apenas pelos "indivíduos"; eles são determinados pelo campo sócio-histórico, pela instituição específica da sociedade onde vivem e suas significações imaginárias. Podemos provavelmente falar de "individualismo" a propósito dos verdadeiros budistas, mesmo quando seus pressupostos metafísicos são diametralmente opostos aos do "individualismo" ocidental (nulidade do indivíduo lá, realidade substancial autárcica do indivíduo aqui); mas qual seria o conteúdo substantivo do primeiro? Em princípio, a renúncia ao mundo e às suas "fruições". Enquanto no Ocidente contemporâneo, o "indivíduo" livre, soberano, autárcico, substancial, já quase não é mais, geralmente do que uma marionete que cumpre espasmodicamente os gestos que lhe são impostos pelo campo sócio-histórico: ganhar dinheiro, consumir e "fruir" (se conseguir...). Supostamente "livre" para dar à sua vida o sentido que "desejar", ele só lhe "dá", geralmente o "sentido" corrente, ou seja, o não-sentido do aumento indefinido do consumo. Sua "autonomia" se transforma em heteronomia, sua "autenticidade" é o conformismo generalizado que reina entre nós.

Isto significa que não pode haver "autonomia" individual se não houver autonomia coletiva, como não pode haver "criação de sentido" para a vida do indivíduo que não estiver inscrito no quadro de uma criação coletiva de significações. E é a infinita banalidade dessas significações no Ocidente contemporâneo que condiciona sua incapacidade de exercer uma influência sobre o mundo não-ocidental, de contribuir para a erosão do império das significações religiosas ou similares.

ESPRIT: Assim, não existiria mais um sentido global; mas será que isso significa obrigatoriamente que não existem mais sentidos periféricos em tal ou tal setor social e na liberdade dos indivíduos, na medida em que cada um poderia, se podemos assim dizer, construir um sentido por si mesmo? Por outro lado, deu-se aparentemente em nossa discussão uma espécie de deslize de linguagem. Quando dizemos que já não existe sentido, as pessoas entendem automaticamente que não já não existe sentido *pré-dado*. Ora, não é este o problema, na medida em que a ausência de um sentido pré-dado não cria necessariamente um vazio. Pode tratar-se, ao contrário, de uma chance, de uma possibilidade de liberdade, que permitiria sair do "desencantamento".

De outra parte, a grande questão não consistiria, pois, em saber se esta prova por que está passando a liberdade não seria *ela mesma* insustentável?

C. C.: É evidente que não estou falando do desaparecimento de um sentido pré-dado, e que eu não lamento isso. O sentido pré-dado é heteronomia. Uma sociedade autônoma, uma sociedade verdadeiramente democrática, é uma sociedade que questiona qualquer sentido pré-dado, e na qual, por isso mesmo, está liberada a *criação de novas significações*. E, numa tal sociedade, cada indivíduo é livre para criar para a sua vida o sentido que quiser (e puder). Mas seria absurdo pensar que ele pode fazer isso fora de todo contexto e de todo condicionamento sócio-histórico. Considerando o que é, ontologicamente, o indivíduo, esta proposição é, na verdade, uma tautologia. O indivíduo *individuado* cria um sentido para sua vida ao participar das significações criadas por sua sociedade, ao participar de sua *criação*, seja como "autor", seja como "receptor" (público) dessas significações. E sempre insisti sobre o fato de que a verdadeira "recepção" de uma obra nova é tão criadora quanto a sua criação.

Podemos observar isto claramente nos dois grandes períodos de nossa história em que emerge o projeto de autonomia e aparecem, pela primeira vez, indivíduos verdadeiramente *individuados*. O surgimento de criadores verdadeiramente individuais e de um público capaz de aceitar suas inovações vai de par, na Grécia antiga, com o surgimento da *polis* e das novas significações que ela encarna: democracia, isonomia, liberdade, *logos*, reflexão. Para ser bem mais complexo, a situação é análoga na Europa ocidental moderna. É verdade que aqui, durante um longo período, a grande arte e a filosofia, e até mesmo a pesquisa científica, permaneceram intimamente ligadas às significações religiosas. Mas a maneira como elas se situam em relação a estas significações já está mudando. E, relativamente cedo, são criadas grandes formas e obras "profanas" suscitadas — e bem acolhidas — pela sociedade. Kundera o demonstrou a propósito do romance, assinalando sua "função" de questionamento da ordem estabelecida e do cotidiano. E como esquecer o maior escritor da Europa moderna, Shakespeare, em cuja obra não se encontra um único traço de religiosidade? Mas, no final do século XVIII a criação européia se afasta de qualquer sentido "pré-dado". Trata-se de uma dessas maravilhosas coincidências da história, o fato de que a última grande obra da arte religiosa, o *Requiem* de Mozart, tenha sido composta em 1791 — no momento em que a Revolução Francesa começaria a atacar a Igreja e o cristianismo, alguns anos depois que Lessing definiu o espírito iluminista como a tríplice recusa da Revelação, da Providência e da Danação eternas, alguns anos antes de Laplace responder, a propósito da ausência de Deus no *Sistema do mundo*, que ele não precisava desta hipótese. Essa eliminação do sentido "pré-dado" não impediu que a Europa entrasse, por 150 anos, num período extraordinário de criação em todos os campos. Para os grandes romancistas, grandes músicos e grandes pintores da época não existe sentido pré-dado (da mesma forma que ele não existe para os grandes matemáticos e cientistas). Existe a embriaguez lúcida da pesquisa e da criação do sentido — e não foi certamente por acidente que a significação mais forte de suas obras constitua uma interrogação permanente sobre a significação mesma, pelo que Proust, Kafka, Joyce e tantos outros se aproximam da tragédia ateniense.

Se esse período termina em torno de 1950 (data evidentemente "arbitrária", apenas um ponto de referência), não é porque se está entrando numa época mais *democrática* do que a anterior — poderíamos sem paradoxo sustentar o contrário —, e sim porque o mundo ocidental entra em crise, e esta crise consiste precisamente no fato de que ele *cessa de se questionar verdadeiramente*.

ESPRIT: Não haveria uma relação entre o vazio de sentido e a perda desta grande arte sobre a qual o senhor está falando?

C. C.: É evidente que ambos se encontram. A grande arte é simultaneamente a janela da sociedade que se abre para o caos e a forma dada a este caos (ao passo que a religião é a janela em direção ao caos e a *máscara* colocada sobre o mesmo). A arte é uma forma que não mascara nada. Por meio desta forma, a arte mostra, indefinidamente, o caos, re-questionando assim as significações estabelecidas, até mesmo a significação da vida humana e de seus conteúdos mais indiscutíveis. O amor está no centro da vida pessoal no século XIX, e *Tristão* é, ao mesmo tempo, a ilustração mais intensa desse amor e a demonstração de que ele não pode se realizar senão na separação e na morte.

Por isso, longe de ser incompatível com uma sociedade autônoma, democrática, a grande arte é inseparável dela. Porque uma sociedade democrática sabe, ou deveria saber, que não há significação segura, que ela vive sobre o caos, que ela própria é um caos que deve dar a si mesmo uma forma, nunca permanentemente fixada. É a partir deste saber que ela cria sentido e significação. Ora, é este saber — o que significa dizer, o saber da mortalidade (retomaremos este ponto mais adiante) — que a sociedade e o homem contemporâneo rejeitam e recusam. E é em razão disso que a grande arte se torna impossível ou, na melhor das hipóteses, marginal, sem a participação re-criadora do público.

Foi-me perguntado se a prova da liberdade não está se tornando insustentável. Há duas respostas para esta questão, que são solidárias. A prova da liberdade se torna insustentável na medida em que não se consegue *fazer nada* com esta liberdade. Por que queremos a liberdade? Nós a queremos primeiramente por si mesma, é verdade; mas também para *fazer* coisas. Se não pudermos, se não quisermos fazer nada, esta liberdade se transforma na pura figura do vazio. Aterrorizado diante deste vazio, o homem contemporâneo se refugia na acumulação laboriosa de seu "lazer", cada vez mais repetitivo e acelerado. Ao mesmo tempo, a prova da liberdade é indissociável da prova da mortalidade. (As "garantias do sentido" são, evidentemente, o equivalente da denegação da mortalidade: aqui, mais uma vez, o exemplo das religiões é eloqüente.) Um ser — indivíduo ou sociedade — não pode ser autônomo se ele não aceita a sua mortalidade. Uma verdadeira democracia — não uma "democracia" apenas nos procedimentos —, uma sociedade auto-reflexiva, e que se auto-institui, que é capaz de re-questionar continuamente suas instituições e suas significações, vive precisamente na prova da mortalidade virtual de toda significação instituída. É somente a partir daí que ela pode criar e, caso seja necessário, instaurar "monumentos eternos": eternos como demonstração, para todos os homens por vir, da possibilidade de criar a significação habitando na borda do Abismo.

Ora, é evidente que a derradeira verdade da sociedade ocidental contemporânea é a fuga desenfreada diante da morte, a tentativa de ocultar a nossa mortalidade, que se manifesta de mil maneiras: pela supressão do luto, pela especialização da morte, pelos tubos e aparelhos intermináveis da luta terapêutica, pela formação de psicólogos especializados para "assistirem" os moribundos, pelo afastamento dos velhos, etc.

ESPRIT: Quando nos recusamos a desesperar da democracia moderna, quando pensamos que ainda deve haver possibilidade de criação de significações sociais, não é verdade que nos chocamos com um discurso antropológico, um discurso um tanto quanto tocquevilliano que iria de Furet a Gauchet, e que consis-

A DEGRADAÇÃO DO OCIDENTE

te em afirmar que a evolução das sociedades democráticas leva os indivíduos a se refugiarem na esfera privada, a se individualizarem? Não teríamos aí uma inclinação estrutural das sociedades modernas? Inversamente, de acordo com o seu pensamento, que é um pensamento da ação, quais são as condições de um agir autônomo numa sociedade democrática? Não existe a possibilidade de agir publicamente neste abalo?

C. C.: A "inclinação estrutural" que o senhor mencionou — ela não é "estrutural", ela é *histórica* — é a inclinação das sociedades capitalistas modernas, não a da democracia.

Mas cabe, primeiramente, uma observação "filológica". Penso que há uma confusão que pesa muito sobre as discussões contemporâneas. Em Tocqueville, o sentido do termo "democracia" não é político, e sim sociológico. Ele equivale, em última análise, à supressão dos estatutos hereditários, que instaura uma "igualdade das condições", ao menos jurídica. Essa equalização leva, ou pode levar, à criação de uma massa de indivíduos indiferenciados, que se apegam a esta não-diferenciação e recusam a excelência. No final, dá-se o aparecimento do "Estado tutelar", o mais benévolo e mais terrível dos tiranos, e do "despotismo democrático" (noção a meu ver absurda, porque nenhum despotismo pode existir senão com a instauração de novas diferenciações). Tocqueville aceita o movimento de equalização, que considera como a tendência irreversível da História (a seu ver, desejada pela Providência), mas seu pessimismo é alimentado pela nostalgia dos tempos antigos, nos quais a excelência e a glória individuais não se tinham tornado impossíveis pelo que ele denomina "democracia".

Para mim, como sabem, o sentido primeiro — do qual decorre todo o resto — do termo "democracia" é político: regime no qual todos os cidadãos são capazes de governar e de serem governados (dois termos indissociáveis), regime de autoinstituição explícita da sociedade, regime de reflexão e de autolimitação.

Posto isso, a questão antropológica é evidentemente fundamental. Ela sempre esteve no centro de minhas preocupações, e é por esta razão que, desde os anos 1959-1960, venho dando tanta importância ao fenômeno da *privatização* dos indivíduos nas sociedades contemporâneas, e à sua análise. Porque o equilíbrio e a conservação da sociedade capitalista moderna, a partir dos anos 50, são obtidos pelo envio de cada um à sua esfera privada e ao seu fechamento dentro dela (o que se tornou possível pela boa situação econômica dos países ricos, como também por toda uma série de transformações sociais, sobretudo em matéria de consumo e de "lazer"), paralelo e sincronizado com um imenso movimento "espontâneo" (e, no essencial, induzido por toda a história precedente) de *recuo* da população, de apatia e de cinismo em relação às questões políticas. E, desde os anos 50, essa evolução vem se acentuando cada vez mais, apesar de alguns contrafenômenos, de que tratarei posteriormente. Ora, o paradoxo está no fato de que o capitalismo — que não pode se desenvolver e sobreviver senão por meio da conjunção de dois fatores, ambos relacionados à antropologia — os está agora destruindo.

O primeiro é o conflito social e político, tradução das lutas de grupos e de indivíduos por autonomia. Ora, sem este conflito não teria havido, no plano político, o que estamos chamando aqui de "democracia". O capitalismo como tal não tem nada a ver com a democracia (basta olhar para o Japão, antes e depois da guerra). E, no plano econômico, sem as lutas sociais, o capitalismo teria desmoronado dezenas de vezes nos últimos dois séculos. O desemprego potencial foi absorvido pela redução das horas diárias, semanais, anuais de trabalho, e pela redução da vida de trabalho; a produção encontrou uma saída nos mercados internos de consumo, constantemente aumentados pelas lutas operárias e pelas altas dos salários reais que elas acarretaram; as irracionalidades da organização trabalhista da produção foram corrigidas, bem ou mal, pela resistência permanente dos trabalhadores.

O segundo está no fato de que o capitalismo só pôde funcionar porque herdou uma série de tipos antropológicos que ele próprio não foi capaz de criar: juízes incorruptíveis, funcionários íntegros e weberianos, educadores que se consagram à sua vocação, operários que têm um mínimo de consciência profissional, etc. Estes tipos não surgem, e não poderiam surgir, por si próprios; eles foram criados em períodos históricos anteriores, por referência a valores então consagrados e incontestáveis: a honestidade, o serviço do Estado, a transmissão do saber, a obra bem-feita, etc. Ora, vivemos em sociedades em que esses valores se tornaram notoriamente irrisórios, em que só conta a quantidade de dinheiro que você conseguiu embolsar, não importa como, ou o número de vezes em que você apareceu na televisão. O único tipo antropológico criado pelo capitalismo, e que lhe era indispensável, de início, para se instaurar, foi o empresário de Schumpeter: indivíduo apaixonado pela criação desta nova instituição histórica, a *empresa*, e por seu constante crescimento por intermédio da introdução de novos complexos técnicos e de novos métodos de penetração no mercado. Ora, mesmo este tipo está sendo destruído pela evolução atual; no que diz respeito à produção, o empresário é substituído por uma burocracia gerencial; no que diz respeito à produção de dinheiro, as especulações na Bolsa, as intermediações financeiras dão muito mais lucro do que as atividades "empresariais".

Assim, ao mesmo tempo em que assistimos, em razão da privatização, à degradação crescente do espaço público, constatamos a destruição dos tipos antropológicos que condicionaram a própria existência do sistema.

ESPRIT: O senhor está descrevendo uma "oligarquia liberal" que funcionaria à parte e que estaria contente com isso, porque poderia desta forma levar tranqüilamente adiante os seus negócios — a população só intervindo de fato para escolher tal ou tal equipe política. É verdade que isso funciona exatamente assim? Porque sabemos que ainda existem lutas sociais, formas importantes de conflito nessa sociedade. Certamente elas estão agora menos diretamente organizadas em torno do trabalho do que, no passado, as lutas ligadas aos conflitos sindicais. Entretanto, não se pode afirmar de modo tão categórico que está havendo um recuo para a esfera privada.

Tomemos um exemplo extremo: as formas de revolta, como a de Vaulx-en-Velin, testemunham também uma vontade que é, tanto quanto aquela do movimento operário do século XIX, a de uma participação ativa. *Por outro lado*, a sociedade francesa de cinqüenta anos atrás era muito mais participativa, muito mais exclusiva do que é hoje. Ainda assim houve o que se poderia chamar um "progresso" na democracia, ainda que seja pela cultura triunfante da mídia. Não podemos, portanto, simplesmente afirmar que tudo isso não passa de uma demanda de poder de compra e de participação no capitalismo.

C. C.: Trata-se de saber o que, para nós, é essencial ou central no sistema, e o que é secundário, periférico, apenas "barulho". A oligarquia liberal na verdade não funciona à parte; mas devemos compreender que quanto *menos* ela funciona à parte, *mais* ela é forte enquanto oligarquia precisamente. De fato, ela é bastante "fechada" sociologicamente (cf. as origens sociais do recrutamento das grandes escolas, etc.); ela teria, de seu próprio ponto de vista, todo o interesse em alargar as bases de seu recrutamento, que é o viveiro da autocooptação. Mas nem por isso ela se tornaria mais democrática — como não se tornou mais democrática a oligarquia romana quando enfim aceitou em seu seio os *homines novi*. Por outro lado, o regime liberal (por oposição ao regime totalitário) lhe permite perceber "sinais" vindos da sociedade, por canais extra-oficiais ou legais e, em princípio, reagir, remediar. Na realidade, ela o faz cada vez menos. No que deu Vaulx-en-Velin (afora a criação de alguns novos comitês e postos burocráticos "para tratar do problema")? Qual é a situação dos Estados Unidos em relação aos guetos, à droga, ao desmoronamento da educação e a tudo o mais?

Na verdade, após o fracasso dos movimentos dos anos 60, dos dois choques do petróleo e da contra-ofensiva liberal (no sentido capitalista do termo), representada inicialmente pela dupla Thatcher-Reagan, mas que finalmente se espalhou por toda a parte, constatamos um novo dispositivo de "estratégia social". Mantém-se uma situação financeira boa ou tolerável para 80% ou 85% da população (inibida, além de tudo, pelo medo do desemprego), e joga-se todo o lixo do sistema sobre os 15% ou 20% "inferiores" da sociedade, que não podem reagir senão por meio do quebra-quebra, da marginalização e da criminalidade: desempregados e imigrantes na França e na Inglaterra, negros e hispânicos nos Estados Unidos, etc. Naturalmente, conflitos e lutas subsistem, ressurgindo aqui e ali. Não estamos em uma sociedade morta. Na França, nos últimos anos, houve os movimentos dos estudantes universitários, dos estudantes de segundo grau, dos ferroviários, das enfermeiras. Houve um fenômeno importante: a criação das coordenações, nova forma de auto-organização democrática dos movimentos, traduzindo a experiência da burocracia e a desconfiança a seu respeito — mesmo quando partidos e sindicatos continuam tentando absorver e destruir esses movimentos.

Mas é preciso igualmente constatar que esses movimentos contra a ordem existente são, em sua maioria, corporativistas e, em todo o caso, muito parciais e limitados quanto a seus objetivos. Tudo se passa como se a enorme desilusão provocada simultaneamente pelo desmoronamento da mistificação comunista e pelo espetáculo irrisório do funcionamento efetivo da "democracia" tenha resultado no desinteresse total pela política, no verdadeiro sentido do termo, tendo a própria palavra se transformado em sinônimo de truque, de tramóia, de manobra suspeita. Em todos esses movimentos, qualquer proposta de ampliação da discussão ou de questionamento dos problemas políticos mais amplos é recusada como se fosse o próprio diabo. (E não podemos censurá-los, visto que os que tentam introduzir "a política" em seu meio são, em geral, dinossauros residuais, trotskistas ou outros.) O caso mais surpreendente é o dos ecologistas, que foram arrastados a contragosto para debates de política geral, quando a questão ecológica implica, evidentemente, a totalidade da vida social. Afirmar que é preciso salvar o meio ambiente significa afirmar que é preciso mudar radicalmente o modo de vida da sociedade; significa que se aceita renunciar à corrida desenfreada ao consumo. Isso não é nada menos do que *as* questões política, psíquica, antropológica e filosófica colocadas, em toda a sua profundidade, à humanidade contemporânea.

Não pretendo afirmar com isso que a alternativa da ação é tudo ou nada, e sim que uma ação lúcida deve ter sempre em vista o horizonte da globalidade, deve inscrever-se na generalidade do problema social e político, mesmo quando deve igualmente saber que, no momento, ela só pode obter um resultado parcial e limitado; e esta exigência deve ser assumida pelos participantes.

De outro lado, não podemos afirmar, como os senhores estão fazendo, que a sociedade é hoje muito mais inclusiva, sem nos perguntarmos: inclusiva *em quê*? Ela é inclusiva no que ela mesma é, neste magma de significações imaginárias dominantes que tentei descrever.

ESPRIT: Há um ponto que ainda não foi abordado, mas que o senhor acabou de aflorar a propósito das incoerências da ecologia; trata-se do problema da evolução da técnica. Podemos colocar esta questão, principalmente porque o senhor é um dos raros filósofos contemporâneos que freqüentou o terreno das Ciências Exatas. Estamos numa época em que alguns tendem a ver a fonte de todos os males de nossa sociedade na tecnologia. O senhor acha que, de fato, a técnica é um sistema que se tornou de tal forma autônomo que os cidadãos não têm mais meios de agir sobre ele?

C. C.: Dois fatos me parecem incontestáveis. Primeiramente, a ciência-tecnologia tornou-se autônoma: ninguém controla sua evolução e sua orientação e, apesar da existência de diversos "comitês de ética" (o caráter irrisório do nome dispensa comentários e trai a vacuidade da coisa), não há nenhum posicionamento a propósito dos efeitos indiretos e laterais desta evolução. Depois, trata-se de uma trajetória de inércia, no sentido da física: deixado por conta própria, o movimento continua.

Esta situação encarna e exprime todos os traços da época contemporânea. A expansão ilimitada de um pseudodomínio é buscada aqui por si mesma, independente de qualquer fim racional ou racionalmente discutível. Inventa-se tudo o que pode ser inventado, produz-se tudo o que pode ser (lucrativamente) produzido, sendo que as "necessidades" correspondentes serão suscitadas depois. Ao mesmo tempo, o vazio de sentido é ocultado pela mistificação cientificista, mais forte do que nunca, e isto, paradoxalmente, num momento em que a verdadeira ciência nunca esteve tão paradoxal quanto a seus fundamentos e quanto às implicações de seus resultados. Enfim, encontramos nessa ilusão de poder absoluto a fuga diante da morte e sua denegação: eu sou talvez fraco e mortal, mas o poder existe em algum lugar, no hospital, no acelerador de partículas, nos laboratórios de biotecnologia, etc.

Que esta evolução destruidora vai também, a longo termo, acabar por destruir a própria ciência-tecnologia me parece garantido, mas esta discussão seria demasiadamente longa aqui. O que deve ser ressaltado desde agora é que é preciso primeiramente dissipar a ilusão de poder absoluto. Em seguida, levar em consideração o fato de que, pela primeira vez na história da humanidade, a questão, extremamente difícil, de um controle (afora o eclesiástico) sobre a evolução da ciência e da técnica se coloca de forma radical e urgente. Isto exige uma reconsideração de todos os valores e hábitos que nos dominam. De uma parte, somos os habitantes privilegiados de um planeta talvez único no universo — em todo o caso, se o truísmo é permitido, único para nós —, de uma maravilha que não criamos e que, tranquilamente, estamos destruindo. De outra parte, não podemos evidentemente renunciar ao saber sem renunciar ao que faz de nós seres livres. Mas, como o poder, o saber não é inocente. É, pois, preciso ao menos tentar compreender o que estamos querendo saber, e estarmos atentos às recaídas possíveis deste saber. Aqui aparece mais uma vez a questão da democracia, sob múltiplas formas. Nas condições e nas estruturas presentes, é fatal que as decisões sobre tudo isso caibam aos políticos e burocratas ignorantes e aos cientistas tecnológicos movidos essencialmente por uma lógica competitiva. Impossível que a coletividade política forme sobre isto uma opinião razoável. E o que é ainda mais importante: neste plano atingimos a questão da norma essencial da democracia — evitar a *hubris*, a autolimitação.

ESPRIT: O que o senhor denomina o "projeto de autonomia" passa então, finalmente, pela educação.

C. C.: A centralidade da educação em uma sociedade democrática é indiscutível. Em um certo sentido, pode-se dizer que uma sociedade democrática é uma imensa instituição de educação e de auto-educação permanentes de seus cidadãos, e que ela não poderia viver sem isso. Porque uma sociedade democrática, tal como sociedade *reflexiva*, deve apelar constantemente para a atividade lúcida e a opinião esclarecida de todos os cidadãos. Ou seja, exatamente o contrário do que acontece hoje no reino dos políticos profissionais, dos "especialistas", das sondagens televisivas. E não se trata, ao menos essencialmente, da educação dispensada pelo "Ministério da Educação". Nem tampouco da idéia de que com uma enésima "reforma da educação" nos aproximaríamos da democracia. A educação começa com o nascimento do indivíduo e termina com a sua morte. Ela se dá continuamente, em todos os lugares. Os muros da cidade, os livros, os espetáculos, os acontecimentos educam — e, hoje, essencialmente "deseducam" — os cidadãos. Comparem a educação que recebiam os cidadãos (e as mulheres, os escravos) atenienses assistindo às representações da tragédia, e a que recebe hoje um telespectador assistindo a *Dinasty* e *Perdu de vue*.

ESPRIT: A autolimitação nos traz de volta ao debate sobre a mortalidade e a imortalidade, que parece central: o que surpreende, quando lemos os seus textos, é a impressão de que há, de um lado, os textos políticos e, de outro, a obra do filósofo-psicanalista. Mas, na verdade, existe em suas obras um tema comum permanente que é a questão do tempo: como, simultaneamente, reatar uma relação com o tempo e livrar-se da fantasia da imortalidade?

C. C.: Trata-se primeiramente de livrar-se da ilusão moderna da linearidade, do "progresso" da História como acumulação das aquisições ou processo de "racionalização". O tempo humano, como o tempo de sê-lo, é tempo de criação-destruição. A única "acumulação" que existe na história humana, a longo termo, é a do instrumental, do técnico, do conjunto das identificações. E nem isso é forçosamente irreversível. A acumulação de significações é um contra-senso. Pode haver apenas, em determinados segmentos históricos, uma relação profundamente *histórica* (isto é, tudo menos linear e "acumulativa") entre as significações criadas pelo presente e as do passado. E é somente livrando-se da fantasia da imortalidade (cujo objetivo é precisamente o de abolir o tempo) que podemos estabelecer uma verdadeira relação com o tempo. Ou, mais exatamente — porque a expressão "relação com o tempo" é bizarra, o tempo não é algo externo a nós, com o qual poderíamos ter uma relação, nós *estamos* no tempo e o tempo nos faz —, é só então que podemos estar verdadeiramente presentes no presente, abertos ao futuro e mantendo com o passado uma relação que não seja nem repetição nem rejeição. Liberar-se da fantasia da imortalidade — ou, sob sua forma vulgar, de um "progresso histórico" garantido — significa liberar nossa imaginação criadora e nosso imaginário social criador.

ESPRIT: Podemos pensar aqui em um de seus textos do *Mundo fragmentado*, "O estado do sujeito hoje", no qual vê-se bem que a questão da imaginação é central. Trata-se, com efeito, de liberar um sujeito capaz de imaginar, ou seja, no fundo, capaz de imaginar *outra coisa* e, portanto, de não ser alienado pelo tempo passado-presente. O interessante é que a obra é, fundamentalmente, a capacidade do sujeito em tornar-se sujeito imaginador. Devemos esperar deste sujeito imaginador, numa sociedade democrática, que ele produza obra, no sentido do produto, ou então este sujeito imaginador já não seria, em essência, a própria obra?

C. C.: Há vários níveis nesta questão. Primeiramente, o sujeito é *sempre* imaginador, faça o que fizer. A psique é a imaginação radical. A heteronomia pode ser também vista como o bloqueio desta imaginação na repetição. A obra da psicanálise é o devir autônomo do sujeito no duplo sentido da liberação de sua imaginação *e* da instauração de uma instância reflexiva e deliberativa que dialogue com esta imaginação e julgue os seus produtos.

Esse mesmo devir autônomo do sujeito, essa criação de um indivíduo imaginador e reflexivo será igualmente a obra de uma sociedade autônoma. Não estou, evidentemente, pensando numa sociedade na qual todo o mundo seria Michelangelo ou Beethoven, ou mesmo um artesão fora de série. Estou pensando em uma sociedade na qual todos os indivíduos estariam abertos à criação, poderiam recebê-la criativamente, prontos a fazer com ela o que bem entendessem.

ESPRIT: O problema de "produzir obra", no sentido de obra de arte, é, pois, secundário.

C. C.: Ele é secundário no sentido em que nem todo o mundo pode, ou deve, ser criador de obras de arte na acepção própria do termo. Mas ele não é secundário no sentido da criação de obras, na acepção mais geral do termo, pela sociedade: obras de arte, obras do pensamento, obras institucionais, obras de "cultura da natureza", se posso assim me expressar. São as criações que vão para além da esfera privada, que têm relação com o que denomino as esferas privada-pública e pública-pública. Essas criações têm necessariamente uma dimensão coletiva (seja em sua realização, seja em sua recepção), mas constituem também o lastro da identidade coletiva. É isso que esquecem, diga-se entre parênteses, o liberalismo e o "individualismo". E é verdade que na teoria, rigorosamente falando, a questão de uma identidade coletiva, de um conjunto com o qual possamos, em aspectos essenciais, nos identificar, do qual participamos e com o qual nos preocupamos, sobre o destino do qual nos sentimos responsáveis — não pode e não deve ser colocada no liberalismo e no "individualismo", porque neles ela não tem sentido algum. Mas como se trata de uma questão incontornável, nas situações de fato, o liberalismo e o "individualismo", na falta de melhor, adotam vergonhosamente e às escondidas, as identificações empiricamente dadas e até mesmo a "nação". Esta nação sai, como um coelho da cartola, de todas as teorias e "filosofias políticas" contemporâneas. (Fala-se, ao mesmo tempo, dos "direitos do *homem*" e de "soberania da *nação* "!) Ora, se a nação não deve ser definida pelo "direito do sangue" (que nos leva diretamente ao racismo), não há senão uma base sobre a qual ela pode ser razoavelmente defendida: como coletividade que criou obras que podem pretender ter uma validade universal. Para além das anedotas folclóricas e das referências a uma "história" amplamente mítica e unilateral, ser francês significa pertencer a uma cultura que vai das catedrais góticas à Declaração dos Direitos do Homem, e de Montaigne aos impressionistas. E como nenhuma cultura pode reivindicar para suas obras o monopólio da pretensão à validade universal, a significação imaginária "nação" não pode deixar de perder a sua importância cardeal.

Se as suas instituições constituem uma coletividade, as suas obras são o espelho no qual ela pode se olhar, se reconhecer, se questionar. Elas são o laço entre o seu passado e o seu futuro, são um depósito inesgotável de memória, bem como o apoio de sua criação por vir. Por isso, aqueles que afirmam que na sociedade contemporânea, no quadro do "individualismo democrático", não há mais lugar para grandes obras, decretam, sem saber ou querer, a pena capital para esta sociedade.

Qual será a identidade coletiva, o "nós" de uma sociedade autônoma? Nós somos aqueles que fazemos as nossas próprias leis, somos uma coletividade autônoma formada por indivíduos autônomos. E podemos nos olhar, nos reconhecer, nos questionar em e por nossas obras.

ESPRIT: Mas nós não temos a sensação de que "se ver em uma obra" nunca funcionou na contemporaneidade? A sociedade não se vê nas obras dos grandes períodos de criação artística no momento mesmo em que elas são criadas. A sociedade da época não se via em Rimbaud ou Cézanne: ela só foi capaz de fazê-lo posteriormente. Por outro lado, não devemos considerar que somos hoje tributários de todas as tradições que fizeram a nossa sociedade, mesmo quando elas não são compatíveis umas com as outras?

C. C.: O senhor está considerando um caso quase único e certamente pleno de significação, mas não daquela que está pretendendo lhe atribuir. Resumindo a questão, pode-se dizer que o "gênio desconhecido", nessa escala, é uma produção do final do século XIX. Ele se produz nesta ocasião com a ascensão da burguesia e com uma cisão profunda entre cultura popular (rapidamente destruída, aliás) e cultura dominante, que é a cultura burguesa da arte pretensiosa. O resultado foi o aparecimento, pela primeira vez na história, do fenômeno da *vanguarda* e de um artista "incompreendido", não por acaso, mas *necessariamente*. Porque o artista estava então limitado ao seguinte dilema: ser comprado pelos burgueses e pela Terceira República, tornando-se um artista oficial e pretensioso, ou respeitar seu gênio e vender, se conseguisse, alguns quadros por cinco ou dez francos. Posteriormente, dá-se a conhecida degenerescência da *vanguarda*, quando a única coisa que conta é "chocar o burguês". Este fenômeno está ligado à sociedade capitalista, não à democracia. Ele traduz precisamente a cisão não-democrática entre a cultura e a sociedade em sua totalidade.

Por outro lado, a tragédia elizabetana ou os *Corais* de Bach são obras que o povo da época via no Teatro do Globo ou cantava nas igrejas.

Quanto à tradição, uma sociedade não está obrigada a repeti-la para que tenha uma relação com ela, dá-se mesmo justamente o contrário. Uma sociedade pode ter com o seu passado uma relação de repetição rígida, como é o caso das sociedades ditas precisamente tradicionais, ou simplesmente erudita, de museu e turística, que é mais o caso da nossa. Nos dois casos, trata-se de um passado morto. Um passado vivo só pode existir para um presente criador e aberto ao futuro. Considerem a tragédia ateniense. Entre as cerca de quarenta obras que chegaram até nós, há apenas uma, *Os persas* de Ésquilo, que se inspira em um evento da atualidade. Todas as outras buscam seu tema na tradição mitológica; mas cada tragédia remodela esta tradição, renova sua significação. Entre a *Electra* de Sófocles e a de Eurípedes, não há praticamente nada em comum, salvo o esqueleto da ação. Existe aqui uma liberdade fantástica, alimentada por um trabalho sobre a tradição, criando obras com as quais os rapsodos que recitavam mitos, ou até mesmo Homero, não teriam podido sonhar. Já numa época mais próxima, podemos ver como Proust transubstancia em sua obra profundamente inovadora toda a tradição literária francesa. E os grandes surrealistas se alimentaram mais dessa tradição do que os acadêmicos de sua época.

ESPRIT: Nós não vamos relançar o debate sobre a vida intelectual francesa. Mas é surpreendente observar, relativamente ao problema da mortalidade, a atual corrente da des-construção, em torno de uma base heideggeriana ou judia. Alguns nos falam indefinidamente sobre a mortalidade ou sobre a finitude, mas uma finitude sobre a qual não se poderia dizer nada, e sim tão simplesmente constatar que ela é finitude. Não teríamos aqui o sintoma de uma espécie de bloqueio? Se seguirmos esta corrente, não devemos, sobretudo, agir; chegamos, finalmente, a uma espécie de elogio da passividade. Se admitirmos que todas essas pessoas não são prestidigitadoras, e certamente nem todas o são, veremos que existe um pensamento da finitude que, por assim dizer, anda em círculos. Por que então este pensamento tem tanto peso?

C. C.: No meu entender, trata-se aqui de uma manifestação, mais uma, da esterilidade da época. E não é por acaso que isso vai de par com as ridículas proclamações do "fim da filosofia", com as confusas afirmações sobre o "fim das grandes narrativas", etc. Também não é por acaso que os representantes dessas tendências não são capazes de produzir nada além de comentários sobre os textos do passado e evitam cuidadosamente falar sobre as questões levantadas pela ciência, sociedade, história e política atuais.

Essa esterilidade não é um fenômeno individual, ela traduz precisamente a situação sócio-histórica. Existe igualmente um fator filosófico "intrínseco", por assim dizer: a crítica interna do pensamento herdado, notadamente de seu racionalismo, deve ser feita. No entanto, apesar do caráter pomposo da "des-construção", esta crítica é feita de modo redutor. Reduzir toda a história do pensamento greco-ocidental ao "fechamento da metafísica" e ao "onto-teo-logo-(falo)-centrismo" significa escamotear uma enorme quantidade de germes infinitamente fecundos que esta história contém; identificar o pensamento filosófico com a metafísica racionalista é simplesmente absurdo. Por outro lado, e sobretudo, uma crítica que não é capaz de colocar outros princípios senão aqueles que ela critica está condenada precisamente a permanecer ela mesma no círculo definido pelos objetos criticados. É assim que, finalmente, toda a crítica que se faz hoje ao "racionalismo" vai dar simplesmente num irracionalismo que não é mais do que a sua outra face; no fundo, vai dar numa posição filosófica tão velha quanto a própria metafísica racionalista. O afastamento em relação ao pensamento herdado pressupõe a conquista de um novo ponto de vista, que esta tendência é incapaz de produzir.

Entretanto, mais uma vez, é a situação sócio-histórica em sua totalidade que tem aqui muito peso. A incapacidade que passa hoje a filosofia de criar novos pontos de vista, novas idéias filosóficas exprime, neste campo particular, a incapacidade da sociedade contemporânea de criar novas significações sociais e de questionar a si própria. Tentei há pouco esclarecer, na medida do possível, esta situação. Mas não se deve esquecer de que quando tudo já foi dito não temos, e não podemos ter, uma "explicação". Assim como a criação não é "explicável", a decadência e a destruição também não o são. Os exemplos históricos formam uma legião, mas eu me limitarei a mencionar apenas um. No quinto século há em Atenas, sem falar do resto, os três grandes trágicos, Aristófanes e Tucídides. Já no século IV, não há nada comparável. Por quê? Podemos sempre dizer que os atenienses foram vencidos na Guerra do Peloponeso. E daí? Seus genes foram transformados por causa disto? A Atenas do século IV já não é mais Atenas. Existem evidentemente os dois grandes filósofos que alçam vôo ao anoitecer, mas que são, essencialmente, os estranhos produtos do século precedente. E existem, sobretudo, os retóricos — que, em nossos dias, também existem em abundância.

Tudo isso combina com uma total irresponsabilidade política. É bem verdade que a maioria desses "filósofos" anunciariam em bom tom, para quem quisesse ouvi-los, seu devotamento à democracia, aos direitos do homem, ao anti-racismo, etc. Mas em nome de quê? E por que acreditaríamos neles, quando, na realidade, professam um relativismo absoluto e quando proclamam que tudo não passa de uma "narrativa", vulgo, uma conversa fiada? Se todas as narrativas se valem, em nome do que condenar a "narrativa" dos astecas e seus sacrifícios humanos, ou a "narrativa" hitleriana e tudo o que ela implica? E em que medida a proclamação do "fim das grandes narrativas" não é ela mesma uma narrativa? A imagem mais clara dessa situação é dada pelas "teorias do pós-modernismo", que são a expressão mais nítida, eu diria mesmo a mais cínica, da recusa (ou da incapacidade) de questionar a situação atual.

Quanto a mim, precisamente porque tenho um projeto que não abandono, preciso tentar ver o mais claramente possível a realidade e as forças efetivas em jogo no campo sócio-histórico. Como disse alguém, eu tento olhar com "sentidos sóbrios". Há momentos na História em que o factível no imediato é um lento e longo trabalho de preparação. Ninguém pode saber se estamos atravessando uma breve fase de sono da sociedade, ou se estamos entrando em um longo período de regressão histórica. Mas eu não sou impaciente.

Post-scriptum

A entrevista que acabamos de ler teve lugar há quatro anos. Num certo sentido, não há muita coisa a acrescentar com relação a seu tema principal, a decadência do Ocidente. Por outro lado, as mudanças na cena planetária e na sua dinâmica exigiriam novos desenvolvimentos que não podem ser efetuados aqui e agora: tentarei, no entanto, esboçar algumas de suas linhas principais.

O estado de apatia política profunda, característica das sociedades ocidentais, continua mais forte do que nunca. Ele certamente teve um papel central na demonstração dramática da inexistência política da "Europa", ocasionada pelos eventos na Iugoslávia. Esses eventos, bem como os da Somália e de Ruanda ou de Burundi, demonstraram o caráter irrisório da "Nova Ordem Mundial" e a impotência efetiva da política americana.

O integrismo islâmico está dilacerando a Argélia, onde o número de vítimas do terrorismo e do contraterrorismo aumenta a cada dia. De um outro modo, o mesmo acontece no Sudão. Os efeitos do acordo de "paz" entre Israel e a OLP continuam duvidosos, devido à atitude dos colonos israelenses e a crescente oposição palestina a Arafat, tanto a da "direita" como a da "esquerda". Mas muito mais importante é a mudança na perspectiva mundial. As hipóteses de base sobre as quais deveria se fundar qualquer análise racional durante o período 1950-85 já estão, ou estão se tornando rapidamente obsoletas. Os países da antiga URSS encontram-se num estado caótico e não se pode afirmar nada quanto à direção de sua evolução; na verdade, não há sequer uma direção. Só este fato, em si e por si mesmo, introduz uma instabilidade essencial nas relações internacionais, totalmente diferente das tensões mais ou menos regulares do período da Guerra Fria. O que coincide com uma fase durante a qual o Ocidente se torna cada vez mais incapaz de gerenciar seus negócios, tanto internos quanto externos. Mais algumas palavras sobre este ponto se fazem necessárias.

Apesar de algumas frases aqui e acolá sobre o caráter mundial do capitalismo, do imperialismo, etc., a totalidade das análises econômicas, políticas e sociais do capitalismo, desenvolvidas desde Smith e Ricardo, passando por Marx e chegando até os keynesianos e os economistas "neo-neo-clássicos", foram feitas dentro de um quadro "nacional". Exemplificando: o objeto central da pesquisa sempre foi a economia "nacional" (pode-se considerar que Marx realizou uma análise ora de uma economia nacional simples, isolada, ora de uma "economia mundial" plenamente homogeneizada, o que vem a dar no mesmo), com um "comércio externo" como apêndice menor e *ad libitum*. O relativo sucesso da análise keynesiana e da política macroeconômica que dela resultou, e que foi adotada durante os primeiros decênios do pós-guerra, estava baseado no fato de que os governos eram mais ou menos capazes de controlar, por meio de medidas orçamentárias e monetárias (incluindo as manipulações das taxas de câmbio sobre as quais eles supostamente exerciam um poder soberano), o nível do emprego, a taxa de crescimento, o nível dos preços e a balança externa. (Pouco importa aqui se a realização simultânea dos objetivos desejados dentro destas quatro variáveis se tenha revelado, grosso modo, impossível). Mas existem, cada vez menos, economias "nacionais" no sentido tradicional. Assim, independentemente até mesmo do nível de imbecilidade dos políticos, as políticas nacionais encontram-se cada vez menos capacitadas a influenciar a evolução econômica. Por uma estranha coincidência, este processo firmou-se durante o mesmo período (o decênio dos anos 80) em que a loucura neo-"liberal" de Thatcher e de Reagan se propagou nos países ricos (incluindo a França e a Espanha "socialistas"). Resultou daí o presente estado caótico da economia mundial, no qual todo o tipo de "acidente" catastrófico é possível. E devemos lembrar que, durante o período do pós-guerra, a estabilidade social e política dos países "liberais" ricos dependia em grande parte da capacidade do sistema em fornecer a mercadoria — ou seja, um pleno emprego aproximativo e níveis de consumo crescentes.

A confusão se completa com as evoluções no Terceiro Mundo. Deixando de lado os países islâmicos, sobre os quais já disse algumas palavras, e a América Latina, onde as perspectivas são obscuras, uma divisão nítida em duas zonas está se estabelecendo rapidamente. Uma zona de miséria atroz, de lutas tribais e de morte (sobretudo, mas não exclusivamente, a África), onde até mesmo as ditaduras tradicionais, corrompidas e mantidas pelo Ocidente, tornam-se cada vez mais instáveis. E a zona do Leste Asiático, formada por países em vias de rápida industrialização sob regimes políticos mais ou menos autoritários, possuindo uma mão-de-obra abundante, barata e ultra-explorada, cuja concorrência, tanto sob a forma de exportação como de "transferência" das fábricas, acentua os problemas econômicos dos países ricos. Mas a importância de todos esses fatos empalidece diante do processo chinês de uma industrialização vertiginosa no interior das estruturas arruinadas do poder político comunista. Qualquer que seja a evolução que virá da China, é certo que ela desestabilizará por completo a frágil desordem mundial existente.

Junho de 1995.

A ascensão da insignificância*

OLIVIER MOREL: Eu gostaria primeiramente de evocar a sua trajetória intelectual, ao mesmo tempo atípica e simbólica. Qual é hoje o seu julgamento a propósito dessa aventura que começou em 1946, com *Socialisme ou Barbarie*?

CORNELIUS CASTORIADIS: Já descrevi tudo isso por pelo menos duas vezes;[1] sendo assim, serei muito breve. Comecei a me ocupar da política ainda muito jovem. Descobri, ao mesmo tempo, a filosofia e o marxismo com a idade de 12 anos, e aderi à organização ilegal das Juventudes Comunistas sob a ditadura de Metaxas no último ano do liceu, quando estava com 15 anos. Ao final de alguns meses, meus camaradas de célula (gostaria de assinalar aqui os seus nomes: Koskinas, Dodopoulos e Stratis) foram presos e, ainda que torturados com selvageria,

---

* Entrevista com Olivier Morel em 18 de junho de 1993, difundida pela Radio Plurielle e publicada em *La Republique Internationale des Lettres*, em junho de 1994.
1. Na "Introduction générale" da *Société bureaucratique*, v. 1, Paris, 10/18, 1973, e em "Fait et à faire", epílogo a *Autonomie et autotransformation de la société, la philosophie militante de Cornelius Castoriadis*, Paris, Droz, 1989.

não me entregaram. Perdi assim o contato com o partido, que só foi reatado durante o início da ocupação alemã. Rapidamente descobri que o Partido Comunista não tinha nada de revolucionário, e sim que era uma organização chauvinista e totalmente burocrática (diríamos hoje uma microssociedade totalitária). Após uma tentativa de "reforma", junto com outros camaradas, tentativa que, evidentemente, bem depressa fracassou, rompi com o partido e aderi ao grupo trotskista de extrema-esquerda, dirigido por uma figura de revolucionário inesquecível, Spiros Stinas. Mas aqui, ainda em virtude até mesmo das leituras de alguns livros milagrosamente preservados dos autos-da-fé da ditadura (Souvarine, Ciliga, Serge, Barmine e, evidentemente, o próprio Trotski que, visivelmente articulava a,b,c, mas não queria pronunciar d, e, f), logo comecei a pensar que a concepção trotskista não era capaz de dar conta nem da natureza da "URSS" nem da natureza dos partidos comunistas. A crítica do trotskismo e minha própria concepção tomaram definitivamente forma durante a primeira tentativa de golpe de Estado stalinista em Atenas, no mês de dezembro de 1944. Tornava-se evidente que o PC não era um "partido reformista" aliado da burguesia, como queria a concepção trotskista, e sim que ele visava apoderar-se do poder para instaurar um regime do mesmo tipo do que existia na Rússia — previsão confirmada com clareza pelos eventos que se seguiram, a partir de 1945, nos países da Europa Oriental e Central. Isto também me levou a rejeitar a idéia de Trotski de que a Rússia era um "Estado operário degenerado" e a desenvolver a concepção, que ainda considero justa, segundo a qual a Revolução Russa havia levado à instauração de um novo tipo de regime de exploração e de opressão, no qual uma nova classe dominante, a burocracia, se tinha formado em torno do Partido Comunista. Chamei este regime de capitalismo burocrático total e totalitário. Quando vim à França no final de 1945, expus essas idéias ao partido trotskista francês e um certo número de camaradas apoiou minhas idéias; formamos então um grupo com uma nova tendência, que criticava a política trotskista oficial. No outono de 1948, quando os trotskistas endereçaram a Tito, que na época havia rompido oficialmente com Moscou, a proposta ao mesmo tempo monstruosa e irrisória de formar com ele uma Frente única, decidimos romper com o partido trotskista e fundamos o grupo e a revista *Socialisme ou Barbarie*, cujo primeiro número saiu em março de 1949. A revista publicou quarenta números, até o verão de 1965, e o grupo se dissolveu em 1966-67. O trabalho durante este período consistiu primeiramente no aprofundamento da crítica ao stalinismo, trotskismo, leninismc e, finalmente, marxismo e ao próprio Marx. Essa crítica a Marx já pode ser encontrada em um texto meu, publicado em 1953-54 ("Sur la dynamique du capitalisme"), que critica a economia de Marx, nos artigos de 1955-58 "Sur le contenu du socialisme", sua concepção da sociedade socialista e do trabalho, em "Le mouvement révolutionnaire sous le capitalisme moderne" (1960) e, finalmente, nos textos escritos a partir de 1959, mas publicados em *Socialisme ou Barbarie* somente em 1964-65, sob o título "Marxisme et théorie révolutionnaire", que veio a constituir a primeira parte de *L'institution imaginaire de la société* (1975).

Desde o fim de *Socialisme ou Barbarie* não tenho mais me ocupado direta e ativamente da política, salvo por um breve momento, em Maio de 68. Tento permanecer presente como uma voz crítica, mas estou convencido de que a falência das concepções herdadas (seja o marxismo, o liberalismo ou as visões gerais sobre a sociedade, a história, etc.) torna necessária uma reconsideração de todo o horizonte de pensamento no qual situou-se, há séculos, o movimento político de emancipação. E é a este trabalho que venho me dedicando desde então.

O. M.: A dimensão política e militante sempre foi primordial para o senhor? A postura filosófica seria o ponto silencioso que predetermina a posição política? Ou se trata de duas atividades incompatíveis?

C. C.: Certamente que não. Mas, primeiramente, devo esclarecer que para mim, desde o início, as duas dimensões não estavam separadas, mas também considero há muito tempo que não há passagem direta da filosofia à política. O parentesco entre filosofia e política consiste no fato de que ambas visam a nossa liberdade, a nossa autonomia — enquanto cidadãos e seres pensantes — e no fato de que, nos dois casos, há de início uma vontade — refletida, lúcida, mas ainda assim vontade — que visa a esta liberdade. Contrariamente aos absurdos que atualmente estão de novo em curso na Alemanha, não existe fundamento racional da razão, nem fundamento racional da liberdade. Nos dois casos há, com certeza, uma justificação racional, mas ela vem em contracorrente, e apóia-se sobre o que somente a autonomia torna possível para os seres humanos. A pertinência política da filosofia deve-se ao fato de que a crítica e as elucidações filosóficas permitem que se destruam precisamente os falsos pressupostos filosóficos (ou teológicos) que tão freqüentemente serviram para justificar os regimes heteronômicos.

O. M.: Logo, o trabalho do intelectual é um trabalho crítico, na medida em que ele quebra as evidências, em que está presente para denunciar o que parece ser evidente. É nisto que, provavelmente, o senhor pensava quando escreveu: "Bastaria ler seis linhas de Stalin para compreender que a revolução não podia ser *isso*".

C. C.: Sim, mas devo mais uma vez precisar que o trabalho do intelectual deveria ser um trabalho crítico, e freqüentemente ele o foi na História. No momento do surgimento da filosofia na Grécia, por exemplo, os filósofos questionaram as representações coletivas estabelecidas, as idéias sobre o mundo, os deuses, a boa ordem da cidade. Mas, bem depressa, ocorre uma degenerescência: os intelectuais abandonam, traem o seu papel crítico e começam a racionalizar o que existe, transformam-se nos justificadores da ordem estabelecida. O exemplo mais extremo, e também sem dúvida o que melhor exprime a questão, ainda que seja porque ele encarna um destino e um fim quase necessário da filosofia herdada, é Hegel, que proclama no final: "Tudo o que é racional é real, e tudo o que é real é racional". No período recente, temos dois casos flagrantes: na Alemanha, Heidegger e sua adesão profunda, para além das peripécias e anedotas, ao "espírito" do nazismo; na França, Sartre que, desde 1952 pelo menos, justificou os regimes stalinistas e, ao romper com o comunismo ordinário, passou a apoiar Castro, Mao, etc. Essa situação não mudou muito, senão em sua expressão. Após o desmoronamento dos regimes totalitários e a pulverização do marxismo-leninismo, a maioria dos intelectuais ocidentais passa seu tempo a glorificar os regimes ocidentais como regimes "democráticos", talvez não ideais (não sei o que esta expressão significa), mas os melhores regimes humanamente realizáveis, e a afirmar que toda a crítica desta pseudodemocracia conduz diretamente ao Gulag. Temos assim uma repetição interminável da crítica ao totalitarismo, que está chegando com um atraso de setenta, sessenta, cinquenta, quarenta, trinta ou vinte anos (vários "antitotalitários" ainda apoiavam o maoísmo no início dos anos de 1970), e que permite silenciar os problemas ardentes do presente: a decomposição das sociedades ocidentais, a apatia, a corrupção e o cinismo políticos, a destruição do meio ambiente, a situação dos países miseráveis, etc. Ou então, e trata-se de um caso semelhante, se retiram em suas torres de poliestireno e cuidam de suas preciosas produções pessoais.

O. M.: Haveria, em suma, duas figuras simétricas: o intelectual responsável, assumindo responsabilidades que culminam na irresponsabilidade assassina, como nos casos de Heidegger e Sartre que o senhor acabou de denunciar, e o intelectual fora do poder, que culmina na não-responsabilidade perante os crimes. Podemos formular as coisas dessa forma? E onde o senhor situa o papel correto do intelectual e da crítica?

C. C.: Precisamos, simultaneamente, deixar de superestimar e de subestimar o papel do intelectual. Houve pensadores e escritores que exerceram uma enorme influência na História — nem sempre para o melhor, diga-se de passagem. Platão é certamente o exemplo mais surpreendente, pois ainda hoje todo o mundo, mesmo sem saber, reflete em termos platônicos. Mas em todos esses casos, a partir do momento em que alguém pretende se expressar sobre a sociedade, a História, o mundo, o ser, entra-se no campo de forças sócio-históricas e nele representa um papel que pode ir do ínfimo ao considerável. Dizer que esse papel é um papel de "poder" seria, na minha opinião, um abuso de linguagem. O escritor, o pensador, utilizando a sua capacidade e os meios particulares que lhe são dados por sua cultura, exerce uma influência na sociedade, mas isto faz parte de seu papel de cidadão: ele diz o que pensa e assume a responsabilidade pelo seu discurso. Desta responsabilidade ninguém pode se livrar, mesmo aquele que não fala e que, assim, deixa que os outros falem, deixando que também fale o espaço sócio-histórico, ocupado, talvez, por idéias monstruosas. Não se pode, ao mesmo tempo, acusar o "poder intelectual" e denunciar, no silêncio dos intelectuais alemães após 1933, uma cumplicidade com o nazismo.

O. M.: Tem-se a impressão de que é cada vez mais difícil encontrar pontos de apoio para criticar e exprimir o que funciona mal. Por que a crítica não funciona mais hoje?

C. C.: A crise da crítica é apenas uma das manifestações da crise geral e profunda da sociedade. Existe esse pseudoconsenso generalizado, a crítica e a profissão de intelectual estão muito mais presos ao sistema do que antes, e de modo mais intenso; tudo passa pela mídia, as redes de cumplicidade são praticamente onipotentes. As vozes discordantes ou dissidentes não são abafadas pela censura ou pelos editores que não ousam publicá-las, elas são abafadas pela comercialização geral. A subversão entra na miscelânea do que se faz, do que se propaga. Para fazer a publicidade de um livro, diz-se logo: "Eis um livro que revoluciona seu campo" — mas diz-se também que as massas Panzani revolucionaram a cozinha. A palavra "revolucionário" — como as palavras "criação" ou "imaginação" — tornou-se um slogan publicitário, é o que se chamava, há alguns anos, de recuperação. A marginalidade passa a ser algo reivindicado e central, enquanto a subversão é uma curiosidade interessante que completa a harmonia do sistema. A sociedade contemporânea tem uma capacidade terrível de abafar toda verdade divergente, seja fazendo com que se cale, seja fazendo dela um fenômeno entre outros, comercializado como os outros. Podemos detalhar ainda mais. Há traição por parte dos próprios críticos ao seu papel de críticos; há traição por parte dos autores em relação à sua responsabilidade e ao seu rigor; e há a vasta cumplicidade do público, que está longe de ser inocente nesta questão, visto que ele aceita o jogo e se adapta ao que lhe dão. O conjunto é instrumentado, utilizado por um sistema ele mesmo anônimo. Tudo isto não é obra de um ditador, de um punhado de grandes capitalistas ou de um grupo de formadores de opinião — é uma imensa corrente sócio-histórica que caminha nesta direção e faz tudo se tornar insignificante. A televisão oferece evidentemente o melhor exemplo dessa situação: um fato é colocado no centro da atualidade por 24 horas; após esse período ele se torna insignificante e deixa de existir, porque se encontrou, ou foi preciso encontrar outro fato que vai tomar o seu lugar. Culto do efêmero que exige, ao mesmo tempo, uma contração extrema: o que se denomina na televisão americana o *attention span*, a duração útil de atenção de um espectador, era de dez minutos há alguns anos, passando gradualmente a cinco minutos, a um minuto e, agora, dez segundos. O *spot* televisivo de dez segundos, considerado a mídia mais eficaz, é utilizado durante as campanhas presidenciais; é perfeitamente compreensível que esses *spots* não contenham nada de substancial, mas sejam consagrados a insinuações difamatórias. Aparentemente, trata-se da única coisa que o espectador é capaz de assimilar, o que é, ao mesmo tempo, verdadeiro e falso. A humanidade não degenerou biologicamente, as pessoas ainda são capazes de prestar atenção a um discurso argumentativo e relativamente longo; mas é igualmente verdade que o sistema e a mídia "educam" — ou seja, deformam sistematicamente — as pessoas, de maneira que não possam finalmente se interessar por alguma coisa que ultrapasse alguns segundos ou, no máximo, alguns minutos.

Existe aí uma conspiração, não no sentido policial, mas no sentido etimológico: tudo isto "respira junto", sopra na mesma direção, na direção de uma sociedade na qual toda crítica perde a sua eficácia.

O. M.: Mas como se explica que a crítica tenha sido tão fecunda e virulenta durante o período que culmina com 1968 — período sem desemprego, sem crise, sem Aids, sem racismo tipo Le Pen — e que hoje, com a crise, o desemprego, com todos os outros problemas, a sociedade esteja apática?

C. C.: É preciso rever as datas e os períodos. No essencial, a situação de hoje já existia no final dos anos 50. Em um texto escrito em 1959-60,[2] eu já descrevia a entrada da sociedade numa fase de apatia, de privatização dos indivíduos, de fechamento de cada um em seu pequeno círculo pessoal, de despolitização que não era mais conjuntural. É bem verdade que, durante o decênio de 1960, os movimentos na França, nos Estados Unidos, na Alemanha, na Itália e em outros lugares, os dos jovens, das mulheres, das minorias pareceram trazer um desmentido a esse diagnóstico. Mas, desde meados dos anos 70, pudemos ver que havia em tudo isso uma espécie de última grande chama dos movimentos começados com o Iluminismo. Prova disso é o fato de que todos eles não mobilizaram afinal senão pequenas minorias da população.

Existem fatores conjunturais que representaram um papel nesta evolução — os choques do petróleo, por exemplo, que, em si, não tiveram grande importância, mas que facilitaram uma contra-ofensiva, uma chantagem para a crise das camadas dirigentes. Mas esta contra-ofensiva não teria tido os efeitos que teve, se não se tivesse deparado com uma população cada vez mais indiferente. No final dos anos 70, observou-se nos Estados Unidos, pela primeira vez nos últimos cem anos, acordos entre empresas e sindicatos em que estes aceitavam reduções de salários. Havia níveis de desemprego que seriam impensáveis após 1945, e sobre os quais eu mesmo escrevi que eram impraticáveis, pois fariam explodir imediatamente o sistema. Vemos hoje que eu estava enganado.

---

2. "Le mouvement révolutionnaire sous le capitalisme moderne", publicado na época em *S. ou B.*, e retomado no volume de 10/18, *Capitalisme moderne et révolution*.

Mas, por trás desses elementos conjunturais, existem fatores bem mais pesados. A ruína gradual, depois acelerada, das ideologias de esquerda; o triunfo da sociedade de consumo; a crise das significações imaginárias da sociedade moderna (significações de progresso e/ou de revolução), tudo isso (retornaremos a essas questões) manifesta uma crise do sentido, e é justamente esta crise do sentido que permite que os elementos conjunturais exerçam o papel que eles exercem.

O. M.: Mas esta crise do sentido ou da significação já foi analisada. Parece que passamos, em alguns anos ou decênios, da crise como *krisis*, no sentido, por exemplo, de Husserl, a um discurso sobre a crise como perda e/ou ausência de sentido, a uma espécie de niilismo. Não haveria aí duas tentações igualmente próximas e difíceis de identificar? De um lado, deplorar o declínio efetivo dos valores ocidentais herdados do Iluminismo (precisamos digerir Hiroshima, Kolyma, Auschwitz, o totalitarismo do Leste). De outro lado, proclamar (atitude niilista e/ou desconstrucionista) que declínio é o nome mesmo da modernidade ocidental tardia, que esta não tem salvação ou então que só pode ser salva pelo retorno às origens (religiosas, morais, imaginativas ...), que o Ocidente é o culpado desta liga de razão e de dominação que completa seu império sobre um deserto. Entre estas duas tendências, mortificação imputando Auschwitz e Kolyma ao Iluminismo, e niilismo baseado (ou não) no "retorno às origens", onde o senhor se situa?

C. C.: Eu penso, primeiramente, que os dois termos que o senhor está opondo vão dar, finalmente, no mesmo. A ideologia e a mistificação des-construcionista apóiam-se em grande parte sobre a "culpabilidade" do Ocidente: elas procedem, falando resumidamente, de uma mistura ilegítima, em que a crítica (que se faz há muito tempo) do racionalismo instrumental e instrumentalista é sub-repticiamente confundida com o ataque às idéias de verdade, autonomia, responsabilidade. Joga-se com a culpabilidade do Ocidente relativa ao colonialismo, ao extermínio das outras culturas, aos regimes totalitários, à fantasia do domínio, para encetar uma crítica, falaciosa e auto-referencialmente contraditória, ao projeto greco-ocidental de autonomia individual e coletiva, às aspirações à emancipação, às instituições nas quais estas se encarnaram, ainda que parcial e imperfeitamente. O mais engraçado é que estes mesmos sofistas não se privam, de tempos em tempos, de se colocarem como defensores da justiça, da democracia, dos direitos do homem, etc. Deixemos aqui de lado a Grécia. O Ocidente moderno vem sendo, há séculos, impulsionado por duas significações imaginárias sociais inteiramente opostas, ainda que se tenham contaminado reciprocamente: o projeto de autonomia individual e coletiva, a luta pela emancipação do ser humano, tanto intelectual e espiritual como efetiva na realidade social; e o louco projeto capitalista da expansão ilimitada de um pseudodomínio pseudo-racional que há muito tempo parou de concernir somente as forças produtivas e a economia para tornar-se o projeto global (e, por isto, ainda mais monstruoso) de um domínio total dos dados físicos, biológicos, psíquicos, sociais, culturais. O totalitarismo é apenas a ponta aparente deste projeto de domínio que, de resto, se inverte em sua própria contradição, pois que mesmo a racionalidade restrita, instrumental do capitalismo clássico torna-se nele irracionalidade e absurdo, como o stalinismo e o nazismo demonstraram.

Retornando ao ponto de partida de sua pergunta, o senhor está certo quando diz que não estamos vivendo hoje uma *krisis* no verdadeiro sentido do termo, ou seja, um momento de decisão. (Nos textos hipocráticos, a *krisis*, a crise de uma doença, é o momento paroxístico ao final do qual o doente morre ou então, por uma reação salutar provocada pela própria crise, inicia seu processo de cura.) Estamos vivendo uma fase de decomposição. Numa crise há elementos opostos que se combatem — ao passo que o que justamente caracteriza a sociedade contemporânea é o desaparecimento do conflito social e político. As pessoas estão descobrindo agora o que escrevíamos há trinta ou quarenta anos em *S. ou B.*, ou seja, que a oposição direita-esquerda já não tem sentido: os partidos políticos oficiais dizem a mesma coisa, Balladur faz hoje o que Bérégovoy fazia ontem. Não há, na verdade, nem programas opostos, nem participação das pessoas em conflitos ou lutas políticas, ou simplesmente numa atividade política. No plano social, não se dá apenas a burocratização dos sindicatos e sua redução a um estado esquelético, mas o quase desaparecimento das lutas sociais. Nunca houve tão poucos dias de greve na França, por exemplo, do que nos últimos 10 ou 15 anos — e, quase sempre, essas greves têm um caráter categorial ou corporativista.[3]

Mas já foi dito que a decomposição pode ser vista, sobretudo, no desaparecimento das significações, no desaparecimento quase completo dos valores. E este desaparecimento é, a termo, ameaçador para a sobrevivência do próprio sistema. Como acontece com todas as sociedades ocidentais — quando se proclama abertamente (e cabe aos socialistas franceses a glória de tê-lo feito, coisa que a direita nunca ousou fazer) que o único valor é o dinheiro, o lucro, que o ideal sublime da vida social é o "enriqueça", podemos conceber que uma sociedade possa continuar a funcionar e a se reproduzir sobre esta única base? Se as coisas são assim, os funcionários deveriam pedir e aceitar gorjetas para fazerem o seu trabalho, os juízes deveriam leiloar as decisões dos tribunais, os professores deveriam dar boas notas para os alunos de cujos pais receberam cheques, e assim por diante. Já faz uns 15 anos que eu escrevi: hoje, a única barreira para as pessoas é o medo da sanção penal. Mas por que aqueles que administram esta sanção seriam incorruptíveis? Quem vai fiscalizar os vigilantes? A corrupção generalizada que podemos ver no sistema político-econômico contemporâneo não é periférica ou anedótica, ela tornou-se um traço estrutural, sistêmico, da sociedade em que vivemos. Na verdade, tocamos aqui num fator fundamental, que os grandes pensadores políticos do passado conheciam e que os pretensos "filósofos políticos" de hoje, maus filósofos e irrisórios teóricos, ignoram solenemente: a íntima solidariedade entre um regime social e o tipo antropológico (ou o leque de tais tipos)

---

3. Qualquer que seja o resultado final, as greves que se desenrolam atualmente (novembro/dezembro 1995) na França escapam, por sua significação implícita, dessa caracterização.

necessário para fazê-lo funcionar. O capitalismo herdou a maior parte desses tipos antropológicos dos períodos históricos anteriores: o juiz incorruptível, o funcionário weberiano, o professor devotado à sua tarefa, o operário para quem, apesar de tudo, o trabalho era uma fonte de orgulho. Tais personagens são inconcebíveis no período contemporâneo: não se vê por que eles seriam reproduzidos, quem os reproduziria, em nome do que eles funcionariam. Mesmo o tipo antropológico que é uma criação própria do capitalismo, o empresário de Schumpeter — combinando a inventividade técnica, a capacidade de reunir capitais, de organizar uma empresa, de explorar, penetrar, criar mercados — está desaparecendo. Ele está sendo substituído por burocracias gerenciais e por especuladores. Aqui, mais uma vez, todos os fatores conspiram. Para que lutar para produzir e vender, quando uma boa jogada com as taxas de câmbio na Bolsa de Nova York, ou em qualquer outra, pode dar, em alguns minutos, o lucro de 500 milhões de dólares? As somas em jogo na especulação de cada semana são da ordem do PNB dos Estados Unidos em um ano. Resulta daí a fuga dos elementos mais "empreendedores" para este tipo de atividade que é inteiramente parasitária, mesmo do ponto de vista do capitalismo.

Se reunirmos todos esses fatores e, por outro lado, levarmos em consideração a destruição irreversível do meio ambiente terrestre que a expansão capitalista acarreta necessariamente (ela mesma condição necessária da "paz social") poderemos — e deveremos — nos perguntar por quanto tempo ainda o sistema poderá funcionar.

O. M.: Essa "ruína" do Ocidente, essa "decomposição" da sociedade, dos valores, essa privatização e essa apatia dos cidadãos não seriam também devidas ao fato de que os desafios, diante da complexidade do mundo, tornaram-se desmesurados? Nós somos, talvez, cidadãos sem bússola ...

C. C.: Não há dúvida de que os cidadãos estão sem bússola, mas isso se deve precisamente a esta ruína, esta decomposição, este desgaste sem precedentes das significações imaginárias sociais. Podemos constatá-lo, mais uma vez, por meio de alguns exemplos. Ninguém sabe mais hoje o que significa ser cidadão; mas ninguém sabe nem mesmo o que significa ser um homem ou uma mulher. Os papéis sexuais dissolveram-se, não se sabe mais em que consistem. Antigamente isto era sabido nos diferentes níveis da sociedade, de categoria, de grupo. Não estou afirmando que era bom, estou me colocando em um ponto de vista descritivo e analítico. Por exemplo, o famoso princípio: "O lugar da mulher é no lar" (que precede o nazismo em muitos milênios), definia um papel para a mulher: criticável, alienante, desumano, tudo o que quisermos — mas, de qualquer forma, uma mulher sabia o que devia fazer: ficar em casa, cuidar dela. Da mesma forma, o homem sabia que tinha que manter a família, exercer a autoridade, etc. O mesmo acontecia no jogo sexual: debochamos na França (com razão, acho) da juridicidade ridícula dos americanos, com suas histórias de assédio sexual (que não têm mais nada a ver com os abusos de autoridade, de posição patronal, etc.), com suas regulamentações detalhadas, publicadas pelas universidades, sobre o consentimento explícito exigido da mulher a cada etapa do processo, etc. — mas quem não vê a insegurança psíquica profunda, a perda das referências de identificação sexual que esta juridicidade tenta pateticamente atenuar? O mesmo ocorre com as relações entre pais e filhos: ninguém sabe hoje o que significa ser mãe ou pai.

O. M.: Esta ruína de que falávamos não se limita, certamente, às sociedades ocidentais. O que se deve dizer das demais? E, por outro lado, podemos dizer que ela provoca também os valores revolucionários ocidentais? E qual seria o papel, nesta evolução, da famosa culpabilidade do Ocidente?

C. C.: Na história do Ocidente há um acúmulo de horrores — tanto contra os outros, quanto contra ele mesmo. Não se trata aí de um privilégio do Ocidente: quer se trate da China, da Índia, da África antes da colonização ou dos astecas, o acúmulo de horrores está por toda parte. A História da humanidade não é a história da luta de classes, é a história dos horrores, embora não seja apenas isso. Há, na verdade, uma questão a ser debatida, a do totalitarismo: será que ele é, como eu penso, a finalização da loucura da dominação numa civilização que fornecia os meios de extermínio e a doutrinação numa escala jamais antes conhecida na História; ou seria ele um destino perverso imanente à modernidade como tal, com todas as ambigüidades que ela porta; ou, possivelmente, ele é alguma outra coisa? Trata-se, para a presente discussão, de uma questão, se posso assim dizer, teórica, na medida em que o Ocidente dirigiu contra os seus (incluindo os judeus) os horrores do totalitarismo, na medida em que o "Matem-nos todos, Deus reconhecerá os seus" não é uma frase de Lenin, mas de um duque muito cristão (ela não foi pronunciada no século XX e sim no século XVI), na medida em que os sacrifícios humanos foram abundantemente e regularmente praticados por culturas não-européias, etc. O Irã de Khomeini não é um produto do Iluminismo.

Há, por outro lado, alguma coisa que constitui a especificidade, a singularidade e o pesado privilégio do Ocidente: a seqüência sócio-histórica começada na Grécia e retomada, a partir do século XI, na Europa ocidental, é a única na qual se pode ver emergir um projeto de liberdade, de autonomia individual e coletiva, de crítica e de autocrítica — o discurso de denúncia do Ocidente é a sua mais extraordinária confirmação. Porque no Ocidente somos capazes, pelo menos alguns dentre nós, de denunciar o totalitarismo, o colonialismo, o tráfego dos negros óu o extermínio dos índios da América. Mas nunca vi os descendentes dos astecas, os hindus ou os chineses fazerem uma crítica análoga; e vejo ainda hoje os japoneses negarem as atrocidades que cometeram durante a Segunda Guerra Mundial. Os árabes denunciam incessantemente a sua colonização pelos europeus imputando-lhes todos os seus males — a miséria, a falta de democracia, a paralisação no desenvolvimento da cultura árabe, etc. Mas a colonização de certos países árabes pelos europeus durou, na pior das hipóteses, 130 anos: é o caso da Argélia, de 1830 a 1962. Mas estes mesmos árabes foram reduzidos à escravidão e colonizados pelos turcos durante cinco séculos. O domínio turco sobre o Próximo e Médio Oriente começa no século XV e termina em 1918. No entanto, os turcos eram muçulmanos, portanto, os árabes não falam nisso. O desenvolvimento da cultura árabe parou por volta do século XI, no mais tardar no século XII, oito séculos antes que seja questão de uma conquista pelo Ocidente. E esta mesma cultura árabe havia se construído sobre a conquista, o extermínio e/ou a conversão mais ou menos forçada das populações conquistadas. No Egito, no ano de 550 da nossa era, não havia árabes, como também não havia na Líbia, na Argélia, no Marrocos ou no Iraque. Eles se encontram lá como descendentes dos conquistadores que foram colonizar esses países e converter, por bem ou por mal, as populações locais. Mas eu não vejo nenhuma crítica acerca destes fatos no círculo da civilização árabe. Da mesma forma, fala-se do tráfego dos negros pelos europeus a partir do século XVI, mas nunca se diz que o tráfego e a redução sistemática dos negros à escravatura foram introduzidos na África pelos mercadores árabes a partir do século XI ou XII (tendo, como sempre, a participação cúmplice dos reis e chefes de tribos negras), que jamais a escravatura foi abolida espontaneamente em países islâmicos e que ela ainda subsiste em alguns. Não estou dizendo que tudo isso apaga os crimes cometidos pelos ocidentais, digo apenas o seguinte: que é específico da civilização ocidental a capacidade de se questionar e de se autocriticar. Há na História ocidental, como em todas as demais, atrocidades e horrores, mas apenas o Ocidente criou a capacidade de contestação interna, de questionamento de suas próprias instituições e de suas próprias idéias, em nome de uma discussão racional entre os seres humanos, que permanece indefinidamente aberta e desconhece um dogma final.

O. M.: O senhor afirmou em algum lugar que o peso da responsabilidade da humanidade ocidental — porque foi ela, precisamente, que criou esta contestação interna — faz-lhe pensar que seria primeiramente aqui que deveria acontecer uma transformação radical. Não parece que hoje os requisitos da verdadeira autonomia, da emancipação, da auto-instituição da sociedade, talvez do "progresso", em suma, os requisitos de uma renovação das significações imaginárias criadas pela Grécia e retomadas pelo Ocidente europeu estão fazendo falta?

C. C.: Primeiramente, não devemos misturar com a nossa discussão a idéia de "progresso". Na história não há progresso, salvo no domínio instrumental. Com uma bomba H podemos matar muito mais gente do que com um machado de pedra; e a matemática contemporânea é infinitamente mais rica, poderosa e complexa que a aritmética dos primitivos. Mas uma pintura de Picasso não vale mais ou menos que os afrescos de Lascaux e de Altamira; a música de Bali é sublime e as mitologias de todos os povos têm uma beleza e uma profundidade extraordinárias. E, se falarmos do plano moral, basta olhar para o que se passa ao nosso redor para parar de falar de "progresso". O progresso é uma significação imaginária essencialmente capitalista, pela qual o próprio Marx se deixou pegar.

Dito isso, se considerarmos a situação atual, não de crise, mas de decomposição, de ruína das sociedades ocidentais, nos encontramos diante de uma antinomia de primeira grandeza que é a seguinte: o que é necessário é imenso, está muito longe — e os seres humanos, tais como são e tais como são reproduzidos pelas sociedades ocidentais, como também pelas demais, estão imensamente afastados dessa necessidade. E o que é necessário? Considerando a crise ecológica, a extrema desigualdade da repartição das riquezas entre países ricos e países pobres, a quase impossibilidade do sistema em continuar sua atual corrida, o necessário é uma nova criação imaginária de importância sem igual no passado, uma criação que poria no centro da vida humana outras significações além da expansão da produção e do consumo, que colocaria objetivos de vida diferentes, que pudessem ser reconhecidos pelos seres humanos como valendo a pena. Isso exigiria evidentemente uma reorganização das instituições sociais, das relações de trabalho, das relações econômicas, políticas e culturais. Ora, esta orientação está muito longe do que pensam e, talvez, do que desejam os seres humanos atualmente. Esta é a imensa dificuldade que devemos enfrentar. Deveríamos desejar uma sociedade na qual os valores econômicos deixassem de ser centrais (ou únicos); em que a economia fosse recolocada em seu lugar de simples meio de vida humano e não de fim último; onde, portanto, se renunciasse a essa corrida louca para um consumo cada vez maior. Isso não é apenas necessário para evitar a destruição definitiva do meio ambiente terrestre, mas também, e sobretudo, para sair da miséria psíquica e moral dos homens contemporâneos. Seria, pois, necessário que, a partir de agora, os seres humanos (refiro-me agora aos países ricos) aceitassem um nível de vida decente, mas frugal, e renunciassem à idéia de que o objetivo central de suas vidas é de que seu consumo aumente em 2% ou 3% ao ano. Para que aceitem isso, será preciso que outra coisa dê sentido às suas vidas. Sabemos — e eu sei — o que pode ser esta outra coisa, mas evidentemente isso não serve de nada se a grande maioria das pessoas não a aceita e não faz o que é preciso para que ela se realize. Esta coisa é o desenvolvimento dos seres humanos, em lugar do desenvolvimento de novos objetos de consumo. Para isso tem de haver uma outra organização do trabalho, que faça com que ele deixe de ser uma obrigação penosa e se torne um campo onde as capacidades humanas possam se manifestar; tem de haver outros sistemas políticos, uma verdadeira democracia comportando a participação de todos na tomada de decisões, uma outra organização da *paidéia* para formar cidadãos capazes de governar e de serem governados, como disse admiravelmente Aristóteles — e assim por diante. É evidente que isso apresenta problemas imensos: por exemplo, uma democracia verdadeira, direta, poderia funcionar não mais na escala de 30 mil cidadãos, como na Atenas clássica, mas na escala de 40 milhões de cidadãos, como na França, ou mesmo na escala de bilhões de indivíduos em todo o planeta? Problemas extremamente difíceis, mas que, em minha opinião, têm solução, com a condição de que a maioria dos seres humanos mobilize suas capacidades para criar soluções, em lugar de se preocupar em saber quando se poderá ter uma televisão 3D.

Tais são as tarefas que temos diante de nós; a tragédia de nossa época é que a humanidade ocidental está longe de se preocupar com elas. Por quanto tempo ainda essa humanidade continuará obcecada por essas futilidades, por estas ilusões que denominamos mercadorias? Será que uma catástrofe qualquer — ecológica, por exemplo — traria um despertar brutal? Ou então regimes autoritários ou totalitários? Ninguém pode responder a este tipo de pergunta. O que se pode dizer é que todos aqueles que têm consciência do caráter terrivelmente pesado do que está em jogo devem tentar falar, criticar essa corrida para o abismo, despertar a consciência de seus concidadãos.

O. M.: Um artigo de F. Gaussen em *Le Monde* evocou recentemente uma mudança qualitativa: cerca de dez anos após o "silêncio dos intelectuais", o desabamento do totalitarismo do Leste funciona como uma validação do modelo democrático ocidental, e os intelectuais retomam a palavra para defender este modelo, invocando uns Fukuyama, outros Tocqueville e o consenso sobre o "pensamento fraco". Não se trata, evidentemente, da "mudança" que o senhor tanto deseja...

C. C.: É preciso dizer primeiramente que os gritos de 1982-83 sobre o "silêncio dos intelectuais" não passavam de uma operação de micropolítica. Aqueles que vociferavam queriam que os intelectuais voassem em socorro do Partido Socialista, o que pouca gente estava disposta a fazer (mesmo se muitas delas aproveitaram a situação para conseguirem alguns postos, etc.). Mas, ao mesmo tempo — por esta razão ou por outras —, ninguém queria criticar o Partido; houve um silêncio. No entanto, tudo isso só diz respeito ao microcosmo parisiense, não há nenhum interesse e está muito longe daquilo de que falamos. E também não existe "despertar" dos intelectuais nesse sentido.

Penso também que aquilo que o senhor chama de "tocquevilismo ambiente" vai ter a vida curta. Ninguém discute que Tocqueville é um pensador muito importante, que viu num país ainda muito jovem, os Estados Unidos de 1830, coisas muito importantes; a questão é que ele não viu outras, igualmente importantes. Ele não deu, por exemplo, o peso necessário à diferenciação social e política já plenamente instalada em sua época, nem ao fato de que o imaginário da igualdade continuava confinado a certos aspectos da vida social e quase não tocava as relações efetivas de poder. Seria certamente de mau gosto perguntar hoje aos seguidores de Tocqueville, ou àqueles que julgam sê-lo:

o que vocês têm a dizer, sendo tocquevillianos, sobre as grandes diferenças sociais e políticas que não se atenuam, sobre as novas que estão sendo criadas, sobre o caráter fortemente oligárquico das pretensas "democracias", sobre a erosão dos pressupostos tanto econômicos como antropológicos da "marcha para a igualdade das condições", sobre a incapacidade visível do imaginário político ocidental de penetrar em vastas regiões do mundo não-ocidental? E também sobre a apatia política generalizada? É bem verdade que em relação a este último ponto nos dirão que Tocqueville já entrevia a emergência de um "Estado tutelar; mas este Estado, se ele é, com efeito, tutelar (o que anula qualquer idéia de "democracia"), ele certamente não é, como acreditava Tocqueville, "benévolo". É, sim, um Estado totalmente burocratizado, entregue aos interesses privados, engolido pela corrupção, incapaz mesmo de governar, porque deve manter um equilíbrio instável entre os *lobbies* de todo tipo que fragmentam a sociedade contemporânea. E a "igualdade crescente das condições" passou a significar simplesmente a ausência de signos externos do status herdado, e a equalização de todos pelo equivalente geral, ou seja, o dinheiro — com a condição de que o tenhamos. Se você quiser um apartamento no Crillon ou no Ritz, ninguém lhe perguntará quem você é ou o que seu avô fazia. Basta estar bem vestido e ter uma conta bem recheada no banco.

O "triunfo da democracia" à ocidental durou alguns meses. O que vemos é o estado da Europa do Leste e da antiga União Soviética, da Somália, de Ruanda-Burundi, do Afeganistão, do Haiti, da África ao sul do Saara, do Irã, do Iraque, do Egito, da Argélia, etc., etc. Todas essas discussões têm um lado terrivelmente provinciano. Discute-se como se os temas que estão na moda na França esgotassem as preocupações do planeta. Mas a população francesa representa 1% da população terrestre. Estamos aquém do irrisório.

A esmagadora maioria da população do planeta não vive a "equalização das condições", mas a miséria e a tirania. E, contrariamente ao que acreditavam tanto os liberais como os marxistas, ela não está em absoluto se preparando para acolher o modelo ocidental da república capitalista liberal. Tudo o que ela busca no modelo ocidental são armas e objetos de consumo — não o *habeas corpus* ou a separação dos poderes. Isto é evidente em relação aos países muçulmanos (um bilhão de habitantes), à Índia (quase outro bilhão), à África, à China (outro bilhão), à maior parte dos países do Sudeste Asiático e da América Latina. A situação mundial, extremamente grave, torna ridícula tanto a idéia de um "fim da história" como do triunfo universal do "modelo democrático" à ocidental. E este "modelo" se esvazia de sua substância até mesmo em seus países de origem.

O. M.: Suas críticas acerbas ao modelo ocidental liberal não devem nos impedir de ver as dificuldades de seu projeto político global. Num primeiro movimento, a democracia constitui, para o senhor, a criação imaginária de um projeto de autonomia e de auto-instituição que o senhor deseja ver triunfar. Num segundo movimento, o senhor colhe neste conceito de autonomia e de auto-instituição os elementos para criticar o capitalismo liberal. Duas perguntas: não seria, primeiramente, para o senhor, uma maneira de mostrar seu luto pelo marxismo, simultaneamente como projeto e como crítica? Em segundo lugar, não haveria aqui uma espécie de ambigüidade, na medida em que esta "autonomia" é precisamente o que o capitalismo necessita estruturalmente para funcionar, atomizando a sociedade, "personalizando" a clientela, tornando dóceis e úteis cidadãos que terão interiorizado a idéia de que consomem por sua própria vontade, de que obedecem porque querem, etc.?

C. C.: Vou começar pela segunda pergunta, que se baseia num mal-entendido. A atomização dos indivíduos não significa autonomia. Quando um indivíduo compra um freezer ou um carro, ele está fazendo o mesmo que fazem 40 milhões de outros indivíduos; não há aqui nem individualidade, nem autonomia; trata-se precisamente de uma das mistificações da publicidade contemporânea: "Personalize-se, compre o sabão X". E eis que milhões de indivíduos se "personalizam" comprando o mesmo sabão. Ou então, 20 milhões de lares, na mesma hora, no mesmo instante, sintonizam o mesmo canal de televisão para ver as

mesmas tolices. Temos aqui a confusão imperdoável de pessoas como Lipovetsky e outros, que falam de individualismo, de narcisismo, etc., como se eles próprios tivessem engolido as fraudes publicitárias. O capitalismo, como este exemplo bem demonstra, não precisa de autonomia, e sim de conformismo. Seu atual triunfo deve-se ao fato de que vivemos em uma época de conformismo generalizado — não apenas no que diz respeito ao consumo, mas também à política, às idéias, à cultura, etc.
Sua primeira pergunta é mais complexa. Cabe, primeiramente, um esclarecimento "psicológico". Certamente eu fui marxista; mas nem a crítica do regime capitalista nem o projeto de emancipação são invenções de Marx. E acredito que minha trajetória demonstra que minha primeira preocupação nunca foi a de "salvar" Marx. Desde muito cedo critiquei Marx precisamente porque descobri que ele não permaneceu fiel a esse projeto de autonomia.

Quanto à essência da pergunta, faz-se necessário retomar as coisas retrospectivamente. A história humana é criação; o que significa dizer que a instituição da sociedade é sempre auto-instituição, mas auto-instituição que não se conhece como tal e não quer se conhecer como tal. Dizer que a história é criação significa que não se pode nem explicar nem deduzir tal forma de sociedade baseando-se em fatores reais ou de considerações lógicas. Não é a natureza do deserto ou a paisagem do Oriente Médio que explicam o nascimento do judaísmo — nem, aliás, como está na moda dizer, a superioridade "filosófica" do monoteísmo sobre o politeísmo. O monoteísmo hebreu é uma criação do povo hebreu. E não é nem a geografia grega nem o estado das forças produtivas da época que explicam o nascimento da *polis* grega democrática, porque o mundo mediterrâneo da época estava cheio de cidades, e a escravidão existia em toda a parte, na Fenícia, em Roma, em Cartago. A democracia foi uma criação grega — criação, na verdade, limitada, pois havia a escravização, o estatuto das mulheres, etc. Mas a importância desta criação encontra-se na idéia, inimaginável na época para o resto do mundo, de que uma coletividade pode se auto-instituir explicitamente e se autogovernar.

A história é criação, e cada forma de sociedade é uma criação particular. Estou falando de instituição imaginária da sociedade, porque esta criação é obra do imaginário coletivo anônimo. Os hebreus imaginaram, criaram seu Deus como um poeta cria um poema, e um músico, uma música. Evidentemente a criação social é infinitamente mais ampla, porque é, a cada vez, a criação de um mundo, o mundo próprio desta sociedade: no mundo dos hebreus há um Deus com características bem particulares, que criou este mundo e estes homens, que lhes deu leis, etc. O mesmo vale para todas as sociedades. A idéia de criação não é em absoluto idêntica à idéia de valor: não é porque tal coisa, social ou individual, é uma criação, que deve ser valorizada. Auschwitz e o Gulag são criações, tanto quanto o Partenon ou Notre-Dame de Paris. Criações monstruosas, mas criações absolutamente fantásticas. O sistema de campos de concentração é uma criação fantástica — o que não significa que devemos lhe dar valor. Os publicitários dizem: "Nossa empresa é mais criativa do que as outras". Pode sê-lo para criar idiotices ou monstruosidades.

Entre as criações da história humana, uma é particularmente singular: a que permite que uma certa sociedade se questione. Criação da idéia de autonomia, de retorno reflexivo sobre si mesma, de crítica e de autocrítica, de interrogação que não conhece ou aceita limites. Criação, portanto, simultaneamente da democracia e da filosofia. Porque, assim como um filósofo não aceita nenhum limite externo ao seu pensamento, assim como a democracia não reconhece limites externos ao seu poder instituinte, assim seus únicos limites resultam de sua autolimitação. Sabemos que a primeira forma desta criação foi a que surgiu na Grécia antiga; sabemos, ou deveríamos saber, que foi retomada, com outras características, na Europa ocidental já a partir do século XI, com a criação das primeiras comunas burguesas que reivindicaram seu autogoverno; depois no Renascimento, na Reforma, no Iluminismo, nas revoluções dos séculos XVIII e XIX, no movimento operário e, mais recentemente, em outros movimentos de emancipação. Em tudo isso, Marx e o marxismo só representam um momento, importante em certos aspectos, catastrófico em outros. E é graças a esta seqüência de movimentos que subsiste na sociedade contemporânea um certo número de liberdades parciais, essencialmente parciais e defensivas, cristalizadas em algumas instituições: direitos do homem, não-retroatividade das leis, uma certa separação dos poderes, etc. Estas liberdades não foram concedidas pelo capitalismo, foram arrancadas e impostas por meio de lutas seculares. São também elas que fazem do regime político atual não uma democracia (não é o povo que detém e exerce o poder), mas uma oligarquia liberal. Regime bastardo, fundado na coexistência entre o poder das camadas dominantes e uma contestação social e política quase ininterrupta. Mas, por mais paradoxal que possa parecer, é o desaparecimento dessa contestação que põe em perigo a estabilidade do regime. Foi porque os operários não se deixaram dominar que o capitalismo pôde se desenvolver da maneira como o fez. Nada garante que o regime poderá continuar a funcionar com uma população de cidadãos passivos, de assalariados resignados, etc.

O. M.: No entanto, como uma democracia participativa poderia funcionar hoje? Quais seriam os substitutos sociais de uma contestação e de uma crítica eficazes? O senhor menciona às vezes uma estratégia de espera ou de paciência, que aguardaria um desmoronamento acelerado dos partidos políticos. Haveria assim uma estratégia do pior, que desejaria um agravamento da situação para que se saia da apatia generalizada. Mas existe também uma estratégia da urgência, que se anteciparia ao imprevisível. Como e por meio de quem chegará o que o senhor denomina "conceber outra coisa, criar outra coisa"?

C. C.: Como o senhor mesmo disse, eu não posso, sozinho, dar uma resposta a essas perguntas. Se houver uma, é a grande maioria do povo que a dará. De minha parte, constato, de um lado, a imensidão das tarefas e a sua dificuldade, a extensão da apatia e da privatização nas sociedades contemporâneas, o verdadeiro pesadelo que é o emaranhado dos problemas dos países ricos e dos países pobres, e assim por diante. Por outro lado, não se pode dizer que as sociedades ocidentais estejam mortas, sofrendo em conseqüência de perdas e lucros da História. Não estamos mais vivendo na Roma ou na Constantinopla do século IV, onde a nova religião havia congelado qualquer movimento, e tudo estava nas mãos do imperador, do papa e do patriarca. Existem sinais de resistência, pessoas que lutam aqui e ali; está havendo na França, nos últimos dez anos, coordenações; há ainda livros importantes que são publicados. Na correspondência endereçada ao jornal *Le Monde*, por exemplo, encontramos freqüentemente cartas que expressam pontos de vista inteiramente sãos e críticos.

Eu não posso, evidentemente, saber se tudo isso é suficiente para inverter a situação. O certo é que aqueles que têm consciência da gravidade dessas questões devem fazer o que estiver ao seu alcance — seja por meio de palavras e textos, seja, simplesmente, por atitudes nos lugares que ocupam — para que as pessoas acordem da letargia contemporânea e comecem a agir no sentido da liberdade.

Koinônia

Antropologia, filosofia, política*

I

Esta série de conferências tem como título "Para uma ciência geral do homem". Este título não visa uma ciência no sentido contemporâneo e um tanto degradado do termo — computação algorítmica e manipulação experimental — ou então no sentido de ciência "positiva", da qual qualquer traço de reflexão teria sido cuidadosamente apagado, e sim em seu sentido antigo, que se refere ao saber concernente ao homem e que inclui todos os enigmas que a simples palavra "saber" suscita logo que a interrogamos. Enigmas que se multiplicam quando lembramos que este saber do homem (genitivo objetivo, saber sobre o homem) é também um saber do homem (genitivo subjetivo e possessivo); portanto, que o homem é simultaneamente objeto e sujeito deste saber.

Isso nos leva imediatamente a uma primeira determinação, conhecida e clássica, do homem, porque ele, de todos os seres

---

* Conferência na Universidade de Lausanne, em 11 de maio de 1989; publicada na série *Actes des colloques du groupe d'études pratiques sociales et théories*, Université de Lausanne, 1990.

que conhecemos, é o único que visa a um saber em geral e um saber de si próprio em particular. Pode-se mesmo dizer que aqui o particular precede o geral. Porque a pergunta: "o que aconteceu com o saber em geral" não pode ser pensada sem nos perguntarmos previamente o que aconteceu com o saber do homem (genitivo, aqui, simultaneamente objetivo e subjetivo), já que é o homem que sabe ou não, e esta questão prévia é, por sua vez, apenas uma parte da pergunta: o que sabemos sobre o homem? E será que o que dele sabemos nos permite afirmar que ele pode saber alguma coisa em geral, e alguma coisa sobre ele mesmo em particular? Podemos observar o desdobramento da questão em si mesma e o que poderia parecer para alguns um círculo vicioso, ou uma situação sem esperança. De fato, o círculo não é vicioso, ele é o círculo da reflexão que se desdobra sobre ela mesma, que se apóia sobre ela mesma para questionar a si própria — ou seja, trata-se de uma verdadeira reflexão filosófica.

Mais um breve comentário sobre o termo "ciência *geral* do homem". Os organizadores desta série de conferências não visaram com ela, estou certo disso, a uma simples reunião de todas as disciplinas esparsas concernentes ao homem — da antropologia física à sociologia, passando pela psicologia, pela lingüística e pela história —, eles não visaram a uma enciclopédia das ciências humanas, e sim um saber visando à generalidade do humano, e eu evito intencionalmente o termo "universalidade", que pertence ao *genus homo* como tal. Ora, estamos aqui diante de uma outra particularidade decisiva, conhecida, mas não suficientemente explorada: nós não temos, no campo humano, a mesma relação, a mesma estrutura de relação que encontramos, ou constituímos, nos outros campos, entre o singular, o exemplar concretamente dado, e o universal ou o abstrato. Tal objeto físico, ou mesmo biológico, é apenas um exemplo, uma instância particular das determinações universais da classe a qual pertence; suas singularidades são simultaneamente acidentais e estatísticas. Já no campo humano existem, certamente, o acidental e o estatístico em grande quantidade, mas a singularidade não é aqui estranha à essência nem é a ela acrescida. Aqui, a singularidade é essencial, a cada vez é uma outra face do ser do homem que emerge, se cria, por meio de tal indivíduo ou de tal sociedade em particular.

De que modo podemos pensar essa relação original, única no campo humano, que faz um dado homem ou, uma certa sociedade, por sua própria singularidade e não a despeito dela, modificar a essência do homem ou da sociedade sem, entretanto, deixar de lhe pertencer — caso contrário, não poderiam nem mesmo ser chamados de homem ou sociedade. A solução para esta aparente antinomia será dada, espero, pelo que se segue. Mas, antes, é preciso eliminar uma resposta que se apresenta imediatamente, satisfatória pela metade, porque nela falta o mais importante.

Poderíamos dizer, com efeito, que tal homem, tal sociedade, em sua singularidade — só houve um povo hebreu, ou uma sociedade romana, e não dois, e nunca haverá outros em qualquer outro lugar; e o que eles são, ou foram, não poderia ser fabricado com elementos tomados aqui e ali entre os nambiquara, os nova-iorquinos ou os ameríndios pré-colombianos — nos demonstram tão-somente *possibilidades* do ser homem que, sem eles, seriam desconhecidas ou não teriam sido realizadas. Em certo sentido, é o que acontece. O fato de Sócrates ter existido demonstra que a possibilidade "ser Sócrates" pertence ao ser humano. O mesmo quanto a Heydrich, cuja existência faz dele um possível humano. O fato de os astecas praticarem regularmente sacrifícios humanos nos diz algo sobre o ser das sociedades humanas e se, em alguns lugares, existem sociedades que proclamam a igualdade e a liberdade como direitos do homem, elas também nos dizem alguma coisa sobre este ser. Esta idéia é importante e não devemos simplesmente afastá-la; de um lado, porque ela compromete nossa tendência em nos limitarmos ao que nos foi dado como tipo médio e habitual do homem e da sociedade e, mais particularmente, à nossa sociedade e aos indivíduos que nela encontramos. Um dos paradoxos da época contemporânea, época da televisão e do turismo mundial, é o fato de que é precisamente nesta época que as pessoas podem se surpreender ainda mais com o: "Como se pode ser persa?". Ou seja, "como se pode ser iraniano", acreditando que se trata de maneiras de fazer ou de ser inteiramente aberrantes; ao passo que, por mais criminosas que elas possam ser em algumas de suas manifestações, é de tais maneiras de ser e de fazer que é, sobretudo, feita a história humana: sociedades dominadas pela religião e pelo fanatismo religioso. Em outras palavras, consideramos a coisa mais natural viver em uma sociedade onde tudo pode ser questionado, quando, na verdade, isto é o que existe de menos natural no mundo. Esta possibilidade nos sacode então em nossas evidências banais e falsas. Por outro lado, a idéia é importante, porque ilustra o que eu dizia sobre a especificidade ao mesmo tempo ontológica e gnosiológica da questão do homem. Está excluída a hipótese de que um dia venha a nascer um cavalo que nos obrigue a reconsiderar nossa idéia da essência do cavalo; ao passo que o aparecimento do que chamamos totalitarismo obrigou os ocidentais, em pleno século XX, no momento em que se celebrava a vitória das idéias de progresso, liberdade, etc., a reconsiderar penosamente o que acreditavam saber sobre as sociedades humanas, o curso da História e sua própria sociedade.

Mas esta idéia é também problemática e decididamente insuficiente. Será que podemos afirmar verdadeiramente que esse leque de singularidades, de sociedades e indivíduos que se sucedem e se justapõem se limita a realizar os "possíveis do ser humano" que seriam predeterminados? Ousaríamos verdadeiramente afirmar que Sócrates, já que o mencionei, ou *Tristão e Isolda*, ou Auschwitz, ou *A crítica da razão prática*, ou o Gulag "realizam possibilidades do ser humano", no sentido em que todo triângulo que defino concretamente realiza as possibilidades contidas na essência do triângulo? Podemos por um momento pensar que existe um catálogo ilimitado, um repertório interminável que mantém em reserva todos esses tipos de indivíduos e sociedades — ou então uma lei geral, determinando antecipadamente as possibilidades do ser humano, possibilidades que, aleatória ou sistematicamente, se manifestariam na História? Por mais estranho que possa parecer, duas tendências importantes do pensamento moderno sustentaram esta tese: o estruturalismo e Hegel. Não é difícil demonstrar o absurdo dessa idéia. Se os estruturalistas tivessem razão, se, como afirma Claude Lévi-Strauss em *Raça e história*, por exemplo, as diferentes sociedades humanas não passam de combinações diferentes de um pequeno número de elementos invariáveis, então os estruturalistas deveriam ser capazes de produzir, imediatamente, aqui e agora, todos os tipos possíveis de sociedade humana, como um geômetra produz os cinco poliedros regulares e demonstra que não pode haver outros. Isto nunca foi feito e não pode sê-lo. E se os hegelianos tivessem razão, deveriam ser capazes de, simultaneamente, demonstrar a rigorosa sistematicidade da sucessão histórica dos diversos tipos de sociedade e prolongar essa sucessão sistemática de maneira que ela cobrisse todo o futuro concebível. Sabemos que a primeira tarefa só foi realizada por Hegel num monstruoso "leito de Procusto", onde partes inteiras da História da humanidade foram cortadas, outras esticadas ou comprimidas, onde o Islã é colocado "antes" do cristianismo e este só começa "verdadeiramente" com sua germanização — o protestantismo, etc. Mas há igualmente a impossibilidade radical de dar o mínimo sentido à segunda tarefa, de deduzir o futuro, impossibilidade que leva à necessária e absurda afirmação do "fim da História", a partir daquele momento. Esse "fim da História" não é nem uma questão de humor nem uma opinião pessoal de Hegel. ele é simultaneamente o pressuposto e a conclusão de todo o seu sistema. O golpe de misericórdia é dado a esta idéia por uma afirmação do próprio Hegel (nas *Lições sobre a filosofia da história*): evidentemente, diz ele, depois do fim da História, resta ainda um trabalho empírico a realizar. Assim, por exemplo, a história do século XX não deveria ser mais do que o objeto de um "trabalho empírico" que algum aluno (não muito talentoso) de Hegel poderia realizar sem nenhuma dificuldade de princípio.

Na verdade, o termo possibilidade como tal só pode ter aqui um sentido puramente negativo: efetivamente, nada no universo, na estrutura das leis do universo, tornava impossível ou interditava a construção da Catedral de Reims, ou a instituição do Gulag. Mas as formas de sociedade, as obras, os tipos de indivíduos que surgem na História não fazem parte de uma lista, fosse ela infinita, de possíveis existentes e positivos. Eles são *criações* a partir das quais novos possíveis, antes inexistentes, porque privados de sentido, aparecem. A expressão "possível" só tem sentido no interior de um sistema de determinações bem especificadas. Será que a *Quinta Sinfonia* seria possível no momento do Big Bang? Ou a pergunta não tem sentido ou, se ela tem algum, a única resposta é: impossível. A possibilidade da *Quinta Sinfonia* só pode existir a partir do momento em que os homens criam a música.

Faz quarenta anos que se vem repetindo que não existe natureza humana ou essência do homem. Essa constatação negativa é inteiramente insuficiente. A natureza — ou a essência do homem — é precisamente esta "capacidade", esta "possibilidade" no sentido ativo, positivo, não predeterminado de *fazer existir formas outras* de existência social e individual, como podemos facilmente verificar ao considerarmos a alteridade das instituições da sociedade, das línguas ou das obras. Isso significa que existe de fato uma natureza ou uma essência do homem, definida por esta especificidade central que é a criação, pela maneira e pelo modo segundo os quais o homem cria e se autocria. E essa criação — constatação aparentemente banal, mas decisiva, cujas conseqüências nunca terminamos de observar — não acabou, em nenhum sentido do termo.

II

Daí já decorrem conseqüências filosóficas e, especialmente, conseqüências ontológicas, capitais. Explicitarei brevemente duas delas.

Criação não significa indeterminação. A criação *pressupõe*, com efeito, uma indeterminação no ser; isto, no sentido em que o que é nunca o é de tal modo que exclua o surgimento de novas formas, de novas determinações. Em outras palavras, o que é nunca está *fechado* do ponto de vista mais essencial; o que é está aberto, o que é está sempre igualmente *por-ser*.

Mas, em outro sentido, criação não significa indeterminação: aqui a criação é precisamente a posição de novas determinações. O que teríamos compreendido sobre a música, ou a Revolução Francesa, se nos limitássemos a dizer que a História é o campo do indeterminado? A criação da música como tal, ou de determinada obra musical, ou a Revolução Francesa, são *posições de novas determinações*; são criações de *formas*. Uma forma, um *eidos*, como teria dito Platão, significa um conjunto de determinações, um conjunto de possíveis e de impossíveis definidos a partir do momento em que a forma é colocada. Posição de novas determinações, e de determinações *outras*, não redutíveis ao que já existia; determinações não dedutíveis e não produtíveis a partir do já existente. Sócrates não é Sócrates porque é indeterminado, mas porque ele determina — pelo que diz, pelo que faz, pelo que é, através do que ele se faz um ser e pela maneira pela qual faz a sua morte — um tipo de indivíduo que ele encarna, e que não existia anteriormente. O alcance ontológico desta constatação é imenso: existe ao menos um tipo de ser que cria outro, que é fonte de alteridade, e que, em conseqüência, altera a si mesmo.

Uma ciência geral do homem, uma pesquisa dirigida ao *genus homo* é precisamente isto: uma pesquisa dirigida às condições e às formas da *criação humana*. Pesquisa que, pelas razões já mencionadas, só pode ser um contínuo vai-e-vem entre as criações singulares e aquilo que podemos pensar do ser humano como tal. Sem essas criações singulares, sem a sua compreensão, não podemos saber nada sobre o homem; penetrar numa outra criação singular não significa acrescentar um milésimo cavalo aos 999 já estudados pelos zoólogos, mas desvelar outra forma criada pelo ser humano. Qual etnólogo extraterrestre que tivesse visitado a Terra por volta do ano 5.000 antes de nossa era poderia prever, ou sequer suspeitar, que aqueles seres desgrenhados poderiam um dia criar a democracia ou a filosofia? E se ele tivesse pensado sobre esta possibilidade, ou ao menos suspeitado dela, se ele tivesse simplesmente levantado a questão, ele só o teria feito porque essas formas, ou formas bem análogas, já haviam sido criadas em seu misterioso planeta de origem.

Criação: capacidade de fazer emergir o que não está determinado, ou não é derivável, de modo combinatório ou não, a partir do existente. Pensamos imediatamente que é justamente esta capacidade que corresponde ao sentido profundo dos termos imaginação e imaginário quando abandonamos seus usos superficiais. A imaginação não é simplesmente a capacidade de combinar elementos dados para produzir outra variante de uma forma já dada; a imaginação é a capacidade de colocar novas formas. É verdade que esta nova forma utiliza elementos que já existiam; mas a forma como tal é nova. Dito de modo ainda mais radical, da maneira como alguns filósofos (Aristóteles, Kant, Fichte) entreviram, mas que nunca deixou de ser novamente ocultada, a imaginação é aquilo que nos permite criar um *mundo*, ou seja, nos apresentarmos alguma coisa sobre a qual, sem a imaginação, não saberíamos nada, não poderíamos nada dizer. A imaginação começa com a sensibilidade; é manifesta nos dados mais elementares da sensibilidade. Podemos determinar uma correspondência físico-fisiológica entre certos comprimentos de ondas e a cor vermelha ou azul; não podemos em absoluto "explicar" nem física nem fisiologicamente a sensação vermelha ou azul em sua *qualidade*. Poderíamos ter visto o vermelho-azul, ou o azul-vermelho, ou outras cores insuspeitadas; em relação ao *qual* e *tal* da cor não há nenhuma "explicação". A imaginação incorporada à nossa sensibilidade fez existir esta forma de ser que não existe na natureza (não há cores na natureza, há apenas radiações): o vermelho, o azul, a cor em geral que "percebemos" — termo abusivo, certamente — e que outros animais, em razão de sua imaginação sensorial diversa, "percebem" de outra forma. Imaginação, *Einbildung* em alemão, significa *colocação em imagens*; em certos aspectos, ela é comum a nós todos, enquanto pertencentes ao *genus homo*, mas cada uma de suas manifestações é absolutamente singular. O mesmo se dá com o que denomino imaginário social, imaginário instituidor, sobre o qual falarei em seguida.

Mas se isso é verdadeiro, então, contrariamente ao velho lugar comum, o que faz do homem um homem não é o fato de que ele é razoável ou racional — o que, evidentemente, é uma aberração. Não existe ser mais louco do que o homem, quer o consideremos nas profundezas de seu psiquismo, quer em suas atividades cotidianas. As formigas ou os animais selvagens têm uma "racionalidade" funcional de longe superior à do homem: eles não cometem erros nem comem champignons venenosos. Os homens precisam aprender o que é ou não alimento. Não é, portanto, a partir da "racionalidade", da "lógica" — que caracterizam em geral *todo ser vivo*, como lógica operante — que podemos caracterizar o homem. A capacidade de criação nos faz precisamente ver por que a essência do homem não poderia ser a lógica e a racionalidade. Com a lógica e a racionalidade podemos chegar ao infinito virtual (depois de 2 bilhões, há ainda 2 bilhões com a potência 2 bilhões), podemos extrair ao infinito as conseqüências de axiomas *já antes colocados*; mas nem a lógica nem a racionalidade jamais permitirão imaginar um novo axioma. A matemática, a mais alta forma de nossa lógica, só pode ser constantemente relançada se imaginamos e inventamos, e os matemáticos sabem muito bem disso, mesmo quando não são capazes de elucidar este fato. Eles conhecem o papel central da imaginação, não apenas na solução de problemas que já foram colocados, mas na posição de novos mundos matemáticos, posição que não é redutível a simples operações lógicas, caso contrário, ela poderia ser transformada em algoritmo e posta em uma máquina.

A partir destas constatações, podemos colocar como característica essencial do homem a imaginação e o imaginário social. O homem é *psyché*, alma, psique profunda, inconsciente; e o homem é sociedade, ele só existe em e por meio da sociedade, de sua instituição e das significações imaginárias sociais que tornam a psique apta para a vida. A sociedade também é sempre História: nunca existe, nem mesmo numa sociedade primitiva, repetitiva, um presente cristalizado; em outras palavras, mesmo na sociedade mais arcaica, o presente é sempre constituído por um passado que o habita e por um futuro que ele antecipa. Logo, trata-se sempre de um presente histórico. Para além da biologia que, no homem, ao mesmo tempo persiste e encontra-se irremediavelmente desregulada, o homem é um ser psíquico e um ser sócio-histórico. E é nestes dois níveis que encontramos a capacidade de criação, que chamo de imaginação e imaginário. Há a imaginação radical da psique, ou seja, o surgimento perpétuo de um fluxo de representações, de afetos e de desejos indissociáveis; se não compreendermos isto, não compreenderemos nada sobre o homem. Mas não é a psique, no sentido que dou aqui a este termo, que pode criar instituições; não é o inconsciente que cria a lei ou mesmo a idéia da lei; ele a recebe, e ele a recebe como estranha, hostil, opressora. Não é a psique que pode criar a linguagem, ela deve recebê-la e, com a linguagem, ela recebe a totalidade das significações imaginárias sociais que a linguagem carrega e que ela torna possíveis. A linguagem, as leis: o que se pode dizer delas? Seria possível imaginar um legislador primitivo, que ainda não possuísse a linguagem, mas que fosse suficientemente "inteligente" para inventá-la sem possuí-la, e para persuadir os outros seres humanos, que ainda não a tivessem, que seria útil falar? Idéia ridícula. A linguagem nos mostra o imaginário social em ação, como imaginário instituidor, colocando ao mesmo tempo uma dimensão estritamente lógica, que denomino conjunto de identificação (toda linguagem deve poder dizer 1 mais 1 igual a 2); e uma dimensão propriamente imaginária, pois na linguagem e por meio dela são definidas as significações imaginárias sociais que mantêm uma sociedade unida: tabu, totem, Deus, *polis*, nação, riqueza, partido, cidadania, virtude, ou a vida eterna. A vida eterna é, evidentemente, mesmo se ela "existir", uma significação imaginária social, pois jamais alguém exibiu ou demonstrou matematicamente a existência de uma vida eterna. É uma significação imaginária social que regulou, durante dezessete séculos, a vida das sociedades que se consideravam as mais civilizadas da Europa e do mundo.

Esse imaginário social que cria a linguagem, que cria as instituições, que cria a própria forma da instituição — que não tem sentido na perspectiva da psique singular — nós só podemos pensá-lo como a capacidade criativa do coletivo anônimo, que se realiza a cada vez que os seres humanos se reúnem, e assume uma figura singular, instituída para existir.

O conhecer e o agir do homem são, portanto, indissociavelmente psíquicos e sócio-históricos, dois pólos que não podem existir separadamente, e que são irredutíveis, um em relação ao outro. Tudo o que encontramos de social em um indivíduo, e até mesmo a idéia de indivíduo, é socialmente fabricado ou criado, em correspondência com as instituições da sociedade. Para encontrar no indivíduo alguma coisa que não seja verdadeiramente social, se isto é possível — e não porque de qualquer modo, isso deve passar pela linguagem — seria necessário poder alcançar o derradeiro centro da psique, onde os desejos mais primários, os modos de representar mais caóticos, os afetos mais brutos e mais selvagens atuam. Esse centro, nós só podemos reconstituí-lo. Quer se trate de nós mesmos (os "normais"), quer se trate do sonho contado por um paciente em análise ou do delírio relatado por um psicótico, continuamos a estar diante do social: não existe sonho como objeto analisável se ele não for contado (ainda que eu o esteja contando para mim); todo sonho é povoado de objetos sociais. Ele põe em cena uma parte do desejo primário da psique que não deve ser posta em cena e, sobretudo, não deve ser posta em cena sob aquela determinada forma, porque encontra a oposição da instituição social, representada, no caso de todo indivíduo, pelo que Freud chamava o superego e a censura. Não apenas "não farás isso", "não deitarás com a tua mãe", mas muito mais. A instância de censura e de recalcamento é tão aberrante e tão lógica quanto as grandes religiões monoteístas, quando não se limitam a ordenar "não deitarás com a tua mãe", mas vão mais além: "não desejarás deitar com a tua mãe". Logo que o inconsciente ultrapassa sua fase primeira, dirige seu desejo para alguém que esteja presente, e que é em geral a mãe, o que é proibido; esse conflito, interiorizado pelo indivíduo, constitui simultaneamente a razão de ser do sonho como tal, e a razão de ser de seu conteúdo e de seu tipo de elaboração. Isso não impede que, através dos estratos sucessivos da socialização sofrida pela psique de certo ser, alguma coisa dela consiga sempre se infiltrar, bem ou mal, até a superfície. O psíquico propriamente dito não é redutível ao sócio-histórico, e o sócio-histórico, apesar das tentativas de Freud e de outros, não é redutível ao psiquismo. Podemos interpretar o componente "psicanalítico" de tal ou tal instituição particular, demonstrando que ela também corresponde a esquemas inconscientes e satisfaz tendências ou necessidades inconscientes, o que não é falso. Também a instituição deve sempre responder à busca de sentido que caracteriza a psique. Mas a realidade da instituição em si mesma é inteiramente estranha à psique. Por isso a socialização do indivíduo é um processo tão longo e tão penoso; talvez seja também por isso que os bebês choram sem razão, mesmo quando estão satisfeitos.

III

A pergunta: "O que aconteceu com o homem?", pergunta da antropologia filosófica, muda então para: "O que aconteceu com a psique humana, o que aconteceu com a sociedade e a História?" Percebemos imediatamente que essas perguntas são perguntas filosóficas que devem preceder quaisquer outras. Em particular, devemos tirar todas as conseqüências (o que, aparentemente, ainda não se fez) do fato conhecido e simples de que, por exemplo, a filosofia nasce em e através da sociedade e da História. Basta investigar as sociedades e os períodos históricos que conhecemos para ver que quase todas as sociedades, em quase todas as épocas, instituíram-se não na interrogação, e sim no fechamento do sentido e da significação. Para elas, sempre foi verdadeiro, válido e legítimo o que já está instituído e recebido, herdado como instituído. O homem é um ser que busca o sentido e que, por isso, o cria; mas, primeiramente, e durante muito tempo, ele cria o sentido no fechamento e cria o fechamento do sentido, e continua tentando, ainda hoje, a ele retornar. A ruptura deste fechamento foi inaugurada pelo nascimento e pelo renascimento, conjugado por duas vezes na Grécia e na Europa ocidental, da filosofia e da política. Porque ambas são, simultaneamente, questionamentos radicais das significações imaginárias sociais estabelecidas e das instituições que as encarnam.

Com efeito, a filosofia tem início com a pergunta: o que devo pensar? É parcial, secundário, portanto falso, definir a filosofia pela "questão do ser". Antes que o ser esteja em questão, é preciso que o homem possa se perguntar: o que devo pensar? Isto, ele geralmente não o faz na História. Ele pensa o que a Bíblia, o Alcorão, o secretário geral, o partido, o feiticeiro da tribo, os ancestrais, etc. dizem que ele deve pensar. É claro que a pergunta: "O que devo pensar" logo se desdobra em outras: "O que devo pensar do ser?", "O que devo pensar de mim mesmo?", "O que devo pensar do próprio pensamento?", pelo que se completa a própria reflexão do pensamento. Mas dizer: "O que devo pensar?" é *ipso facto* questionar as representações instituídas e herdadas da coletividade, da tribo, e abrir caminho a uma interrogação interminável. Ora, essas representações, como as instituições em geral, não somente fazem parte do ser concreto, do ser singular, de dada sociedade, mas o determinam. Se uma sociedade é *o* que é, esta alguma coisa (*ti*) distinta dos outros, é porque ela criou para si o mundo que ela criou. Se a sociedade hebraica, tal qual a representamos no Antigo Testamento, é a sociedade hebraica e não qualquer outra, é porque ela criou um mundo, o mundo descrito no Antigo Testamento. Sendo uma sociedade "mítica", ela conta a si própria, ao contar histórias, ela conta a história de Deus, do mundo e dos hebreus — mas esta história desvela ao mesmo tempo uma estrutura inteira do mundo: Deus como criador, o homem como simultaneamente senhor e dono da natureza (o *Gênesis* não esperou por Descartes) e submetido à culpa antes mesmo de nascer, à Lei, etc. Os hebreus só são hebreus na medida em que pensam tudo isso — assim como os franceses, os americanos ou os suíços contemporâneos só são o que são quando encarnam as significações imaginárias de suas respectivas sociedades e, em certo sentido, eles quase "são" essas significações imaginárias caminhando, trabalhando, bebendo, etc.

O questionamento dessas representações, significações e instituições equivale, pois, ao questionamento das determinações, das leis de seu próprio ser, realizado de modo refletido e deliberado. É o que ocorre com a filosofia e a política. E eis uma segunda grande conclusão ontológica que tem sua origem na antropologia filosófica: o ser, o ser em geral, é feito de tal forma que existem seres que se alteram por si e criam, sem que o saibam, as determinações de seu ser particular. Isto vale para todas as sociedades. Outra conclusão: o ser é feito de tal forma, que há seres que podem criar a reflexão e a deliberação por meio das quais eles alteram, de maneira refletida e deliberada, as leis, as determinações de seu próprio ser. Isto não existe, que se saiba, em nenhuma outra região do ser. Mas podemos especificar ainda mais.

Toda sociedade existe criando significações imaginárias sociais — ou seja, o *impercebível imanente*. Assim, o Deus hebraico, cristão ou islâmico; ou a mercadoria. Ninguém jamais viu uma mercadoria: vemos um carro, um quilo de bananas, um metro de tecido. É a significação imaginária social mercadoria que faz funcionar esses objetos da maneira como funcionam numa sociedade mercantil. Impercebível *imanente*, pois, para um filósofo, Deus é imanente à sociedade que crê em Deus, mesmo quando ela o considera transcendente; Ele está presente nela mais que qualquer entidade material, sendo ao mesmo tempo imperceptível, pelo menos em tempos comuns. O que é "percebível" são as conseqüências derivadas: um templo em Jerusalém ou em qualquer outro lugar, sacerdotes, candelabros, etc.

O impercebível imanente, criado pela sociedade, não existe em outras regiões do ser; e com este impercebível imanente, aparece a *idealidade*. Idealidade significa que a significação não se encontra rigidamente ligada a um suporte, e que ela ultrapassa todos os seus suportes particulares — embora não possa ficar sem um suporte qualquer, em geral. Todo o mundo pode falar por diferentes meios ou expressões, remetendo a signos ou símbolos, de Deus, da vida eterna, da *polis*, do partido, da mercadoria, do capital e do interesse — temos aí idealidades. Não se trata de *fetiches*. Uma boa definição para um fetichismo originário poderia partir desta observação: um fetiche é um objeto que porta necessariamente uma significação, que não pode ser dele separada. Isso vale tanto para certas crenças primitivas quanto, em certos aspectos, para nós mesmos (deixo de lado o fetichismo como perversão sexual que, de resto, corresponde perfeitamente a esta definição: a significação erótica está rigidamente ligada a tal objeto, a tal tipo de objeto, o objeto-fetiche). Essas significações têm sempre na sociedade uma validade *de fato*, positiva. Elas são legítimas e incontestáveis numa determinada sociedade. A questão de sua legitimidade não é colocada, e o próprio termo legitimidade é anacrônico, aplicado à maioria das sociedades tradicionais.

No entanto, a partir do momento em que surgem a interrogação e as atividades filosófica e política, outra dimensão é criada: a definida pela idéia, pela exigência e mesmo pela efetividade de uma validade que não seja apenas uma validade de fato, positiva, mas validade *de direito*: direito não no sentido jurídico, mas filosófico. Validade *de jure*, não mais simplesmente *de facto*. Nós não aceitamos uma representação, ou uma idéia, simplesmente porque a recebemos e, certamente, não devemos aceitá-la. Exigimos uma justificação, uma explicação, *logon didonai* (a relação desta idéia com o controle político público na *agora* e na *ecclesia* é patente). E o mesmo vale para as nossas instituições.

É, portanto, no sócio-histórico, e por ele, que emerge e é criada esta exigência da validade de direito. Criação ontológica mais uma vez, criação de uma forma desconhecida: assim a demonstração matemática, a quase-demonstração física, o raciocínio filosófico; ou a própria instituição política, a partir do momento em que for colocada de forma a ser constantemente validada de modo refletido e deliberada pela coletividade que ela institui.

A partir daí, surge igualmente uma questão que subentende toda a história da filosofia, e que é criticada, e criticada pela própria filosofia. Se a validade de direito, se a asserção de que uma idéia é verdadeira, e de que ela é verdadeira tanto hoje quanto ontem, há 2 milhões de anos ou daqui a 4 milhões de anos — se esta validade surge em e pelo sócio-histórico, e com a sinergia, a colaboração do psíquico, como aquilo que se apresenta com essa pretensão da validade de direito pode escapar ao condicionamento psíquico e sócio-histórico, por intermédio do qual ele sempre surge, no fechamento do mundo onde foi criado? Em outras palavras — e trata-se da questão que nos importa acima de tudo (por isso a filosofia deve ser sempre também antropológica), como o válido pode ser efetivo, e o efetivo, válido?

Para sublinhar a importância deste modo de colocar a questão, lembremos, por exemplo, que, numa filosofia tão grande, tão importante, e que marcou tanto a continuação da história da filosofia, como é a filosofia de Kant, a efetividade e a validade, separadas por um abismo, não podem ser pensadas juntas. Kant pergunta: como podemos ter, *de jure*, conhecimentos necessários e verdadeiros, e chegar à construção ou suposição de um sujeito transcendental (poderíamos igualmente chamá-lo sujeito ideal), que possuísse, com efeito, por construção, certos conhecimentos *a priori* — verdadeiros, e não triviais e necessários. Mas o que tem a ver conosco o fato, mencionado por Kant, de que um sujeito, ou uma consciência transcendental poderia ter este saber assegurado? Eu não sou um sujeito transcendental, sou um ser humano efetivo. Dizer que o sujeito transcendental é construído assim, e que por isso pode chegar a julgamentos sintéticos *a priori*, não me interessa. Isto só me interessaria na medida em que *também* eu fosse um sujeito transcendental. Temos aí a perpétua oscilação kantiana: de um lado, ele fala do que é o sujeito na ótica transcendental, de outro, refere-se à "nossa experiência", "nosso espírito" (*Gemüt*), "nós, homens" (*wir, Menschen*). Trata-se de "nosso espírito" ou do "espírito" na perspectiva transcendental? Esta oscilação é eliminada, de modo trágico, na filosofia prática de Kant, segundo a qual, finalmente, eu nunca posso ser verdadeiramente moral, já que sou sempre e necessariamente movido por determinações "empíricas", ou seja, efetivas. Desde Platão a filosofia permanece presa aqui, precisamente porque não consegue enfrentar esta questão, a única verdadeira a esse respeito: como a validade pode tornar-se efetividade, e a efetividade, validade? Não é possível responder a esta pergunta aqui; indico apenas alguns pontos de referência que permitem elucidá-la.

Se quisermos falar a verdade, distinguindo-a da simples correção (*alétheia* em oposição a *orthotés*, *Wahrheit* em oposição a *Richtigkeit*), e se dissermos: 2 + 2 = 4 é correto, mas a filosofia de

Aristóteles ou de Kant é verdadeira ou está ligada à verdade, devemos retomar e modificar a significação deste termo. Devemos chamar de verdade, não uma propriedade dos enunciados, ou um resultado qualquer, mas o movimento mesmo que rompe o fechamento que sempre se estabelece, e que procura, num esforço de coerência e de *logon didonai*, encontrar-se com o que existe. Se dermos esse sentido à verdade, devemos dizer que é o social-histórico, a antropologia no verdadeiro sentido, que é o lugar da verdade. Porque não apenas é no social-histórico, e por ele, que são criadas a linguagem, a significação, a idealidade, a exigência da validade de direito, mas é também somente no social-histórico e por ele que podemos responder da melhor maneira possível a esta exigência e sobretudo: é exclusivamente no social-histórico e por meio dele que esta ruptura do fechamento e o movimento que a manifesta podem existir. Sem esta idéia da verdade, estaríamos simplesmente divididos entre os "pontos de vista", que são "verdadeiros" no interior de e para cada "sujeito" de fechamento, logo, de relativismo absoluto, e a idéia de um sistema definitivo completado, que seria o fechamento de todos os fechamentos.

É igualmente em e por meio do social-histórico, em virtude da segunda criação que mencionei acima, que aparecem a subjetividade reflexiva e o sujeito político, na medida em que eles se opõem a toda a sorte de humanidade "anterior", ou seja, aos indivíduos conformes, socialmente fabricados, por mais respeitáveis, dignos de estima e de amor que possam freqüentemente ser.

É também somente em e por meio do social-histórico que são criados um espaço e um tempo públicos de reflexão — uma *agora* sincrônica e diacrônica, que impede que toda subjetividade se feche em seu próprio fechamento. É, afinal, na medida em que o social-histórico é criação contínua e criação densa, que os resultados da reflexão filosófica continuamente adquiridos podem ser, e são, novamente questionados. Sem uma tal criação, a filosofia, uma vez criada, correria o risco de ficar cristalizada ou de se tornar uma simples ordenação lógica do mundo social, adquirida uma vez por todas, como foi, com efeito, o destino da filosofia na Índia, na China, em Bizâncio ou no Islã; ou, enfim, de permanecer como aporia em suspensão imóvel das certezas instituídas em benefício de uma mística, como na maioria das correntes budistas.

Mas é igualmente verdade que a reflexão encontra na imaginação radical da psique singular sua condição positiva. É esta imaginação que permite a criação do novo, isto é, a emergência de formas, de figuras, de esquemas originais do pensamento e do pensável. E é também porque existe a imaginação radical, e não apenas a reprodução, a recombinação do que já foi visto, porque existe a imaginação não cristalizada, não fixa, não limitada às formas dadas e conhecidas, que o ser humano é capaz de receber, acolher, aceitar a criação original de outrem, sem o que ela seria delírio ou passatempo individual. Isso vale tanto para a filosofia quanto para a arte e as ciências.

Em ambos os casos, o da imaginação que cria o original e o da imaginação que é capaz de acolher um novo tipo de indivíduo está implicado: a subjetividade reflexiva e deliberante, crítica e lucidamente aberta ao novo, que não expulsa as obras da imaginação — de si mesma ou dos outros — mas é capaz de recebê-las criticamente, de aceitá-las ou recusá-las.

IV

Um tal indivíduo é ele próprio uma criação social-histórica. Ele é ao mesmo tempo o resultado e a condição do questionamento das instituições estabelecidas. O que nos leva, para concluir, à questão da política.

Entendo por política a atividade coletiva, refletida e lúcida, que surge a partir do momento em que é colocada a questão da validade de direito das instituições. Nossas leis são justas? Nossa Constituição é justa? Ela é boa? Mas boa em relação a quê? Justa em relação a quê? É precisamente por essas perguntas intermináveis que se constitui o objeto da verdadeira política, que pressupõe, pois, o questionamento das instituições existentes — seja para confirmá-las no todo, seja em parte. É o mesmo que dizer que pela política assim concebida, o homem questiona, e eventualmente altera, seu modo de ser e seu ser como homem social. O social-histórico é, portanto, o lugar onde surge a questão da validade de direito das instituições e, conseqüentemente, dos *comportamentos*. Este ponto é muito importante, porque demonstra que a questão ética é criada em e ao longo da História, que ela não é necessariamente definida *com* a História, contrariamente ao que se diz, e que ela faz parte, no sentido profundo, da questão política. Em uma sociedade tradicional, em uma sociedade heterônima, os comportamentos mesmos são instituídos. Faz-se o que se deve fazer, casa-se com aquele ou aquela com quem se deve casar, em determinadas circunstâncias é necessário fazer determinadas coisas. Existem mais de seiscentos mandamentos que o jovem judeu deve saber de cor por ocasião da *Bar Mitzvah*. Comportamentos instituídos, respostas dadas; a questão: "O que devo fazer?" não é colocada. Ela também não é colocada quando se é cristão, e a idéia de uma ética cristã é um absurdo. A ética cristã desconhece qualquer questionamento, a resposta a toda pergunta concebível está inteira no Evangelho; Cristo disse claramente o que é preciso fazer: é preciso abandonar pai, mãe, esposa e segui-lo. O problema da ética cristã é que os cristãos nunca foram capazes de fazer o que o Evangelho diz que devem fazer; em outras palavras, o cristianismo nunca foi o cristianismo, salvo talvez por um curto período inicial, transformando-se rapidamente numa Igreja instituída, com a conseqüente duplicidade instituída — passou-se, assim, a colocar a possibilidade de conciliação das prescrições do Evangelho e de uma vida efetiva sem relação com elas. Daí o indelével aspecto de hipocrisia em todas as injunções da "ética" cristã histórica.

A pergunta "O que devo fazer?" faz parte do conjunto das interrogações que surgem a partir do momento em que o código dos comportamentos se quebra.

Entretanto, mesmo considerando a questão pelo lado simplesmente ético, diante de alguém que não deseje colocar a questão "O que devo fazer?" senão num sentido muito estreito, como esquecer por um segundo que as condições e as normas últimas do fazer são fixadas, a cada vez, pela instituição? A questão "O que devo fazer?" torna-se quase insignificante, deixa-se de fora o que devo fazer quanto às condições e às normas do fazer, logo, quanto às instituições. Fala-se muito, ultimamente, do outro. Existe toda uma filosofia que pretende estar construída sobre o "olhar do outro", que me criaria uma exigência. Mas quem é este *outro*? Os filósofos pensam nos "outros" que encontram, ou então, no outro em geral. Mas o grande problema é constituído por esses "outros" reais — 5 bilhões e meio — que não encontramos, mas sabemos pertinentemente que existem, e que levam, em sua maioria, uma existência heterônima. "O que devo fazer?" é uma questão essencialmente política.

Política é a atividade lúcida e refletida que se interroga sobre as instituições da sociedade e, caso necessário, visa a transformá-las. Isto implica que ela não usa os mesmos pedaços de madeira para combiná-los de outra forma, e sim que ela cria formas institucionais novas, o que significa também novas significações. Prova disto nos é dada pelas duas criações sobre as quais se funda nossa tradição, a democracia grega e — sob uma outra forma, bem mais vasta, mas, em certos aspectos, mais problemática — o movimento democrático e revolucionário moderno. Novas significações imaginárias emergem aqui; as instituições as trazem, as encarnam e lhes dão vida. As primeiras *poleis* democráticas, por exemplo, onde os cidadãos que pensavam a si mesmos como *homoioi*, semelhantes, iguais, antes mesmo do termo *isoi*, realizam uma ruptura completa com o mundo dos poemas homéricos, nos quais Ulisses não é o *homoios* de Tersite. Os cidadãos são iguais, há a *isonomia* para todos. Evidentemente existem também as mulheres e os escravos: não se trata de um *modelo*. Mas já podemos perceber os *germes*. Nos tempos modernos estas significações são retomadas e levadas bem mais além. Fala-se de igualdade, de liberdade, de fraternidade *para todos*. Este "para todos" é uma significação social que surge no Ocidente e que, politicamente, não é a dos gregos (deixo de lado os estóicos, politicamente impertinentes). A partir de quando? Dizem que a igualdade já está no Evangelho. Mas a igualdade do Evangelho, como a de Paulo, está situada lá em cima, não aqui embaixo. Nas igrejas cristãs, havia assentos confortáveis para os senhores, cadeiras para os bons burgueses da paróquia e bancos, ou mesmo nada, para os simples fiéis, seus irmãos. Estes, que já não são mais gregos ou judeus, livres ou escravos, homens ou mulheres, mas filhos de Deus perfeitamente iguais, para escutar o mesmo discurso, encontram-se sentados de maneira diferente, ou então dividem-se entre sentados e de pé. A igualdade moderna não é a igualdade do cristianismo; ela é a criação de um novo movimento histórico, que colocou a exigência de uma igualdade não no céu, mas aqui e agora. O fato de que em e através deste movimento as idéias cristãs tenham sido reinterpretadas e re-tratadas não é surpreendente; basta lembrar que, durante a Revolução Francesa, pôde-se considerar Jesus Cristo como o primeiro *sans-culotte*. Vivemos agora em um mundo no qual estas significações imaginárias — liberdade, igualdade — estão sempre presentes, o que revela ao mesmo tempo uma enorme contradição. Se considerarmos as significações da liberdade e da igualdade em seu rigor e sua profundidade, vemos, de início, que elas se implicam uma na outra, longe de se excluírem, como repete o discurso mistificador que circula há mais de um século. Mas elas também estão longe de estarem realizadas, mesmo nas sociedades ditas "democráticas". De fato, essas sociedades realizam regimes de oligarquia liberal. A atual e respeitável "filosofia política" fecha os olhos diante dessa realidade, ao mesmo tempo em que é incapaz de produzir uma verdadeira discussão filosófica dos fundamentos desse sistema oligárquico; nunca vi, em parte alguma, uma discussão, digna deste nome, sobre a metafísica da "representação", por exemplo, ou sobre a representação dos partidos, que constituem a verdadeira sede do poder nas sociedades modernas. Ousemos falar da realidade, e constatemos que falar de igualdade política entre um varredor de ruas na França e o sr. Francis Bouygues é uma brincadeira de mau gosto. Na França — e a situação é a mesma em todos os países de oligarquia liberal — o "povo soberano" é formado por cerca de 37 milhões de eleitores. Como ele exerce sua soberania? Ele é chamado, a cada cinco ou sete anos, para designar, entre 3.700 pessoas no máximo, aquelas que o "representarão" nos próximos cinco anos — ou o presidente que o governará. A proporção é de 1 para 10.000. Multipliquemos este número por 10, para levar em conta todos os capitalistas, gerenciadores e tecnocratas do Estado, membros dos aparelhos dos partidos, responsáveis pela mídia, etc.; com boa vontade, chegaremos a 37.000 pessoas em 37 milhões. A oligarquia dominante é formada por um milésimo da população — porcentagem que faria empalidecer de inveja a oligarquia romana. Esses regimes de oligarquia liberal representam o compromisso atingido por nossas sociedades entre o capitalismo propriamente dito e as lutas de emancipação que tentaram transformá-lo ou liberalizá-lo; compromisso que garante — e isto não pode ser negado — não somente as liberdades, mas certas possibilidades para alguns membros das categorias dominadas.

Mas fala-se de igualdade; fala-se também dos "direitos do homem". Direitos de que homem? Existem cerca de 5 bilhões e meio de seres humanos na Terra. Essa oligarquia liberal, bem como um certo conforto material, só existe nos países da OCDE, e em um ou dois outros, ou seja, para cerca de 700 milhões de pessoas. Um oitavo da população humana beneficia-se desses direitos do homem e de um certo conforto material. A grande astúcia dos governos de Reagan e Thatcher foi a de comprimir a miséria em 15% ou 20% da população, de tal forma carente que já não pode reivindicar nada, ou que, no máximo, poderia explodir de modo ineficaz; os outros, os *they never had it so good*, como se diz em inglês, estão talvez neste momento comprando um segundo televisor em cores. Enquanto isso, os sete oitavos restantes da população mundial estão mergulhados na miséria (aqui, mais uma vez, não para todos, pois aí também existem ricos e privilegiados), e vivem, geralmente, sob a tirania. O que aconteceu então com os direitos do homem, a igualdade, a liberdade? Dever-se-ia dizer, como dizia Burke aos revolucionários franceses, que não existem direitos do homem, e sim direitos dos ingleses, dos franceses, dos americanos, dos suíços, etc.?

Poderemos sair dessa situação? Uma mudança só será possível se, e somente *se*, houver um novo despertar, se tiver início uma nova fase de criatividade política densa da humanidade, o que implica, por sua vez, sair da apatia e da privatização que caracterizam as sociedades industriais contemporâneas. Em outras palavras, a inovação histórica certamente jamais cessará, sendo toda a idéia de um "fim da História" multiplamente absurda; mas o risco está no fato de que essa inovação, em lugar de produzir indivíduos mais livres em sociedades mais livres, faça aparecer um novo tipo humano, que podemos provisoriamente chamar de "zapantropo"[1] ou de "reflexantropo", tipo que deve ser mantido na coleira, mantido na ilusão de sua individualidade e de sua liberdade por mecanismos tornados independentes de qualquer tipo de controle social, e gerados por aparelhos anônimos, cuja dominação está desde já a caminho.

O que o pensamento político pode fazer é colocar em termos claros este dilema com que nos confrontamos hoje. Evidentemente ele não pode resolvê-lo sozinho. Ele só pode ser resolvido pela coletividade humana, quando ela despertar de seu sono e realizar a sua atividade criadora.

---

1. N.T.: de *zapper*, mudar constantemente de canal, utilizando o controle remoto.

A crise do processo de identificação*

Os processos propriamente psicanalíticos e psicossociológicos da questão da identificação já foram, senão esgotados (como poderiam sê-lo?), ao menos longamente abordados pelos participantes que me precederam. Assim, eu me situarei de um outro ponto de vista, o ponto de vista social-histórico, que não significa sociológico no sentido habitual.

Contrariamente a André Nicolaï — se o compreendi bem —, penso que existe realmente uma *crise* da sociedade contemporânea, e que esta crise, ao mesmo tempo em que produz a crise do processo de identificação, é por ela reproduzida e agravada. Eu me colocarei, portanto, a partir de um ponto de vista global, afirmando que o processo de identificação, em sua especificidade sempre singular para cada sociedade historicamente instituída, e que a própria identificação constituem momentos da totalidade social, e ainda que, nem um nem outra, positivamente ou negativamente, fazem sentido quando destacados desta totalidade. Para justificar este enunciado, um

---

* Apresentação em um colóquio organizado em maio de 1989 pela *Association de recherche et d'intervention psychosociologique* (Arip), "Malaise dans l'identification", cujos anais foram publicados com este mesmo título no nº 55 de *Connexions* (1990/1).

tanto forte, tomarei alguns exemplos nas matérias já levantadas aqui.

É bem verdade que podemos elucidar, senão explicar, a crise da identificação na sociedade contemporânea em referência ao enfraquecimento ou ao deslocamento do que Jacqueline Palmade chama de escora do processo de identificação em diversas entidades socialmente instituídas, como a habitação, a família, o local de trabalho, etc. Mas não devemos parar por aqui, em virtude de uma consideração muito simples. Tomemos o exemplo da habitação. Conhecemos povos, grandes povos ou pequenas tribos, que sempre viveram como nômades. A habitação tem, entre eles, um sentido inteiramente diferente. É verdade que a tenda que é deslocada pelas estepes da Ásia Central é um lugar de referência para o indivíduo ou a família; mas em uma sociedade assim, vê-se imediatamente que a questão está instituída de forma bem diferente, e a possibilidade de encontrar sentido no lugar em que se está depende de outros fatores além de sua "estabilidade". A mesma coisa em relação aos ciganos, ou então, nas sociedades que conhecemos no passado, em relação a pessoas como os mercadores ambulantes, que existem há pelo menos três mil anos, os marinheiros, etc.

O mesmo em relação à escora familiar. Não serei eu, freudiano fervoroso e psicanalista, que subestimarei a importância do meio e dos laços familiares, seu papel capital, decisivo, para a hominização do pequeno monstro recém-nascido. Também não podemos esquecer que não devemos nos fixar sobre um tipo de família meio-real, meio-idealizada, que pôde existir em certas camadas da sociedade ocidental durante os últimos dois séculos, e concluir pela necessidade de uma crise de identificação pelo fato de que este tipo se encontra hoje incontestavelmente em crise.

Sem pretender fazer uma excursão histórica, podemos lembrar que os espartanos, que não eram muito simpáticos, eram indivíduos inteiramente "normais", funcionavam perfeitamente, conquistaram vitórias durante séculos, etc. Mas o "meio ambiente familiar" em Esparta era bem diferente do que consideramos como "normal". A criação das crianças, exceto no período de aleitamento, era feita de modo diretamente social e, como diriam os intelectuais semi-analfabetos modernos, de modo "totalitário".

Em terceiro lugar, todos esses fenômenos, por exemplo, o enfraquecimento da família, o enfraquecimento da habitação como escora, etc., não aparecem como condições suficientes ou necessárias de uma crise, pois vemos esta mesma crise, e maciçamente, entre indivíduos provenientes de meios — e vivendo em meios — onde não existe crise da habitação, e nem mesmo crise da família propriamente dita. Se considerarmos as classes médias da sociedade contemporânea, não poderemos falar de "crise da habitação" como tal. Existem, evidentemente, outros fenômenos: a localidade não tem mais a mesma significação que tinha outrora, etc. E, todavia, observamos indivíduos visivelmente sem bússola na idade adulta, o que remete, na verdade, a problemas mais profundos durante o estabelecimento de sua identificação e mesmo de sua identidade, sem que possamos recorrer a uma problemática relativa a essas escoras.

Em suma, estamos falando desta forma porque, em nossa cultura, o processo de identificação, a criação de um "si" individual-social passava por lugares que não existem mais, ou que estão em crise; mas também porque, contrariamente ao que acontecia com os mongóis, espartanos, mercadores fenícios, ciganos e caixeiros viajantes, etc., não existe — ou não emerge — nenhuma totalidade de significações imaginárias sociais que possa assumir esta crise das escoras particulares.

Chegamos assim, por outros caminhos, à idéia que já temos, ou que pelo menos eu tenho. Se a crise atinge um elemento tão central da hominização social quanto o processo de identificação, isso significa que ela é global. Já se fala há tanto tempo — há pelo menos 150 anos — da "crise de valores", que ela corre o risco de lembrar a história de Pedro e o lobo. Ela foi tão comentada que, quando enfim chegou, reagimos como se estivéssemos diante de uma velha piada. Mas eu acredito firmemente que o lobo chegou de fato, e concordo com Jean Maison-Neuve quando afirma que o termo "valor" é impreciso, e isto é o mínimo que se pode dizer. Por essa razão, falo de crise das significações imaginárias sociais (a partir deste momento, significações, simplesmente), isto é, da crise das significações que mantêm esta sociedade, bem como qualquer sociedade, unida, pronta a ver, em seguida, como esta crise se traduz no nível do processo de identificação.

Toda sociedade cria seu próprio mundo, criando precisamente as significações que lhe são específicas, este magma de significações, como por exemplo, o Deus hebraico e tudo o que ele implica e acarreta, todas as significações que podemos re-agrupar sob o termo *polis* grega, ou as significações que acompanham a emergência da sociedade capitalista ou, mais exatamente, do componente capitalista da sociedade moderna. O papel dessas significações imaginárias sociais, sua "função" — utilizo este termo sem nenhuma conotação funcionalista — é triplo. São elas que estruturam as representações do mundo em geral, sem as quais não pode haver ser humano. Essas estruturas são, a cada vez, específicas: nosso mundo não é o mundo grego antigo, e as árvores que estamos vendo através das janelas não abrigam ninfas, trata-se simplesmente de madeira, esta é a construção do mundo moderno. Em segundo lugar, elas designam as finalidades da ação, impõem o que está por fazer e por não fazer, o que deve ou não ser feito: é preciso adorar a Deus, ou então é preciso acumular as forças produtivas — ao passo que nenhuma lei natural ou biológica, ou mesmo psíquica, afirma que é necessário adorar a Deus ou acumular as forças produtivas. E, em terceiro lugar, que é certamente o ponto mais difícil de delimitar, elas estabelecem os tipos de efeitos característicos de uma sociedade. Assim, há visivelmente um *afeto* criado pelo cristianismo que é a *fé*. Nós sabemos ou acreditamos saber o que é a fé, este sentimento de certa forma indescritível, relação com um ser infinitamente superior que amamos, que nos ama, que pode nos punir, tudo isso mergulhado em uma umidade psíquica estranha. Esta fé seria absolutamente incompreensível para Aristóteles, por exemplo: o que pode significar exatamente a idéia de que se possa amar os deuses ou ser amado pelos deuses *desta maneira*, estar tomado por esses afetos dos quais se pode ver a expressão inegável nos rostos dos verdadeiros fiéis em Belém, numa noite de 24 de dezembro? Este afeto é instituído sócio-historicamente, e podemos apontar seu criador: Paulo. Ele já não está tão presente com a descristianização das sociedades modernas, mas existem afetos característicos da sociedade capitalista. Sem entrar numa descrição que poderia vir a ser literária, lembro que Marx descreveu bem esses afetos, quando falou da inquietude perpétua, da mudança constante, da sede do novo pelo novo e do mais pelo mais — conjunto de afetos instituídos socialmente.

A instauração dessas três dimensões — representações, finalidades, afetos — vai, a cada vez, de par com sua concretização por todos os tipos de instituições particulares, mediadoras — e, bem entendido, pelo primeiro grupo que cerca o indivíduo, a família —, e depois, por toda uma série de vizinhanças topograficamente incluídas umas nas outras ou intersectadas, as outras famílias, o clã ou a tribo, a coletividade local, a coletividade do trabalho, a nação, etc. Por intermédio de todas essas formas, institui-se, a cada vez, um tipo de indivíduo particular, isto é, um tipo antropológico específico: o florentino do século XV não é o parisiense do século XX, não em razão de diferenças triviais, mas de tudo o que ele é, pensa, quer, gosta ou detesta. E, ao mesmo tempo, se estabelece uma verdadeira colméia de papéis sociais, onde cada um é, simultânea e paradoxalmente, auto-suficiente e complementar dos demais: escravo/livre, homem/mulher, etc.

Entre as significações instituídas por cada sociedade, a mais importante é sem dúvida a que concerne à própria sociedade. Todas as sociedades que conhecemos tiveram uma representação de si mesma como *alguma coisa* (o que, entre parênteses, demonstra bem que se trata de significações *imaginárias*): nós somos o povo eleito; somos os gregos em oposição aos bárbaros; somos os filhos dos Pais fundadores; ou os súditos do rei da Inglaterra. A esta representação está indissociavelmente ligado um *se querer* como sociedade e como *esta* sociedade, e um *se gostar* como sociedade e como *esta* sociedade, ou seja, um investimento ao mesmo tempo da coletividade concreta e das leis por meio das quais esta coletividade é o que é. Existe aqui, no nível social, na representação (ou no discurso que a sociedade mantém sobre si mesma) um correspondente externo, social, de uma identificação final de cada indivíduo que sempre é também uma identificação a um "Nós", "Nós outros", uma coletividade em direito imperecível; o que, com ou sem religião, ainda tem uma função fundamental, visto que se trata de uma defesa, e certamente a principal defesa, do indivíduo social contra a Morte, o inaceitável de sua mortalidade. Mas a coletividade só é, idealmente, imperecível se o sentido, as significações que ela institui, são considerados imperecíveis pelos membros da sociedade. Acredito que todo o nosso problema da crise dos processos de identificação hoje pode e deve ser abordado também sob este ângulo: onde está o sentido vivenciado como imperecível pelos homens e mulheres contemporâneos?

Minha resposta é que este sentido não está, socialmente falando, em lugar algum. Sentido que diz respeito à auto-representação da sociedade; sentido participável pelos indivíduos; sentido que lhes permita cunhar por conta própria um sentido do mundo, um sentido da vida e, finalmente, um sentido de sua morte. Desnecessário lembrar o papel mais do que central que a religião, na acepção mais ampla do termo, representou a este respeito em todas as sociedades ocidentais modernas. As oligarquias liberais ricas, saciadas e insaciáveis — retornaremos a este ponto — instituíram-se rompendo precisamente com o universo religioso, mesmo quando conservaram algumas vezes (Inglaterra) uma religião "oficial". Elas afastaram a religião. Isso não foi feito como um fim em si, e sim porque as sociedades modernas se formaram tal como são e se instituíram por meio da emergência e, até certo ponto, da instituição efetiva na sociedade de duas significações centrais, ambas heterogêneas, para não dizer radicalmente opostas à religião cristã que dominava essa área sócio-histórica, e que são também, em princípio, antinômicas entre si. Trata-se, de um lado, da significação da expansão ilimitada de um pretenso domínio que se tem na conta de "racional" sobre o todo, tanto natureza quanto seres humanos, e que corresponde à dimensão capitalista das sociedades modernas; trata-se, de outro lado, da significação da autonomia individual e social, da liberdade, da pesquisa de formas de liberdade coletiva que correspondem ao projeto democrático, libertador, revolucionário. Por que chamá-las de antinômicas? Porque a primeira leva às fábricas Ford em Detroit, por volta de 1920, isto é, a microssociedades literalmente micrototalitárias, reguladas em tudo — inclusive a vida privada dos operários fora da fábrica — pela direção; trata-se aqui de uma das tendências imanentes à sociedade capitalista; porque a segunda, a significação da autonomia, leva à idéia de uma democracia participativa, a qual, de resto, não poderia se limitar à esfera estreitamente "política" e parar diante das portas das empresas. Essa antinomia entre as duas significações não impediu sua contaminação recíproca múltipla. Mas penso — e acredito tê-lo outrora suficientemente demonstrado, pelo menos no plano econômico — que se o capitalismo pôde funcionar e desenvolver-se, não foi *apesar de*, mas *graças ao* conflito que existia na sociedade e, concretamente, pelo fato de que os operários não se deixavam levar; e, mais geralmente, ao fato de que, como resultado da evolução histórica, das revoluções, etc., a sociedade devia se instituir também como uma sociedade que reconhecesse um mínimo de liberdades, de direitos do homem, de legalidade, etc. Falei de contaminação recíproca e devo também assinalar as funcionalidades recíprocas: lembremos Max Weber a propósito da importância de um Estado legalista para o funcionamento do capitalismo (previsibilidade do que pode acontecer juridicamente, logo, possibilidade de um cálculo racional).

Esquematizando monstruosamente, podemos dizer que a cada uma dessas duas significações corresponde um tipo antropológico diferente de indivíduo. À significação da expansão ilimitada do "domínio racional", podemos fazer corresponder muitos tipos humanos, mas, para clarear as idéias, pensemos no empresário de Schumpeter. Este empresário não pode, evidentemente, existir sozinho; lançado de pára-quedas em meio aos tuaregs ele não seria mais um empresário schumpeteriano. Para sê-lo, ele precisa de muitas coisas como operários e consumidores simultaneamente. Existe, pois, um tipo antropológico "complementar" deste empresário, necessário para que essa significação funcione — trata-se, na lógica abstrata da coisa, do operário disciplinado e, no limite, inteiramente reificado.

À outra significação, a autonomia, corresponde o indivíduo crítico, reflexivo, democrático. Ora, o que o século XX nos lega, após as terríveis aventuras pelas quais nós, os mais velhos aqui presentes, passamos — e que, de resto, não estão forçosamente chegando ao fim — é o fato de que a significação da autonomia (que não deve ser confundida com o pseudo-individualismo) parece estar atravessando uma fase de eclipse ou de ocultação prolongada, ao mesmo tempo em que o conflito sociopolítico praticamente desaparece. Continuo a me referir às sociedades ocidentais ricas, onde se tem de procurar com uma lupa um verdadeiro conflito social, visto que todos os conflitos que observamos são essencialmente conflitos corporativistas, setoriais. Como já escrevi em outra ocasião, vivemos a sociedade dos "lobbies" e dos "hobbies".

Esta evolução, em curso há muito tempo, tornou-se manifesta a partir do período que começa em torno de 1980, isto é, o período "Thatcher-Reagan" e a descoberta das virtudes do "mercado", da empresa e do lucro pelo Partido Socialista francês. A única significação verdadeiramente presente e dominante é a significação capitalista, a expansão indefinida do "domínio" que, ao mesmo tempo — e temos aí o ponto chave —, encontra-se esvaziada de todo o conteúdo que a vitalidade do passado lhe dava, e que permitia que os processos de identificação bem ou mal tivessem lugar.

Uma parte essencial dessa significação era também a mitologia do "progresso", que dava sentido tanto à História quanto aos objetivos relativos ao futuro, dando dessa forma um sentido à sociedade, tal como ela existia, considerada o melhor suporte deste "progresso". Sabemos que essa mitologia está caindo em ruínas. Mas qual é hoje a tradução subjetiva, para os indivíduos, desta significação e desta realidade que é a "expansão" aparentemente "ilimitada" do "domínio"?

Para uns poucos, ela significa, bem entendido, um certo "poder", real ou ilusório, e seu aumento. Mas para a esmagadora maioria, isso não é e não pode ser senão o aumento contínuo do consumo, inclusive dos pretensos lazeres, que se tornaram um fim em si. O que vem a ser então o modelo de identificação geral, que a instituição apresenta à sociedade, que propõe e impõe aos indivíduos como indivíduos sociais? É o modelo do indivíduo que ganha o máximo possível, e usufrui o máximo possível — é assim simples e banal. Isso é cada vez mais dito abertamente, o que não impede que seja verdadeiro. "Ganhar", portanto; mas ganhar, apesar da retórica neoliberal, encontra-se agora quase que totalmente separado de qualquer função social e mesmo de qualquer legitimação interna ao sistema. Não ganhamos porque temos valor, temos valor porque ganhamos. (Ver Tapie, Trump, Prince, Madonna, etc.) Ninguém pode contestar o talento de Madonna; ele é enorme, já que ela ganha milhares de dólares para aparecer durante duas horas. A isso corresponde — a análise ainda está por fazer — a transformação cada vez maior do sistema, em sua dimensão econômica, em cassino financeiro. As especulações diárias, apenas no mercado de câmbio, sem mencionar o mercado da bolsa de "valores", correspondem ao PNB francês, e as especulações semanais, ao PNB dos Estados Unidos. O sucesso neste jogo, mesmo do ponto de vista estritamente capitalista, não tem nenhuma função ou legitimidade; as próprias empresas entram no jogo por meio dos truques que conhecemos (OPA, LBO, etc.). A mais tênue conexão que podia existir ou parecer existir entre o trabalho ou a atividade efetuada e a renda ou a remuneração foi rompida. Um matemático genial, professor em uma faculdade, ganhará 15 mil ou 20 mil francos por mês na melhor das hipóteses — e verá os alunos que, a partir do final do quarto ano, se tiverem decidido a abandonar a matemática e a trabalhar com informática para uma grande empresa, começarão suas carreiras, aos 24 anos, ganhando de 40 mil a 50 mil francos. Vemos com este exemplo a ruína da lógica interna do sistema: ao mesmo tempo em que ele precisa desses jovens, que começarão ganhando altos salários, ele precisa daqueles que os formam, a quem ele paga mal; o sistema vive da doce loucura dos matemáticos ou de seu lado Savant Cosinus (a política de Thatcher, levando agora a pesquisa nas universidades britânicas à destruição, não é mais do que a extrema conseqüência lógica desta ruína da lógica do sistema.).

Como pode o sistema, nessas condições, continuar a existir? Ele continua porque ainda beneficia de modelos de identificação produzidos *antigamente*: o matemático que acabei de mencionar, o juiz "íntegro", o burocrata legalista, o operário conscencioso, o pai responsável por seus filhos, o professor primário que, sem nenhuma razão para isso, ainda se interessa por seu trabalho. Mas nada no sistema — tal qual ele é — justifica os "valores" que esses personagens encarnam, nos quais investem e se supõe que ponham em prática em suas atividades. Por que um juiz deveria ser íntegro? Por que um professor primário deveria se esfalfar com as crianças, em lugar de deixar o tempo da aula passar, exceto no dia da visita do inspetor? Por que um operário deve se matar de apertar o centésimo quinto parafuso, se pode tapear o controle de qualidade? Não há nada nas significações capitalistas, desde o início, mas, sobretudo, naquilo em que se transformaram hoje, que possa dar uma resposta a esta pergunta. O que coloca, mais uma vez, a questão da possibilidade, em longo prazo, de auto-reprodução de um sistema assim — mas este não é o nosso assunto.

Qual é a ligação que essa evolução mantém com os processos mais subjetivos? Ela está no fato de que esse mundo do consumo contínuo, do cassino, da aparência, etc., penetra nas famílias e atinge o indivíduo desde as primeiras etapas de sua socialização. A mãe e o pai não constituem apenas o "primeiro grupo"; a mãe e o pai são evidentemente a sociedade em pessoa e a história em pessoa, debruçadas sobre o berço do recém-nascido — ainda que seja apenas porque eles *falam*, e isto não é "grupal", é *social*. A língua não é — como se diz estupidamente — um instrumento de comunicação, ela é primeiramente, e antes de qualquer coisa, um instrumento de socialização. Pela língua são expressas, são ditas, são realizadas, são transferidas as significações da sociedade. Mãe e pai transmitem o que eles vivem, transmitem o que são, dão à criança pólos de identificação, simplesmente sendo o que são. Podemos deixar de lado os "marginais" e considerar os bons pais e as boas mães das "classes médias", como se diz. O que eles transmitem aos filhos? Eles transmitem: "Você deve ter o máximo possível,

A CRISE DO PROCESSO DE IDENTIFICAÇÃO

usufruir o máximo possível, tudo o mais é secundário ou inexistente". Uma observação empírica a esse respeito. Quando eu era criança, e ainda quando criava meu primeiro filho, festejavam-se os aniversários dando presentes, e os amiguinhos compareciam, trazendo cada um o seu presente para o aniversariante. Atualmente isso se tornou inconcebível. A criança que festeja seu aniversário — isto é, seus pais — distribuirá presentes às outras crianças, presentes mais simples certamente, mas ainda assim presentes, porque não é tolerável que essas crianças aceitem a fantástica frustração de só receberem presentes por ocasião de seus aniversários; todas as vezes que um presente é distribuído em algum lugar, é preciso que também elas recebam presentes, ainda que menores. O que isso implica quanto à relação da criança com a frustração, a realidade, a possibilidade de adiamento do prazer, e sua conseqüência, a *anulação* mesma, a insignificância do presente e do prazer, não precisa ser assinalado.

A criança entra em um mundo vazio e logo se afoga em uma quantidade inacreditável de brinquedos e de *gadgets* (não me refiro aqui nem à periferia e aos marginais, nem aos filhos de milionários, falo de 70% da população), e se entedia em meio a eles como um rato morto; a prova é que ela os larga a todo o momento para ir ver televisão, substituindo um vazio por outro. Todo o mundo contemporâneo já está, *in nuce*, nesta situação. O que significa tudo isso, se deixarmos de lado a simples descrição? Trata-se mais uma vez de uma fuga desesperada da morte e da mortalidade, que foram, aliás, exiladas da vida contemporânea. Ignoramos a morte, não há luto, expectadores ou rituais. É isso que se pretende ocultar com esta acumulação de *gadgets*, esta distração universal que, de resto, como sabemos pelas neuroses, não fazem mais do que representar a própria morte, destilada em gotas e transformada em moeda sem valor da vida cotidiana. Morte da distração, morte em olhar uma tela na qual acontecem coisas que não vivenciamos e que jamais poderíamos viver.

O caráter da época, tanto no nível da vida cotidiana quanto no da cultura, não é o "individualismo", e sim o seu oposto, o conformismo generalizado e a colagem. Conformismo que só é possível com a condição de que não exista núcleo de identidade importante e sólido. Por sua vez, este conformismo como processo social bem ancorado, faz com que um tal núcleo de identidade não possa mais ser constituído. Como disse um dos mais importantes representantes da arquitetura contemporânea em Nova York, por ocasião de um colóquio, em 1986: "Graças ao pós-modernismo, nós, arquitetos, ficamos enfim livres da tirania do estilo". Em outras palavras, se livraram da tirania de terem de ser eles mesmos. Podem agora fazer qualquer coisa, colar uma torre gótica ao lado de uma coluna iônica, e tudo isto dentro de um pagode tailandês; eles não são mais tiranizados pelo estilo, são verdadeiras individualidades individualistas: a individualidade consiste, a partir de agora, em pegar aqui e ali elementos diversos para "produzir" alguma coisa. E o mesmo vale mais concretamente para o indivíduo de todos os dias: ele vive fazendo colagens, sua individualidade é um *patchwork* de colagens.

Não pode deixar de haver *crise* do processo de identificação, pois que não existe uma auto-representação da sociedade como centro de sentido e de valor, uma sociedade como que inserida em uma história passada e uma história por vir, dotada ela mesma de sentido, não "por si mesma", mas pela sociedade que constantemente a re-vive e a re-cria dessa forma. São estes os pilares de uma identificação final de um "Nós" fortemente investido; e este "Nós" desloca-se hoje quando cada indivíduo considera a sociedade como um simples "constrangimento" que lhe é imposto — ilusão monstruosa, mas de tal forma vivenciada, que se torna um fato material, tangível, o índice de um processo de des-socialização —, mas a esta mesma sociedade ele endereça, simultânea e contraditoriamente, pedidos ininterruptos de assistência; ilusão também da História como, na melhor das hipóteses, paisagem turística a ser visitada nas férias.

Discussão, perguntas, respostas

Sobre a "renovação" atual da religião, o integrismo religioso contemporâneo, etc.

É necessário ir além da idéia de Durkheim sobre a religião como o único pólo possível de uma identificação coletiva. É por isso que falo de imaginário social e das significações imaginárias, o que cobre tanto as sociedades estritamente religiosas quanto os casos limites. Assim, por exemplo, o papel da religião na cidade democrática grega, que certamente não é o da religião nos regimes de despotismo oriental; na cidade, embora esteja por toda parte, a religião é mantida à distância da política — jamais se pensou em perguntar a um sacerdote que lei deveria ser adotada. Também a sociedade moderna põe a religião à distância e não se arruína por causa disso; ela não está em crise porque afastou a religião, e sim porque não é capaz de engendrar uma outra maneira de estar unida. Quanto ao "retorno do religioso", eu não acredito nisso no que diz respeito a nossas sociedades. A reação integrista no Islã, a persistência da religião na Índia, para só citar dois exemplos, são fenômenos de outra ordem; trata-se aqui de sociedades que nunca saíram da heteronomia religiosa. Penso que, em nossas sociedades, o retorno da religião só pode ter um caráter marginal, e que ele é artificialmente aumentado por intelectuais, jornalistas e políticos que têm tão poucas idéias, tão poucos temas a discutir que recorrem a velhos fantasmas para poderem dizer alguma coisa.

Sobre a possibilidade de emergência de novas formas de instituições

Os movimentos dos anos de 1960, na Europa e nos Estados Unidos, foram, no plano da realidade, a última manifestação coletiva importante da tentativa de instaurar alguma coisa nova; contudo, fracassaram quanto ao seu objetivo central. Produziram, entretanto, alguns resultados importantes, tanto no que se refere à situação dos jovens, quanto à dos negros e das mulheres, resultados que não podemos desprezar, subestimar ou rejeitar. A partir de então, assistiu-se a uma evolução que se traduz perfeitamente na assustadora situação ideológica atual. "Professores de economia" são pagos em todas as universidades do mundo para falarem asneiras que foram mil vezes refutadas — não por Marx e pelos marxistas, mas pelos próprios economistas neo-clássicos nos anos de 1930, por Sraffa, Keynes, Joan Robinson, Chamberlin, Schackle, etc. E existem jornalistas que escrevem *best-sellers* acumulando falsas banalidades em defesa de um "mercado" que, na realidade, não existe. O "mercado" que existe não tem nada em comum com aquele descrito nos manuais; ele é essencialmente oligopolista e, até mesmo na Inglaterra e nos Estados Unidos, é fortemente regulado pelo Estado. Não se pode ter um orçamento pelo qual transitam 50% do PNB sem que este orçamento tenha uma forte influência sobre o mercado. Essa aberração ideológica é ela mesma um sinal importante da crise. Não há discurso subversivo ou revolucionário novo, mas também não há discurso conservador. O discurso conservador está no sorriso de Ronald Reagan e em suas gafes.

Sobre a relação entre o projeto capitalista, o projeto de autonomia e a idéia de empresa

Os que levaram mais longe o projeto de uma expansão ilimitada de um pseudodomínio pseudo-racional foram o comunismo e o totalitarismo em geral. Só podemos compreender o totalitarismo se virmos nele a forma delirante, extrema, deste projeto de domínio total que certamente fracassou nos fatos, mas que nada garantia que *deveria* fracassar. É o que certamente também pensava Orwell, visto que, no final de *1984*, assistimos ao maior triunfo possível do sistema totalitário, não pela violência, mas pelo fato de que Winston Smith chora porque gosta do Grande Irmão, que interiorizou inteiramente. Acontece que Hitler foi vencido, que o comunismo desmorona sozinho, mas quem poderia ter dito que isso era fatal? É incontestável, como já disse, que houve múltiplas contaminações, e é verdade que o movimento operário em geral e, particularmente, o marxismo e o próprio Marx desde o início banharam-se nesta atmosfera: o aumento das forças produtivas como critério universal, a produção como o ponto central de toda a vida social, a idéia de um progresso indefinido, etc., tudo isso constitui a contaminação do projeto de autonomia pelo projeto capitalista. O projeto de autonomia, em sua essência, é totalmente incompatível com a idéia do domínio; o projeto de autonomia é literalmente também um projeto de autolimitação, e o vemos hoje da maneira mais concreta: se não pararmos a corrida ao "domínio", em breve não existiremos mais. Quanto à empresa, que deveria ser o objeto de uma discussão específica que não podemos realizar agora, não vemos como poderia haver, na empresa, um tipo de poder, de estrutura, de hierarquia e organização, quando recusamos a sua validade em relação ao conjunto da sociedade.

Sobre a morte e sua relação com a questão ética

Para todas as sociedades, este abismo intransponível que constitui a consciência de nossa mortalidade sempre esteve mais ou menos encoberto, de um modo ou de outro, sem jamais sê-lo inteiramente. É isso o próprio da religião: a religião é uma formação de compromisso, no amplo sentido do termo, do qual todas as outras formações de compromisso derivam. A religião sempre afirmou: você vai morrer, mas esta morte não é uma morte verdadeira. Esta afirmação pode assumir um grande número de formas: o retorno do ancestral na criança, o culto dos ancestrais, a imortalidade da alma, etc. Assim — e o exemplo mais claro é o monoteísmo, em particular o cristianismo e o Islã — a morte, finalmente, assume um valor positivo. A missa cristã pelos mortos é de fato surpreendente neste aspecto: simultaneamente lamentação e glorificação. Lamentavelmente somos mortais, somos apenas pó, mas, graças a Deus, somos imortais e estaremos ao Seu lado. Em outros casos, o encobrimento tem outro caráter — o budismo, por exemplo. Não falaremos dos gregos, para quem (e foram os únicos, ao que eu saiba) a vida após a morte era pior do que a vida na terra, como fica evidente na *Odisséia*: as conotações eventualmente positivas da imortalidade da alma só surgem com a decadência, o século IV e Platão. As sociedades modernas, que demolem o edifício das significações religiosas, mostram-se, no período mais recente, incapazes de pôr outra coisa em seu lugar.

Falo de uma ética que tenha uma efetividade social, não dos filósofos que podem construir uma ética por conta própria. E quando, considerando-a por este lado, retornamos à questão da morte em uma tal sociedade, percebemos que são verdadeiramente as descrições dos teólogos que se aplicam, é Pascal que devemos convocar: o indivíduo moderno vive numa corrida desesperada para esquecer, ao mesmo tempo, que vai morrer e que tudo o que faz não tem estritamente o menor sentido. Assim ele corre, pratica jogging, compra nos supermercados, fica diante da televisão trocando de canal; em suma, se *distrai*. Novamente, não estamos falando de marginais, mas do indivíduo médio típico. Seria esta a única "solução" possível depois da dissolução da religião? Não creio; penso que existem outros fins que a sociedade pode fazer emergir, reconhecendo nossa mortalidade, uma outra maneira de ver o mundo e a mortalidade humana, a obrigação em relação às gerações futuras que são a contrapartida de nossas dívidas com as gerações passadas, visto que cada um de nós só é o que é em função desses milhares de anos de trabalho e de esforço humano. Uma tal emergência é possível, mas ela exige que a evolução histórica tome outro caminho e que a sociedade pare de adormecer sobre uma pilha imensa de "gadgets" de todo tipo.

Sobre o processo de identificação do ponto de vista analítico

Não desejei tratar aqui da vertente psicanalítica, como disse de início, por pensar que ela já foi amplamente abordada; tam-

A CRISE DO PROCESSO DE IDENTIFICAÇÃO

bém não desejei tocar de mais perto a correlação exata entre o ponto de vista psicanalítico e o ponto de vista sócio-histórico. Mas o que eu disse não se refere apenas às "identificações tardias". Alguma coisa da maneira de ser dos primeiros adultos com quem se relaciona que, de qualquer modo, não são qualquer pessoa, penetra na estruturação psíquica e mesmo psicocorporal da criança. Sem dúvida seria necessário retomar a questão do processo das identificações que a psicanálise chama de primários, não falando simplesmente de uma "mãe em geral", tal qual era e será na Polinésia, na França, em Florença. Ela é sempre "a mãe", tem seios, produz leite, cuida, é, ao mesmo tempo, bom e mau objeto, etc. Mas, desde o início, a mãe não é, e não pode ser, simplesmente esta mãe genérica, ela é também a mãe desta sociedade, o que acarreta uma infinidade de coisas. Este assunto mereceria uma imensa discussão: de fato, trata-se da famosa querela sobre a "intemporalidade" ou a trans-historicidade do inconsciente, e sobre sua significação precisa.

Sobre os valores "tradicionais" e a emergência possível de "novos valores"

Eu não concebo uma nova criação histórica que possa se opor eficaz e lucidamente a este bazar informe em que vivemos, se não instaurar uma nova e fecunda relação com a tradição. Ser revolucionário não significa declarar de saída, como fazia Sieyès, que todo o passado é um "absurdo gótico". Primeiramente, o gótico não era absurdo e, sobretudo, existe uma outra relação a ser instaurada com a tradição. Isto não significa restauração dos valores tradicionais como tais, ou porque são tradicionais, e sim uma atitude crítica que possa reconhecer valores que foram perdidos. Eu não vejo, por exemplo, como se pode evitar a re-validação da idéia de responsabilidade ou, ouso dizer, o valor da leitura atenta de um texto, coisas que estão desaparecendo.

Sobre as possibilidades de ação de um sujeito hoje

Na situação presente, um sujeito que possa entrar no gênero de discussão que estamos desenvolvendo aqui tem o enorme privilégio de poder inspecionar uma quantidade extraordinária de possíveis que já se encontram presentes e, na medida de suas forças, escolher, decidir o que deseja ser — algo muito mais difícil, mas não impossível, para o cidadão preso na cola da sociedade de consumo.

Freud, a sociedade, a história*

1. A teoria psicanalítica entrou de tal forma nas bases intelectuais de nossa época, que não poderíamos deixar de resumi-la aqui. Mas como este resumo seria inevitavelmente inadequado, nos limitaremos a esboçar as grandes linhas de uma discussão sobre os aportes certos ou possíveis da elucidação psicanalítica a um pensamento do político ou da política (sobre esta distinção, ver Castoriadis, 1988), ao mesmo tempo em que falaremos sobre as deficiências que lhe podem ser imputadas ou das aporias que ela faz surgir. A discussão estará centrada na própria obra de Freud; algumas indicações sumárias serão dadas na bibliografia sobre os caminhos tomados pela discussão pós-freudiana de inspiração psicanalítica desses temas.

O interesse da psicanálise do ponto de vista do pensamento político, está, evidentemente, em sua possível relação com uma antropologia filosófica e política. Esta evidência deve ser ressaltada numa época em que, contrariamente à grande filosofia política do passado, não damos mais muita importância aos pressupostos antropológicos da política, como também, mais geralmente, à toda sociologia e toda história que não se limitem à descrição.

---

* Escrito para o *Dictionnaire de philosophie politique*, a ser publicado por PUF.

Em relação a isto, importa distinguir na obra de Freud entre duas categorias de textos. Os textos propriamente psicanalíticos, concernentes à psique como tal, contêm um grande número de contribuições que podemos classificar como definitivas: a descoberta do inconsciente dinâmico e do recalcamento, a interpretação dos sonhos, a teoria das pulsões e das neuroses, a concepção do narcisismo ou a da agressividade, para mencionar apenas as principais. O trabalho de elucidação da psique humana, que está indefinidamente em aberto, poderá, sem dúvida, retomar essas noções, modificá-las ou ir mais além, mas, em minha opinião, não pode de modo algum ignorá-las. O mesmo não se verifica com a segunda categoria dos textos de Freud, os que se referem à sociedade: *Totem e tabu* (1913a), "O interesse pela psicanálise" (1913b), "Considerações atuais sobre a guerra e a morte" (1915b), *Psicologia das multidões e análise do Ego* (1921), *O futuro de uma ilusão* (1927), *Mal-estar da civilização* (1930), "Por que a guerra?"(1933b), *Moisés e o monoteísmo* (1939), como também o capítulo 35 das *Novas conferências de introdução à psicanálise* (1933a), além de outros textos menos importantes e de alusões às questões sociais e políticas, espalhadas aqui e ali em outras obras. Aqui a situação é menos nítida, o que não é surpreendente, porque se tratava, para o próprio Freud, de incursões em campos mais ou menos excêntricos relativamente ao seu campo de preocupação principal. Em relação a esses textos, é difícil falar de contribuições definitivas, o que não impede que sejam extremamente ricos em idéias e em incitações para pensar.

A discussão que se segue será organizada em torno de quatro temas principais, todos concernentes à possível contribuição da psicanálise às questões:

— das "origens" da sociedade, ou seja, de fato, do processo de hominização da espécie;
— da estrutura e do conteúdo das instituições sociais e políticas e, em particular, do poder e da dominação, da desigualdade instituída dos sexos, do trabalho e do saber e, enfim, da religião;

— da historicidade das instituições, em sua estrutura e em seu conteúdo;
— da política como tal, a saber, do conteúdo de uma transformação desejável das instituições, do sentido deste desejável, das possibilidades e dos limites de uma tal transformação.

2. A questão das "origens" da sociedade, ou seja, de fato, da hominização da espécie humana, contém na verdade duas interrogações distintas: saber em que consiste a diferença animalidade/humanidade, e saber "como" essa diferença se deu. Importa ressaltar que Freud utiliza como dados as diferenças evidentes: linguagem, técnica... Sem ignorar que sua emergência constitui um problema, ele se ocupa essencialmente do surgimento das instituições em sentido estrito, limitando-se a dois pontos: o interdito do incesto e o interdito do crime "intraclã". A existência desses interditos entre os humanos e sua ausência nas espécies animais mais próximas do homem, torna-se, para ele, a questão central, e a resposta deve ser primeiramente buscada em um "acontecimento" que os tivesse produzido. Este "acontecimento" é reconstituído por meio do que o próprio Freud denomina "mito científico", exposto pela primeira vez em *Totem e tabu*, que devemos lembrar aqui em suas grandes linhas. Apoiando-se nas hipóteses formuladas primeiramente por Darwin (1871), em seguida por Robertson Smith (1894) e Atkinson (1903), Freud retoma a idéia de uma horda primitiva na qual os homínidas viveriam sob o domínio de um macho poderoso, que possuiria todas as fêmeas e expulsaria (castraria ou mataria) os jovens que chegaram à maturidade. Os irmãos excluídos ("possivelmente em virtude também de uma invenção técnica") teriam chegado "um dia" a formar uma coalizão com características fortemente homossexuais e teriam matado o pai. O crime seria seguido da ingestão canibalesca do corpo do pai assassinado, incorporação imaginária de sua força; depois (talvez após longos períodos de luta entre os irmãos) de um juramento pelo qual os irmãos renunciavam à posse das fêmeas do clã, assim como ao crime intraclã. Contudo, ao mesmo tempo em que os

irmãos odiavam o pai despótico, eles também o haviam temido, venerado e amado. Erigiram então, em seu lugar, um animal (ou, mais raramente, um outro objeto) como totem de seu clã, o qual não podia ser morto e consumido, salvo nas festas periódicas, durante as quais este animal era morto e ritualmente ingerido, em comemoração ao crime fundador. Tal seria a origem do interdito do incesto e do crime intraclã ou intratribal, e das primeiras instituições "religiosas" (totemismo, tabu), a partir daquele momento, garantias de uma ordem social já humana. Os traços mnemônicos, tanto da situação originária quanto do assassinato do pai, transmitidos ao longo das gerações (Freud insiste no caráter filogenético, ou melhor, simplesmente genético desta transmissão, mas esta hipótese é inútil), constituiriam o fundamento tanto do horror ao incesto como da ambivalência em relação à figura paterna.

Não há utilidade em discutir e refutar este "mito científico" no campo dos saberes positivos. A hipótese de um totemismo primitivo universal foi abandonada, ou ao menos fortemente contestada pela etnologia contemporânea (Lévi-Strauss, 1962). A etologia dos primatas encontra uma "horda primitiva" (adulto dominante polígamo, com expulsão dos jovens machos) entre os gorilas, mas não entre os chipanzés, filogeneticamente mais próximos dos homínidas, e que vivem em grupos praticando a pan-mixia. Por outro lado, importa ressaltar que esses conhecimentos não oferecem resposta alguma à questão que Freud tinha razão em colocar: a origem dos dois interditos maiores. Uma resposta "neodarwiniana" poderia, a rigor, ser dada para a questão da origem do interdito do crime intratribal: entre os grupos de proto-homínidas, só poderiam ter-se conservado aqueles que, de um modo ou de outro, tivessem caído na invenção do interdito do crime, sendo que os demais se teriam auto-eliminado com o tempo. Esta resposta também deixa na sombra a questão da agressividade intraespecífica não inibida, ausente nas espécies animais e característica dos humanos, cuja discussão só pode apelar para fatores propriamente psíquicos. Mas nenhuma resposta "neodarwiniana" pode ser invocada no que diz respeito ao interdito e ao horror pelo incesto. A asserção de que, sem um tal interdito, não haveria sociedade humana, é correta, mas tautológica e implicitamente teleológica.

As principais objeções contra o "mito científico" de *Totem e tabu* — ao qual Freud permaneceu fiel até o fim — vêm do fato de que, como todos os mitos de origem, ele pressupõe implicitamente aquilo cujo surgimento deseja explicar: aqui, os fatos da alteridade indelével entre o psiquismo humano, o psiquismo animal e o da instituição. A união de irmãos para fins não biológicos já é uma espécie de instituição e, em todo o caso, pressupõe esta outra instituição que é a linguagem (mesmo se deixarmos de lado a "nova invenção técnica"). A ambivalência dos irmãos em relação ao pai assassinado é um traço psíquico essencialmente humano, a hominização é, pois, pressuposta naquilo que deve "explicar" o seu surgimento. Por outro lado, e principalmente, a preocupação, certamente justificada, de dar conta dos interditos que toda sociedade pressupõe, deixa por completo na sombra o imenso componente "positivo" de todo o conjunto de instituições e das significações que essas instituições veiculam. Isso pode ser observado tanto pela necessidade (a que Freud se limita) de considerar implicitamente a linguagem ou a técnica (o trabalho) como dados, ou evidências, como também pela impossibilidade de reduzir a imensa variedade e complexidade das construções sociais ao jogo repetitivo de pulsões, por definição por toda a parte e sempre idênticas, e às transformações de um complexo de Édipo que deveria dar conta simultaneamente das crenças primitivas, do politeísmo, do monoteísmo ou do budismo.

Isso não impede que a visão de Freud lance uma forte luz sobre as tendências da psique que constituem a escora da socialização dos indivíduos. A primazia a este respeito pertence certamente à introjecção das imagos paternas (embora Freud só insista sobre o papel da imago do pai), a identificação (realizada ou fracassada, pouco importa) a ela e a constituição no inconsciente do ser humano singular de uma instância, Superego e/ou Ideal do ego, que interdita e prescreve. Neste sentido, o "mito científico" de *Totem e tabu* adquire a significação que teria podido (e devido), desde o início, ser a sua: não a de uma "explicação" da gênese da sociedade a partir de um "acontecimento", mas de uma elucidação dos processos psíquicos que condicionam a interiorização pelo ser humano singular, em sua situação infantil, das instituições e das significações sociais. Fundamental quanto a isso, se ela for generalizada e re-elaborada, é a análise da identificação aos líderes, feita em *Psicologia das multidões e análise do Ego* (1921).

É preciso também sublinhar que, em um outro nível, Freud apresenta implicitamente um dos elementos que permitem descrever a alteridade radical entre humanidade e animalidade no nível do psiquismo. O texto sobre "As pulsões e seu destino" (1915*a*), embora não explorado por Freud nessa direção, permite, com efeito, colocar essa alteridade como sendo determinada pela labilidade dos representantes psíquicos das pulsões nos humanos, em oposição à rigidez desta ligação no psiquismo animal, para o qual cada pulsão (instinto) possui os seus representantes canônicos e biologicamente funcionais.

Esse rápido passeio seria incompleto se não fosse indicado que, nos textos do final dos anos de 1920 (*O futuro...*, *Mal-estar...*), Freud dá à questão da hominização (ou da gênese da sociedade) respostas diferentes daquelas de *Totem e tabu* (se bem que compatíveis com elas). Em *O futuro*, o principal fator é a ação civilizadora das "minorias", que impõem os interditos e as instituições a massas humanas sempre dominadas por suas pulsões e sempre em guerra furtiva contra a civilização — guerra justificada aos olhos de Freud (cujo tom neste texto é por vezes francamente anarquista) pelo preço excessivo que as massas pagam para pertencer à sociedade civilizada em termos de privações reais e de frustrações de suas pulsões. Ao mesmo tempo, sobretudo em *Mal-estar*, essas pulsões não são mais apenas sexuais (ou libidinosas), mas também e principalmente agressivas, voltadas para a destruição do outro, tanto quanto de seu próprio sujeito. Temos aqui, evidentemente, o eco da grande revisão que Freud faz em sua teoria das pulsões e do aparelho psíquico, em *Para além do princípio do prazer* (1920), substituindo as oposições prazer/realidade ou pulsões libidinosas/pulsões de conservação pela dualidade Eros/Thánatos, os "adversários imortais" erigidos em forças cósmicas cuja luta domina e forma a história da civilização e da humanidade.

3. Fica claro que a distinção entre a questão da "origem" da sociedade como tal e a da "origem" das grandes instituições particulares mais ou menos trans-históricas não corresponde a nada de real. Fica igualmente claro que seria exorbitante pedir à psicanálise uma "explicação" da estrutura e do conteúdo dessas instituições. Se Freud, no início de sua carreira, pensou por um momento que seu método permitiria elucidar o surgimento da linguagem, ele teve que abandonar rapidamente esta ilusão, limitando-se a sustentar até o fim a teoria inverossímil de K. Abel sobre a universalidade das significações contraditórias das "palavras primitivas" (que, na verdade, encontra um eco nos traços do funcionamento inconsciente, mas não poderia ser aplicada a uma linguagem social diurna). Não mais do que as demais instituições, a psicanálise não poderia produzir a linguagem que ela deve pressupor. Da mesma forma, não é possível reduzir o trabalho ao princípio de realidade e ao reconhecimento da necessidade de adiar a satisfação das pulsões (ou das necessidades); no que diz respeito à sua história (e no que concerne à história da técnica), várias formulações de Freud o demonstram, partilhando com todo o Ocidente da época o postulado implícito e ilusório de uma "progressividade" imanente às atividades humanas. O mesmo ocorre com relação ao saber. Freud invoca uma pulsão de saber (*Wisstrieb*), enraizada na curiosidade sexual infantil (trabalhada pelas questões: "De onde vêm os bebês?", "De onde vem a diferença dos sexos?"), ligada a uma pulsão de domínio. Mas, se a descoberta e a elucidação das teorias sexuais infantis é uma das grandes contribuições da psicanálise, nada vem a esclarecer a origem e a especificidade dessas estranhas "pulsões", visivelmente sem suporte ou função biológicos ou somáticos e, menos ainda, a sua história. Enfim, a passagem da "democracia primitiva" dos irmãos (*Totem e tabu*) para as sociedades divididas de maneira assimétrica e antagônica, em outras palavras, o surgimento e a persistência da dominação permanecem em Freud tão enigmáticos quanto em todos os outros autores que trataram a questão.

Muito mais ricas, mas também discutíveis, são as contribuições da concepção freudiana para a questão da diferença e da desigualdade instituída dos gêneros (sexos), ou seja, da organização patriarcal constatada praticamente em todas as sociedades conhecidas. O sexo anatômico pode dar conta da diferença instituída dos gêneros, não da dominação de um sobre o outro (mesmo quando às vezes ela é, em certos aspectos e em parte, somente aparente). A instituição da sociedade deve assegurar relações reguladas (até que ponto é uma outra questão) de reprodução sexuada, e instaurar homem e mulher como polaridades indivisíveis e fortemente assimétricas. Mas passar da necessidade dessa assimetria a uma necessidade de dominação de um gênero pelo outro é um sofisma análogo àquele que pretende passar da necessidade de diferenciação e de articulação internas da sociedade à pretensa necessidade de uma divisão antagônica e assimétrica. Freud insiste com razão na bissexualidade psíquica dos seres humanos e admite, com atraso, a relatividade das noções de "atividade" e "passividade" no campo psíquico. Essas idéias tornam ainda mais árdua a tarefa de "explicação" do patriarcado. Ele postula, numa primeira fase de sua obra (que vai até 1925), uma situação "exatamente análoga" entre o menino e a menina (Freud 1900, 1916-17, 1921, 1923; cf. em *Editor's Note* a Freud, 1925), ambos presas do complexo de Édipo. O menino deve abandonar a mãe como objeto de amor, bem como o desejo correspondente de eliminação do pai, diante do que ele vivencia uma espécie de ameaça de castração infligida pelo pai, e refugia-se na esperança de que poderá um dia se tornar pai, por sua vez. Nada de mais específico é dito sobre a menina. É evidente que, nesta ótica, a situação patriarcal deve ser postulada como já estando presente (podemos ver aqui a ressonância do estado da "horda primitiva") e simplesmente condenada a se reproduzir constantemente. Entretanto, após inúmeras alusões preparatórias, que começam em 1915, Freud é levado a reformular completamente sua concepção em "Algumas conseqüências psicológicas da diferença anatômica dos sexos" (1925). As inovações deste texto são, primeiramente, o reconhecimento do papel da mãe como primeiro objeto de amor libidinoso para as crianças de ambos os sexos e, em segundo lugar, a posição central dada à descoberta, por parte das crianças, de que a menina é "castrada" (*sic*) e, conseqüentemente, o desprezo que sofre por parte do menino e de si mesma e o insuperável desejo do pênis que a dominará a partir daquele momento. Todavia, a tentativa de transformação desses fatos psicológicos no fundamento da instituição patriarcal é, mais uma vez aqui, uma petição de princípio. Que o pênis ou o *phallus* seja investido aos olhos das crianças desse valor cardeal (e não, por exemplo, o ventre pleno de uma mulher grávida) já pressupõe a valorização ambiente (social) da masculinidade. Também não pode dar conta do patriarcado o papel incontestavelmente essencial do pai na maturação psico-social da criança. A característica decisiva do patriarcado é a contração, em uma só pessoa, de quatro papéis: genitor biológico, objeto do desejo da mãe, rompendo o estado de fusão que tende a se instaurar entre ela e a criança (qualquer que seja o sexo), modelo de identificação para os meninos e de objeto sexual valorizado pelas meninas; enfim, e principalmente, instância de poder e representante da lei. É possível argumentar que essa contração é "econômica" (mas não se deveria negligenciar os seus custos), mas é impossível sustentar que ela é inelutável. De qualquer forma, não pode existir dúvida sobre o lado patriarcal do próprio Freud, expresso em seu julgamento de que as mulheres teriam menor capacidade de sublimar que os homens, no mito de *Totem e tabu* (no qual mães e irmãs não representam papel algum) ou quando ele considera a androcracia divina, sobretudo no monoteísmo, como uma evidência.

Bem mais clara e, em vários aspectos, bem mais sólida é a interpretação da religião apresentada em *O futuro de uma ilusão* — mas também, na verdade, bem menos especificamente psicanalítica. A religião neste caso é uma ilusão, no sentido preciso em que Freud a define: não se trata apenas de crença errônea, mas de crença sustentada por um desejo, de erro passionalmente investido. Socialmente, ela constitui a sustentação do edifício repressivo das pulsões construído pelas instituições. Psiquicamente, ela trabalha essencialmente pela "humanização do mundo", de maneira que *man fühlt sich heimlich im Unheimlichen*, ou, "a gente se sente em casa (familiar) no estranho". Ela consegue isso "substituindo a ciência da natureza pela psicologia": ela antropomorfiza o universo e se apóia em projeções infantis, principalmente a da *imago* paterna onipotente. Daí a sua capacidade de satisfazer múltiplas necessidades psíquicas: ela responde, bem ou mal, ao "desejo de saber"; ela protege o "sentimento de si" ameaçado pelo vasto mundo e o terror diante da natureza; ela consola as misérias reais da vida, os sofrimentos e as privações impostos pela cultura; ela fornece um simulacro de solução para o enigma mais angustiante de todos, a mortalidade. Todavia, Freud não desespera da possibilidade da transposição da religião: "O homem não pode permanecer eternamente no estado infantil, um dia ele terá de sair pelo vasto mundo".

4. Não é demais repetir que seria exorbitante e injusto exigir da psicanálise uma "teoria" da sociedade e da História. É, no entanto, o próprio Freud que legitima tais exigências — não pelas suas incursões nesses campos (que poderiam ser consideradas como primeiras tentativas, além do que, partindo de alguém que reconhece e repete que suas preocupações e seus conhecimentos fazem parte de outro campo), e sim por sua afirmação repetida de que uma distinção entre um "inconsciente individual" e um "inconsciente coletivo" não tem razão de ser, de que não existe senão um inconsciente da espécie humana. Logo, podemos perguntar: o que acontece então com a imensa variedade das sociedades e das culturas humanas? Uma primeira resposta, pouco satisfatória, consistiria em considerar as diferenças entre sociedades como superficiais, como epifenômenos (fazem parte disso as tentativas, já iniciadas no tempo de Freud, de encontrar as mesmas "estruturas" inconscientes em todas as etnias e por trás de todas as construções sociais). Uma outra resposta, bem mais fiel ao espírito das contribuições do próprio Freud (principalmente de *Totem e tabu* e de *Moisés e o monoteísmo*)

seria a de ver aqui o efeito da História e de etapas diferentes desta nas quais se encontrariam as sociedades que observamos. Ela remeteria a uma outra questão, ou seja: o que faz com que haja História, no sentido forte do termo, quando a psicanálise leva (na maioria dos casos, com razão) a considerar a repetição e a reprodução do existente, asseguradas pela própria natureza do processo de socialização do ser humano, como o traço prevalecente das sociedades humanas? A esta segunda questão, os textos de Freud fornecem duas respostas, que não fazem parte da mesma lógica. A primeira, que já fora mencionada, consiste em postular a imanência de um fator de progressão, pelo menos no domínio da realidade natural e do conhecimento científico. Por sua natureza, ela torna dificilmente compreensível a existência de momentos de ruptura. Ora, tais momentos, acontecimentos fundadores, estão no cerne tanto de *Totem e tabu* quanto de *Moisés e o monoteísmo*. Um breve exame deste último poderá esclarecer as difíceis relações de Freud com a historicidade.

Este livro (pungente tanto por seu conteúdo como pelas circunstâncias históricas de sua composição, entre 1934 e 1938) visa a explicar tanto o surgimento do monoteísmo quanto as circunstâncias de sua adoção pelo povo judeu, as razões da extraordinária ligação deste povo com a religião, e sua psicologia coletiva, feita ao mesmo tempo de orgulho e da perpetuação de uma culpabilidade inconsciente. Rico em indicações fascinantes, como de resto todos os textos de Freud, ele fracassa em seu propósito central, que é a elucidação das origens do monoteísmo. Ora, paradoxo geralmente não observado, Freud postula explicitamente que, quando sua história começa, o monoteísmo já havia sido inventado (culto exclusivo do "Sol", introduzido por Akhenaton — fato historicamente atestado) e que "Moisés", príncipe egípcio da corte de Akhenaton, o transmitiu aos hebreus, após o fracasso da nova religião no Egito. Por que Akhenaton inventou o monoteísmo? Segundo Freud, porque o Egito tinha se transformado em um "grande império", alcançando as fronteiras do mundo conhecido na época, com um poder absoluto concentrado em uma única pessoa, o faraó. Explicação ao mesmo tempo banal, logicamente insustentável (então os chineses, os romanos e tantos outros também deveriam ter sido monoteístas) e sem relação com a idéia, tantas vezes repetida, de que o Deus único seria uma projeção da *imago* infantil do pai. Mas os hebreus (na veia da "hostilidade das massas pela civilização", já colocada em *O futuro* e em *Mal-estar*) consideram intolerável a repressão das pulsões exigida pela nova religião e por seu libertador, e o matam. O "retorno" deste crime recalcado (séculos após sua realização) e a culpabilidade que o acompanha explicariam a firmeza ou rigidez da ligação dos hebreus com a sua religião, além de outros "traços" desse povo, principalmente sua "espiritualidade". É, entretanto, difícil admitir que, se os egípcios houvessem condenado Akhenaton à morte (em lugar de se limitarem a colocar seu filho sob tutela, depois da morte do pai), eles teriam transformado-se em quase hebreus. Também nada torna inteligível a continuação/alteração do monoteísmo entre os cristãos e os muçulmanos. Como no "mito científico" de *Totem e tabu*, o fato massivo da criação sócio-histórica é aqui também objeto de uma tentativa de ocultação por meio de "reconstruções" pretensamente inteligíveis e, na verdade, mais do que frágeis.

5. A questão de saber se a psicanálise pode contribuir para o pensamento político propriamente dito pode ser desdobrada em muitas outras, estreitamente ligadas ou como simples aspectos justapostos da mesma interrogação: a psicanálise tem algo a dizer sobre as instituições desejáveis (ou condenáveis; mas isso vai dar no mesmo, pois, nos dois casos, a afirmação de uma norma é suposta)? Ela tem alguma coisa a dizer sobre uma normalidade que não seja "positiva" (definida relativamente ao quadro de uma determinada sociedade) do ser humano? Ela sabe algo sobre seus próprios fins, para além de um alívio do sofrimento psíquico ou de uma adaptação dos sujeitos à ordem social instituída? Ela faz surgirem limites para os eventuais esforços por uma transformação que melhore a sociedade? Não podendo aqui tratar sistematicamente desses diferentes momentos, nos limitaremos a algumas considerações, tidas essenciais.

Freud nunca dissimulou sua atitude fortemente crítica em relação às instituições sociais de sua época (em substância, idênticas às da nossa). Ele condenou repetidamente a hipocrisia da moral sexual oficial, o "excesso de repressão das pulsões", a obrigação a que a civilização constrange o indivíduo de "viver além de seus meios psíquicos" e, sem ambigüidade, as grandes desigualdades econômicas. Esta atitude está presente até o fim. Em *O Futuro* e *Mal-estar*, Freud evoca a possibilidade de um exame psicanalítico da "patologia das formações coletivas", espera a "transposição do infantilismo" (em relação à ilusão religiosa), apela para o nosso "deus Logos" e espera um novo assalto de Eros contra Thánatos, contra o caráter agressivo e destrutivo que caracterizam as relações intra- e intersociais. O mito totêmico já se resolve pela instauração de uma instituição igualitária, a "democracia primitiva dos irmãos" (as irmãs permanecem, evidentemente, postas de lado). Mas essa democracia é paga com a transformação do pai assassinado em totem — o que se pode generalizar na transformação de qualquer artefato imaginário instituído em totem, uma instância imaginária que garante a instituição (podemos considerar o totemismo, neste contexto, como equivalente a alienação ou heteronomia). A esperança expressa em *O futuro* e *Mal-estar* significa que a transposição do totemismo é possível.

Mas um outro fator aparece em *Mal-estar*, como também nos textos sobre a guerra, dando-lhes uma forte coloração "pessimista": a pulsão de morte, hetero- e auto-destrutiva. A totalidade da experiência histórica como a da época de Freud (e o que dizer da nossa?) demonstra que é impossível superestimar esse fator. E não é em absoluto necessário aceitar a metafísica cosmológica de Freud relativamente a Thánatos para reconhecer a importância dessas duas manifestações que tanto a História quanto a experiência clínica confirmam diariamente: a agressão ilimitada dos seres humanos e sua compulsão de repetição. A segunda é utilizada pela sociedade para assegurar a conservação das instituições *quaisquer que sejam*; a primeira é mantida sob controle, sendo principalmente canalizada para o "exterior", colocando também na conta de lucro o "narcisismo das diferenças menores".

É incontestável que um mínimo incompreensível de recalcamento das pulsões é o requisito de toda socialização — trata-se, portanto, de uma condição que qualquer consideração política deve levar em conta. Esse tema não apresenta nada de novo para o pensamento político: Freud vai se unir aqui a Platão, Aristóteles, Hobbes, Diderot e mesmo Kant. Contudo, numa formulação mais radical, existe uma hostilidade intransponível do centro psíquico ao processo de socialização, ao qual deve ser submetido sob pena de morte, e um remanescer inconsciente intransponível da constelação formada pelo ultra-"narcisismo" originário, pelo egocentrismo, pela onipotência do pensamento, pela retirada para o universo da fantasia, pelo ódio e pela tendência à destruição do outro voltando-se contra o próprio sujeito. (É o que expressa sob uma forma rudimentar e insatisfatória "a hostilidade das massas contra a civilização".) Um limite é assim colocado aos estados possíveis da sociedade humana: a "natureza" da alma exclui para sempre a realização de uma "sociedade perfeita" (com o vazio de sentido desta expressão) e continuará a impor aos seres humanos uma clivagem psíquica. Mas a verdadeira questão, para além das promessas messiânicas e das pastorais marcusianas (Marcuse, 1964), é a da possibilidade de uma sociedade que não transforme suas instituições em totens, que facilite aos indivíduos o acesso a um estado de lucidez e de reflexão, e que consiga canalizar as tendências polimorfas do caos psíquico para os caminhos compatíveis com uma vida civilizada na escala da humanidade inteira (e é à humanidade como tal que Freud se refere explicitamente no final de *Mal-estar*).

A experiência histórica pode facilmente ser invocada para negar essa possibilidade, mas uma tal invocação seria falaciosa: para o próprio Freud (*ib.*) se trataria de uma inovação na história da humanidade (de uma nova etapa na luta entre Eros e Thánatos), cujo resultado não pode ser previsto com base na experiência passada, nem mesmo a partir de considerações puramente teóricas (aquém dos limites mencionados acima). E essa experiência não é unívoca. As instituições só deixaram, em parte, de serem vistas como totens na Atenas democrática e, mais ainda, no Ocidente moderno. As derivações socializantes das pulsões foram sempre realizadas em todos os lugares, sem o que não teriam existido sociedades; a questão é: qual será o seu limite? A interrogação mais forte talvez diga respeito à transposição possível das identificações narcisistas tribais. A invocação do Logos por Freud superestima a dimensão "racional" da existência humana e não leva em conta a fragmentação do imaginário social em imaginários múltiplos e rivais. Freud postula explicitamente a possibilidade de uma fusão das culturas humanas em uma cultura da humanidade. A partir daí, surge uma antinomia: parece impossível conceber uma cultura qualquer que não seja marcada por uma forte particularidade, e ao mesmo tempo não se pode pensar uma cultura da humanidade senão como universal. A antinomia não é certamente absoluta, e poderíamos mesmo dizer que ela é especulativa; mas o ecletismo banal e vazio da cultura "universal" do Ocidente contemporâneo é um convite a uma maior circunspeção.

Entretanto, apesar do niilismo político da esmagadora maioria dos analistas contemporâneos, uma atitude psicanalítica não poderia se limitar ao equilíbrio dos discursos contrários, pois ela não pode se esquivar da questão do fim e dos fins da atividade analítica. Freud retornou a ela várias vezes; suas mais surpreendentes formulações ("restaurar a capacidade de trabalhar e de amar", "Ali, onde estava o Isso, deve advir o Eu") assinalam claramente para a psicanálise como fim um projeto de autonomia do sujeito encarnada na capacidade de elucidação das pulsões inconscientes e no reforço de uma instância de reflexão e de deliberação, que Freud chama o Eu. Mas o sujeito não é uma ilha, e sua formação é fortemente tributária de sua socialização pelas instituições. O projeto psicanalítico, se ele for aceito, conduzirá assim a uma norma para julgar as instituições, segundo entravem ou facilitem o acesso dos sujeitos à sua autonomia, e segundo sejam ou não capazes de conciliar a autonomia individual com a autonomia da coletividade.

Orientação bibliográfica

(Para as obras ou para as traduções francesas, o local de edição é Paris. Como, na maioria dos casos, houve várias reedições e, às vezes, editores diferentes, somente o último editor é indicado, sem data de publicação).

Pré-história da psicanálise: H. F. Ellenberger, *The Discovery of the Unconscious*, 1970; trad. fronc. Simep.
Uma excelente introdução ao tema em francês: Marthe Robert, *La révolution psychanalytique*, 2 vols., Payot.
A biografia clássica de Freud é: Ernest Jones, *Sigmund Freud, Life and Work*, 3 vols., 1955-57; trad. franc. PUF. Mais recentemente: Peter Gay, *Freud, a Life for our Times*, 1989; trad. franc. Hachette.
Clássico e muito útil é o *Vocabulaire de la psychanalyse*, de Jean Laplanche e J,-B. Pontalis, PUF.
As obras psicanalíticas completas de Freud em alemão: *Gesammelte Werke* (G.W.), 18 vols., 1946-68. Em inglês: *The Standard Edition of the Complete Psychological Works of Sigmund Freud* (S.E.), 24 vols., 1955-74.
A maior parte dos textos de Freud encontra-se agora traduzida em francês (Gallimard, Payot, PUF). Uma nova tradução completa, que deverá comportar 21 volumes, sob a direção de A. Bourguignon, P. Cotet e J. Laplanche, vem sendo publicada pela PUF (4 vols. publicados até agora).

Obras de Freud citadas no texto:
Freud (1900), *L'interprétation des rêves*, G.W. II-III, S.E. IV-V; trad. franc. PUF.
Freud (1913a), *Totem et tabou*, G.W. IX, S.E. XIII; trad. franc. Gallimard.
Freud (1913b), "L'intérêt pour la psychanalyse", G.W. VIII, S.E. XIII.
Freud (1915a), "Les pulsions et leurs destins" G.W. X, S.E. XIV; trad. franc. em *Métapsychologie*, Gallimard.
Freud (1915b), "Considérations actuelles sur la guerre et la mort", G.W.X, S.E. XIV; trad. franc. *Oeuvres* complètes, 13, PUF.
Freud (1916-17), *Conférences d'introduction à la psychanalyse*, G.W. XI, S.E. XV-XVI.
Freud (1920), *Au-delà du principe de plaisir*, G.W. XIII, S.E. XVIII; trad. franc. Payot.
Freud (1921), *Psychologie des foules et analyse du Moi*, G.W. XIII, S.E. XVIII; trad. franc. Payot.
Freud (1923), *Le Moi et le Ça*, G.W. XIII, S.E. XIX; trad. franc. in *Essais de psychanalyse*, Payot.
Freud (1925), "Quelques conséquences psychiques de la différence anatomique des sexes", G.W. XIV, S.E. XIX; trad. franc. in *La vie sexuelle*, PUF.
Freud (1927), *L'Avenir d'une illusion*, G.W. XIV, S.E. XXI; trad. franc. PUF.
Freud (1930), *Malaise dans la civilisation*, G.W. XIV, S.E. XXI; trad. franc. PUF.

Freud (1933a), *Nouvelles conférences d'introduction à la psychanalyse*, G.W. XV, *S.E.* XXII; trad. franc. Gallimard.

Freud (1933b), "Pourquoi la guerre?", *G.W.* XVI, *S.E.* XXII; trad. franc. in *Résultats, Idées, Problèmes*, vol. II, PUF.

Freud (1939), *Moïse et le Monothéisme*, G.W. XVI, *S.E.* XXIII; trad. franc. Gallimard.

Uma lista quase completa dos textos de Freud relativos à antropologia social, à mitologia e à religião se encontra em *S.E.* XIII, p. 167.

Autores citados no texto:

Atkinson, J.J. (1903), *Primal Law*, in Lang, A., *Social Origins*, Londres, 1903.

Castoriadis, C. (1988), "Pouvoir, politique, autonomie", in *Le monde morcelé*, Le Seuil, 1990.

Darwin, C. (1881), *The Descent of Man*, 2 vols., Londres.

Lévi-Strauss, C. (1962), *Le Totémisme d'aujourd'hui*, PUF.

Marcuse, H. (1956), *Eros and Civilization*, Londres; trad. franc. Éd. de Minuit.

Marcuse, H. (1970), *Five Lectures: Psychoanalysis, Politics and Utopia*, Londres.

Smith, W. Robertson (1984), *Lectures on the Religion of the Semites*, Londres.

As críticas sociológicas e culturalistas começam com A. L. Kroeber (*American Anthropologist*, 1920, pp. 48 e seg.), "Totem and tabou, an ethnological psychoanalysis". Primeira resposta psicoanalítica, E. Mones, "Mother right and the sexual ignorance of savages", *International Journal of Psychoanalysis*, 1925, v. VI, parte 2, pp. 109-30. Elas são completadas por Malinowsky, B. (1927), *Sex and Repression in Savage Society*, Londres; trad. franc. Payot.

Kardiner, A. (1939), *The Individual and His Society*, Nova York; trad. franc. Gallimard.

Linton, R. (1945), *The Cultural Background of Personality*, Nova York; trad. franc. Dunod.

Mead, M. (1949), *Male and Female*, Nova York; trad. franc. Gallimard.

A resposta psicanalítica "ortodoxa" encontra-se nos trabalhos de Geza Roheim, principalmente em:

Roheim, G. (1951), *Psychoanalysis and Anthropology*, trad. franc. Gallimard.

Sobre a Escola de Frankfurt e a psicanálise:

Adorno, T. (1950), *The Authoritarian Personality*, Nova York.

Jay, Martin (1973), *The Dialectical Imagination*, Boston; trad. franc. Payot.

Corrente feminista:
Mitchell, Juliet (1974), *Psychoanalysis and Feminism*, New York; trad. franc. Des femmes.
Chodorow, Nancy (1978), *The Reproduction of Mothering*, Berkeley.

Época contemporânea:
Bocock, R. (1976), *Freud and Modern Society*, Berkeley.
Lasch, C. (1979), *The Culture of Narcissism*, Londres; trad. franc. Gallimard.
Lasch, C. (1985), *The Minimal Self*, Londres.
Mitscherlich, A. (1969), *La société sans pères*, Gallimard.

Outras obras:
Bastide, R. (1950), *Sociologie et psychanalyse*, PUF.
Castoriadis, C. (1975), *L'institution imaginaire de la société*, cap. 6, Le Seuil.
Castoriadis, C. (1978), *Les carrefours du labirynthe*, parte 1, Le Seuil. Título publicado em português pela Editora Paz e Terra como *As encruzilhadas do labirinto*, 1987, São Paulo.
Reich, W. (1950), *La fonction de l'orgasme*, trad. franc. L'Arche.
Rieff, P. (1979), *Freud. The Mind of the Moralist*. Chicago.
Ricoeur, Paul (1965), *De l'interprétation*, Le Seuil.

POLIS

Imaginário político grego e moderno*

Por que imaginário político grego e moderno? Por que imaginário? Porque sustento que a história humana, assim como as diversas formas de sociedade que conhecemos nesta história, é essencialmente definida pela criação imaginária. Imaginário, neste contexto, não significa evidentemente fictício, ilusório, especular, mas posição de novas formas, e posição não determinada, mas determinante; posição imotivada, da qual não pode dar conta uma explicação causal, funcional ou mesmo racional. Essas formas, criadas por cada sociedade, fazem existir um mundo no qual esta sociedade se inscreve e ocupa um lugar. É por meio delas que a sociedade constitui um sistema de normas, de instituições no sentido mais amplo do termo, de valores, de orientações, de finalidades, tanto da vida coletiva como da vida individual. No núcleo dessas formas encontram-se, a cada vez, as significações imaginárias sociais criadas por esta sociedade, significações que suas instituições encarnam. Deus é uma significação do imaginário social, como também a racionalidade mo-

---

* Conferência proferida em 29 de outubro de 1990 no quadro do Deuxième Forum du *Monde* em Mans, e publicada em *Les Grecs, les Romains et nous – l'Antiquité est-elle moderne?*. Textos reunidos e apresentados por Roger-Pol Droit, Paris, Le Monde Éditions, 1991.

derna, e assim por diante. O objetivo último da pesquisa social e histórica é restituir e analisar, na medida do possível, essas significações no caso de cada sociedade estudada.

Essa criação não pode ser pensada como obra de um ou de alguns indivíduos definidos, mas como obra do imaginário coletivo anônimo, do imaginário instituinte, ao qual daremos aqui o nome de poder instituinte. Poder que não é jamais plenamente explicitável; ele se exerce, por exemplo, pelo fato de todo recém-nascido na sociedade sofrer mediante sua socialização a imposição de uma linguagem; ora uma linguagem não é apenas uma linguagem, é um mundo. Ele sofre igualmente a imposição de condutas e de comportamentos, de atrações e de repulsões, etc. Este poder instituinte não pode jamais ser explicitado completamente, fica em boa parte escondido nos recônditos da sociedade. Contudo, ao mesmo tempo, toda sociedade institui, e não pode viver sem instituir, um poder explícito, ao qual ligo a noção do político; em outras palavras, ela constitui instâncias que podem emitir injunções sancionáveis explícita e efetivamente. Por que um tal poder é necessário, por que pertence ele aos raríssimos universais do social-histórico? Podemos vê-lo, ao constatarmos inicialmente que toda sociedade deve se conservar, se preservar, se defender. Ela é constantemente questionada, primeiramente pelo desenrolar do mundo, o *inframonde* tal como ele é antes de sua construção social. Ela é ameaçada por si mesma, por seu próprio imaginário que pode ressurgir e questionar a instituição existente. É também ameaçada pelas transgressões individuais, resultantes do fato de que no centro de cada ser humano encontra-se uma psique singular, irredutível e indomável. É enfim ameaçada, até nova ordem, pelas outras sociedades. Também e, sobretudo, cada sociedade encontra-se mergulhada em uma dimensão temporal indomável, um futuro que está por fazer, em relação ao qual há não somente enormes incertezas, mas também decisões que devem ser tomadas.

Esse poder explícito, de que falamos em geral quando tratamos de poder, e que concerne ao político, fundamenta-se essencialmente não sobre a coerção — há evidentemente sempre maior ou menor coerção que, como sabemos, pode alcançar formas monstruosas —, mas sobre a interiorização, pelos indivíduos socialmente fabricados, das significações instituídas pela sociedade considerada. Ele não pode se fundamentar sobre a simples coerção, como mostra o exemplo recente do desmoronamento dos regimes do Leste. Sem um mínimo de adesão, mesmo que seja de uma parte da população, às instituições, a coerção é inoperante. A partir do momento em que, no exemplo dos regimes do Leste, a ideologia que se queria impor à população se apresenta, ao mesmo tempo, em farrapos, arruinada, expondo a sua infinita vulgaridade, a partir deste momento a coerção, com o tempo, estava condenada, da mesma forma que os regimes que a exerciam — pelo menos em um mundo como o moderno.

Dentre as significações que animam as instituições de uma sociedade, uma delas é particularmente importante: a que se refere à origem e ao fundamento da instituição, ou seja, à natureza do poder instituinte — e o que se chamaria em uma linguagem moderna anacrônica, eurocêntrica ou, a rigor, sinocêntrica —, sua legitimação ou legitimidade. A este respeito, uma distinção essencial deve ser feita, quando se investiga a história, entre sociedades heteronômicas e sociedades onde o projeto de autonomia começa a emergir. Chamo de sociedade heteronômica aquela em que o *nomos* — a lei, a instituição — é dado por outrem — o *heteros*. De fato, nós sabemos, a lei nunca é dada por um outro, ela é sempre criação da sociedade. Todavia, na esmagadora maioria dos casos, a criação dessa instituição é imputada a uma instância extra-social, ou, de qualquer modo, que escapa ao poder e ao agir dos seres humanos viventes. Torna-se imediatamente evidente que, enquanto ela se mantiver, esta crença constituirá o melhor meio de assegurar a perenidade, a intangibilidade da instituição. Como se pode questionar a lei, quando a lei foi dada por Deus; como se pode dizer que a lei dada por Deus é injusta, quando justiça não é nada mais que um dos nomes de Deus, assim como verdade não é nada mais que um dos nomes de Deus —, "pois Tu és a Verdade, a Justiça e a Luz"? Mas essa fonte pode ser outra, evidentemente, além de Deus: os deuses, os heróis fundadores, os ancestrais — ou instâncias impessoais, mas igualmente extra-sociais, como a Natureza, a Razão ou a História.

Ora, nessa imensa massa histórica de sociedades heteronômicas, uma ruptura sobrevém em dois casos, e nós abordaremos este assunto. Os dois casos são representados de um lado, pela Grécia antiga, e, de outro pela Europa ocidental a partir do primeiro Renascimento (séculos XI e XII), que os historiadores continuam erroneamente situando na Idade Média. Nos dois exemplos, encontra-se o início do reconhecimento do fato de que a fonte da lei é a própria sociedade, que nós fazemos nossas próprias leis, e de onde resulta a abertura da possibilidade de pôr em causa e em questão a instituição existente da sociedade, que já não é sagrada ou, pelo menos, não da forma como era antes. Esta ruptura, que é ao mesmo tempo uma criação histórica, implica uma ruptura do fechamento da significação, tal como ela é instaurada nas sociedades heteronômicas. Ela instaura, ao mesmo tempo, a democracia e a filosofia.

Por que falar de fechamento da significação? O termo fechamento tem aqui o mesmo sentido preciso que na matemática e na álgebra. Diz-se que um corpo algébrico está fechado quando toda equação algébrica que pode ser escrita neste corpo, com os elementos do corpo, possui soluções que são também elementos do mesmo corpo. Em uma sociedade onde há fechamento da significação, qualquer questão que venha a ser colocada neste sistema, neste magma de significações, encontra resposta neste mesmo magma. A Lei dos Ancestrais tem resposta para tudo, assim como a Tora e o Alcorão. E, se quiséssemos ir mais além, a questão não teria mais sentido na linguagem da sociedade em questão. Ora, a ruptura desse fechamento é a abertura da interrogação ilimitada, um outro nome para a criação de uma verdadeira filosofia, que difere inteiramente de uma interpretação infinita dos textos sagrados, por exemplo, que pode ser extremamente inteligente e sutil — mas se detém diante de um último dado indiscutível: o texto deve ser verdadeiro uma vez que é de origem divina. Mas a interrogação filosófica não pára diante de um último postulado que não poderia jamais ser posto em causa.

O mesmo ocorre com a democracia. Em sua verdadeira significação, a democracia consiste no fato de que a sociedade não pára numa concepção do que é justo, igual ou livre, dada uma vez por todas, mas se institui de tal maneira que as questões da liberdade, da justiça, da eqüidade e da igualdade possam sempre ser recolocadas no quadro do funcionamento "normal" da sociedade. E, em oposição ao que chamei há pouco *o* político, isto é, o que tem relação em toda sociedade com o poder explícito, é preciso dizer que *a* política — não confundir com as intrigas da corte ou com a boa gestão do poder instituído, que existem por toda parte — diz respeito à instituição explícita global da sociedade, e às decisões concernentes a seu futuro. Também ela é criada pela primeira vez nestes dois domínios históricos, como a atividade lúcida, ou que se pretende lúcida, ou que se pretende lúcida na medida do possível, e que visa à instituição explícita global da sociedade.

Eu direi que uma sociedade é autônoma não somente quando sabe que faz as suas leis, mas quando está em condições de questioná-las explicitamente. Da mesma forma, direi que um indivíduo é autônomo se ele pôde instaurar uma outra relação entre seu inconsciente, seu passado, as condições nas quais vive — e ele mesmo enquanto instância reflexiva e deliberante.

Não podemos falar até o momento de sociedade que tenha sido autônoma no sentido pleno do termo. Mas podemos dizer que o projeto de autonomia social e individual surgiu na Grécia antiga e na Europa ocidental. Deste ponto de vista, há um privilégio político no estudo, na pesquisa referente a essas duas sociedades, porque sua elucidação, independentemente de seus outros interesses — histórico ou filosófico no sentido restrito —, nos faz refletir politicamente. A reflexão sobre a sociedade bizantina, ou a sociedade russa até 1830 ou 1860, ou sobre a sociedade asteca, pode ser fascinante, mas do ponto de vista político (no sentido de *a* política), não nos ensina nada, nem nos incita a pensar mais à frente.

Então, a Grécia. Qual Grécia? Aqui, é preciso estar atento e ser rigoroso, direi mesmo severo. Em minha perspectiva, a

Grécia que importa é a Grécia que vai do século VIII ao século V. É a fase durante a qual a *polis* se cria, se institui e, em cerca da metade dos casos, se transforma mais ou menos em *polis* democrática. Esta fase termina com o fim do século V; há ainda coisas importantes que se passam no século IV e mesmo depois; há, especialmente, o paradoxo enorme que consiste no fato de que dois dos maiores filósofos que já existiram, Platão e Aristóteles, sejam do século IV, mas não os filósofos da criação democrática grega. Direi duas palavras sobre Platão a seguir.

Aristóteles é duplamente paradoxal, porque ele é, num certo sentido, "anterior" a Platão, e é, a meu ver, democrata; mas até mesmo Aristóteles refletiu *sobre* a democracia, e já existem criações da democracia que ele não compreendeu verdadeiramente, sendo a tragédia o exemplo mais surpreendente. Ele escreve este texto genial que é *A Poética*, entretanto, não capta o essencial da tragédia.

Resulta daí imediatamente que nossas fontes, quando refletimos sobre a política grega, não podem ser os filósofos do século IV, sobretudo Platão, imbuído de um ódio indestrutível pela democracia e pelo *dêmos*. Ficamos vivamente contrariados quando vemos que alguns intelectuais modernos, que muito têm contribuído para o nosso conhecimento da Grécia, vão freqüentemente buscar o pensamento político grego em Platão. É como se estivessem procurando o pensamento político da Revolução Francesa em Charles Maurras, guardadas as devidas proporções quanto à dimensão espiritual dos dois autores. É certo que Platão deixa aparecer, por momentos, o que era a realidade da democracia, como no discurso de Protágoras no diálogo do mesmo nome — discurso que exprime admiravelmente os *topoi*, os lugares comuns das crenças e do pensamento democráticos do século V. Sabemos que ele só deixa que apareçam para refutá-los, mas isto pouco importa. Nossas fontes só podem ser a realidade da *polis*, realidade que se exprime nas leis. Há aqui também e, sobretudo, um pensamento político instituído, materializado, encarnado. Elas devem ser também investigadas na prática da *polis*, em seu espírito. Certamente, há sempre questões de interpretação. Esta realidade nos sobrevém às vezes com um mínimo de difração, como no caso das próprias leis; outras vezes com uma difração que deve ser apreciada, como no caso dos historiadores, Heródoto e, sobretudo, Tucídides, que, a este respeito, são infinitamente mais importantes que Platão e outros, sem esquecer os trágicos e os poetas em geral. Quanto às fontes relativas ao mundo ocidental, sua extraordinária superabundância não permite uma descrição, nem mesmo sumária.

Vou proceder de maneira um pouco esquemática e aparentemente arbitrária, justapondo, o mais brevemente possível, o que considero como os traços fundamentais instituídos do imaginário político grego, isto é, do imaginário da maneira como ele se encarna nas instituições políticas, e do imaginário político moderno.

1. Relação da coletividade com o poder. Vê-se imediatamente a oposição entre a democracia direta dos antigos e a democracia representativa dos modernos. Pode-se medir a distância entre estas duas concepções notando que na Grécia antiga, ao menos em direito público, a idéia de representação é desconhecida, enquanto nos modernos ela se encontra na base dos sistemas políticos, exceto nos momentos de ruptura (por exemplo, Conselhos operários ou soviéticos em sua forma inicial) quando se recusa uma alienação do poder dos representados para os representantes, e os delegados indispensáveis da coletividade não são somente eleitos, mas sempre revogáveis. Certamente os gregos, e me limitarei ao caso dos atenienses porque é sobre eles que temos informações mais completas, têm magistrados. Mas esses dividem-se em duas categorias: os magistrados cujas funções implicam a instrução de casos, e que são eleitos; e, como a questão, talvez não exclusiva, mas central das cidades gregas é a guerra, a instrução mais importante é a que concerne à guerra, então os estrategistas são eleitos. Já os outros magistrados, muitos dentre eles bastante importantes, não são eleitos, tornam-se magistrados por sorteio, por rotatividade, ou por um sistema que combina os dois, como o caso dos prítanes e dos epístatas dos prítanes que, por um dia, desempenham o papel de "presidente da República" dos atenienses.

Duas observações se impõem a este respeito. Primeiramente, existem várias justificativas empíricas da idéia de democracia representativa entre os modernos, mas não há, entre os filósofos políticos ou entre aqueles que pretendem sê-lo, uma única tentativa de fundar racionalmente a democracia representativa. Existe uma metafísica da representação política que determina tudo, sem jamais ser dita ou explicitada. Qual é este mistério teológico, esta operação alquímica, que faz com que a nossa soberania, num domingo a cada cinco ou sete anos, se transforme num fluido que percorre todo o país, atravesse as urnas e surge à noite nas telas da televisão com a fisionomia dos "representantes do povo" ou do Representante do povo, o monarca intitulado "presidente"? Temos aqui uma operação visivelmente sobrenatural, que nunca se tentou fundamentar ou mesmo explicar. Limitamo-nos a dizer que, nas condições modernas, a democracia direta é impossível, logo que se faz necessária uma democracia representativa. Por que não? Mas pode-se perguntar alguma coisa mais, ou menos, "empírica".

A seguir, a questão das eleições. Como diz Finley, em seu livro sobre *A invenção da política*, os gregos inventaram as eleições, mas existe um ponto capital ao qual não se dá habitualmente a devida atenção: para os gregos, as eleições não representam um princípio democrático, e sim um princípio *aristocrático*, o que na língua grega é quase uma tautologia. Ela está também nos fatos. Quando você elege, você não procura jamais eleger os piores; você tenta designar os melhores — aqueles que em grego se diz os *aristoi*. Certamente, *aristoi* tem múltiplas significações: o termo significa também os *"aristos"*, aqueles que pertencem a grandes e ilustres famílias. O que não impede que os *aristoi* sejam, por uma razão ou outra, os melhores. E quando Aristóteles propõe em sua *Política* um regime que considera uma mistura de democracia e de aristocracia, este regime é uma mistura na medida em que haveria também eleições. Deste ponto de vista, o regime efetivo dos atenienses corresponderia ao que Aristóteles chama sua *politeia*, que ele considera ser o melhor.

IMAGINÁRIO POLÍTICO GREGO E MODERNO

2. Existe, no regime ateniense, uma participação essencial do corpo político e das leis visando a facilitar esta participação política. — No mundo moderno podemos constatar um abandono da esfera pública para os especialistas, para os políticos profissionais, abandono apenas interrompido por raras e breves fases de explosão política, as revoluções.

No mundo antigo, não existe o Estado como aparelho ou instância separada da coletividade política. O poder é exercido pela própria coletividade que, para exercê-lo, recorre, evidentemente, a instrumentos, entre os quais os escravos policiais. — No mundo moderno, constituindo uma herança recebida em grande parte da monarquia absoluta, posteriormente fortalecido pela evolução ulterior (a Revolução Francesa, por exemplo), existe um Estado centralizado, burocrático, poderoso e dotado de uma tendência imanente a nele de tudo absorver.

Na Antiguidade, existe a publicidade das leis, gravadas sobre o mármore, para que todos as pudessem ler, e os tribunais populares. Todo ateniense, ao menos duas vezes em sua vida, é chamado a fazer parte de um júri. Há um sorteio que Aristóteles, na *Constituição dos Atenienses*, descreve longamente, insistindo sobre os procedimentos bastante complexos adotados para eliminar toda possibilidade de fraude na designação dos juízes. — No mundo moderno, a lei é fabricada e aplicada por categorias especializadas e é incompreensível para o comum dos cidadãos; constatamos então este *double bind*, na linguagem dos psiquiatras, esta dupla injunção contraditória: ninguém, presumidamente, ignora a lei, mas é impossível conhecê-la. Caso se queira serão necessários cinco anos de estudos jurídicos, após os quais ainda não conheceremos a lei; seremos especialistas em direito comercial, em direito penal, em direito marítimo, etc.

3. Há no mundo grego um reconhecimento explícito do poder e da função do governo. — No período moderno, em que os governos são quase onipotentes, constata-se uma ocultação do governo no imaginário e na teoria política e constitucional por detrás do que se denomina o poder "executivo", o que constitui uma mistificação e um abuso de linguagem incrível. Porque o poder executivo não "executa" nada. São os escalões inferiores da administração que executam, no sentido em que aplicam, ou supostamente aplicam, regras preexistentes que impõem o cumprimento de determinado ato, desde que as condições definidas pela regra sejam dadas. Mas quando o governo declara a guerra, ele não executa nenhuma lei; age em um quadro bem amplo, o quadro de uma lei que lhe reconhece este "direito". E vimos isto, na realidade, nos Estados Unidos, com as guerras do Vietnã, do Panamá, de Granada, e provavelmente veremos novamente com o caso do golfo Pérsico;[1] o governo pode fazer a guerra sem declará-la, após o que só resta ao Congresso aprovar. Esta ocultação do poder governamental, a pretensão de que o governo apenas faz "executar" as leis (que lei o governo está "executando" quando prepara, propõe e impõe um orçamento?) não é senão uma parte do que se pode chamar a duplicidade instituída no mundo moderno, do que se verá mais adiante em outros exemplos.

No mundo antigo, os peritos existem, mas seu domínio é a *technê*, domínio no qual se prevalece um saber especializado e distingue-os melhores e menos bons: arquitetos, construtores navais, etc. Mas não há peritos no domínio da política. A política é o domínio da *doxa*, da opinião, não há *épistémê* política nem *technê* política. É por isso que, numa primeira abordagem, as *doxai*, as opiniões de todos, são equivalentes: após a discussão é preciso votar. Observemos rapidamente este ponto absolutamente fundamental: o postulado da equivalência (*prima facie*) de todas as *doxai* é a *única* justificativa do princípio majoritário (não procedimental: era preciso acabar com a discussão num dado momento: bastaria então realizar um sorteio). — No imaginário moderno, os peritos encontram-se em todos os domínios, a política é profissionalizada, surge uma pretensão a uma *épistémê* política, a um saber político, embora isto também não seja em geral proclamado em praça pública (outro caso de duplicidade). É preciso notar que o primeiro — ao menos que

---

1. Conferência realizada em 29 de outubro de 1990.

eu saiba — que ousou se apresentar com pretensões a uma *épistémê* política foi evidentemente Platão. É Platão quem proclama que é necessário acabar com esta aberração que constitui o governo por homens que apenas fazem parte da *doxa*, e confiar a *politeia* e a condução de seus negócios a possuidores do verdadeiro saber, os filósofos.

4. No mundo antigo, reconhece-se na própria coletividade a fonte da instituição, ao menos da instituição política propriamente dita. As leis dos atenienses começam sempre pela famosa cláusula: *edoxe tê boulê kai tô dêmô* — pareceu bom ao Conselho e ao povo, que... A fonte coletiva da lei é explicitada. Ao mesmo tempo, constata-se esta situação estranha da religião no mundo grego (e não somente nas cidades democráticas): a religião está fortemente presente, mas trata-se de uma religião da cidade, mantida à distância dos negócios comuns. Não creio que se possa encontrar uma ocasião em que uma cidade possa ter enviado delegados a Delfos para perguntar ao oráculo: qual lei nós devemos votar? Podia-se perguntar: devemos combater aqui ou lá?, ou, no máximo: fulano seria um bom legislador?; mas jamais alguma coisa que dissesse respeito ao conteúdo de uma lei. — No mundo moderno, temos o surgimento, bastante difícil, que se manifesta em 1776 e em 1789, da idéia de soberania do povo, coexistindo com resíduos religiosos; ao mesmo tempo, a tentativa de fundar esta soberania do povo sobre outra coisa que não ela mesma ainda subsiste: "o direito natural", a Razão e a legitimação racional, as leis históricas, etc.

5. No mundo antigo não existe "Constituição" no sentido próprio. Nele, surge, pois, o problema crucial a partir do momento em que se sai de um mundo sagrado, da significação imaginária de um fundamento transcendente da lei e de uma norma extra-social das normas sociais, da autolimitação. A democracia é evidentemente um regime não conhecedor de normas oriundas do exterior, ela deve fazer suas próprias normas, e as deve fazer sem se apoiar sobre uma outra norma. Neste sentido, a democracia é certamente um regime trágico, sujeito à *hubris*;

como sabemos e podemos observar na última parte do século V em Atenas, ela deve enfrentar a questão de sua autolimitação. Ora, a necessidade desta autolimitação é claramente reconhecida pelas leis atenienses: existem procedimentos francamente políticos, como esta instituição estranha e fascinante que é a *graphê paranomôn*, em virtude da qual um cidadão pode acusar outro, o que teria feito a Assembléia adotar uma lei ilegítima (reflitamos sobre os abismos que esta cláusula abre). Existe a separação estrita do Judiciário; e seu poder se desenvolve a ponto de, no século IV, Aristóteles poder afirmar de Atenas quase o que se diria dos Estados Unidos contemporâneo que o Poder Judiciário tende a tornar-se superior a todos os outros. Existe enfim — infelizmente não posso me estender sobre este tema imenso — a tragédia. Embora suas significações múltiplas estejam longe de se reduzirem a este aspecto, não devemos esquecer que a tragédia possui também uma significação política muito clara: o apelo constante à autolimitação. Pois a tragédia é também e, sobretudo, a exibição dos efeitos da *hubris* e, mais do que isso, a demonstração de que razões contrárias podem coexistir (esta é uma das "lições" de *Antígona*) e que não é se obstinando em sua razão (*monos phronein*) que se torna possível a solução dos graves problemas que a vida coletiva pode enfrentar (o que nada tem a ver com o fraco consenso da época contemporânea). Mas, acima de tudo, a tragédia é democrática no que carrega de apelo constante à mortalidade, a saber, à limitação radical do ser humano. — Nos tempos modernos, existem "Constituições formais"; em alguns casos excepcionais, são Constituições permanentes, como a dos Estados Unidos, mediante uma vintena de emendas e uma guerra civil, mas na maioria dos casos estas Constituições não passam de pedaços de papel. Há hoje aproximadamente 160 "Estados soberanos", membros das Nações Unidas, dotados quase todos de "Constituições"; é duvidoso que uns vinte entre eles possam ser qualificados de "democráticos", qualquer que seja a extensão que se dê a este termo.

    É bem verdade que essas Constituições devem supostamente responder ao problema da autolimitação; neste sentido, não se pode certamente repelir a idéia de Constituição, ou de um *Bill of rights*. Mas muito forte é também a ilusão constitucional, a idéia de que é suficiente ter uma Constituição para que as questões sejam regulamentadas. Nada o demonstra melhor que a famosa "separação dos Poderes", proclamada em praticamente todas as Constituições modernas, que é, entretanto, mais do que problemática. Primeiramente, por trás do Poder Legislativo e do Poder "Executivo", há o verdadeiro poder político, que não é geralmente mencionado nas Constituições ou não é mencionado (como na atual Constituição francesa) senão nominalmente: o poder dos partidos. Quando Margaret Thatcher propõe uma lei ao Parlamento britânico, este vai exercer sua função de "poder legislativo" — mas é o partido de Margaret Thatcher que votará essa lei. Depois Margaret Thatcher entra no número 10 de Downing Street, troca de roupa, torna-se chefe do "executivo" e envia uma frota às Malvinas. Esta é a "separação dos Poderes". Não existe separação dos poderes, é o partido majoritário que concentra o Poder Legislativo e o poder governamental (falaciosamente chamado "executivo"). Contudo, em certos casos, como, infelizmente, no caso da França e mesmo da Inglaterra, o governo tem o comando sobre o Poder Judiciário: a dependência do poder judiciário francês em relação ao governo é escandalosa, não somente nos fatos, mas também nos textos. Quanto a esses partidos, estruturas burocrático-hierárquicas, eles não têm nada de democrático.

6. Por trás dessas instituições políticas existem as significações imaginárias políticas subjacentes. A idéia que predomina na Antigüidade é a seguinte: "a lei somos nós, a *polis* somos nós". Já nos tempos modernos, predomina esta outra idéia: "o Estado são eles". *Usthem*, diz-se na Inglaterra. Um índice bem característico é a idéia da delação: não se supõe que se denuncie alguém que cometeu um delito, ou mesmo um crime. Por quê? Não é então a lei *de vocês* que foi violada? Em Atenas, como se sabe, todo cidadão podia levar um outro aos tribunais, não porque ele o teria lesado pessoalmente, mas porque violara a lei (*adikei*).

7. Entre os Antigos compreende-se claramente, e constantemente se repete, que a sociedade forma o indivíduo. As citações se multiplicam: Simônides, Tucídides, Aristóleles. De onde o peso enorme colocado sobre a *paideia*, a educação no sentido mais amplo do termo, dos cidadãos. — Nos tempos Modernos subsiste ainda, herança certamente do cristianismo e do platonismo, a posição de um indivíduo-substância, ontologicamente autárcico e autoprodutor, que entra num contrato social (nocional certamente, transcendental se preferirmos), estabelecendo acordos com outros para fundar uma sociedade ou um Estado (teria ele a possibilidade de não fazê-lo, mesmo de modo nocional ou transcendental?). Daí as idéias do indivíduo contra o Estado ou a sociedade, e da sociedade civil contra o Estado.

8. Entre os Antigos, o objeto da atividade política é, certamente, antes de tudo, a independência e o reforço da coletividade política, independência colocada como um fim em si, mas também a coletividade como conjunto dos indivíduos formados pela *paideia* e pelas obras comuns, ao menos para a Atenas do século V — como diz Péricles no Epitáfio de Tucídides. — O objeto da atividade política entre os Modernos é essencialmente a defesa dos interesses (privados, de grupo, de classe) e a defesa contra o Estado, ou então as reivindicações que lhe são dirigidas.

9. Caso se considere a participação dos indivíduos na coletividade política, há entre os antigos restrições bem fortes quanto às condições dessa participação. A comunidade política é limitada aos adultos livres do sexo masculino, com exclusão total das mulheres e, certamente, dos escravos e dos estrangeiros. Nos tempos modernos, a situação é totalmente diferente. Em teoria, os membros da coletividade política vivendo sobre um dado território possuem todos os direitos políticos, com reservas em relação à idade e à nacionalidade; existe uma vocação à universalidade — direitos do homem, etc. —, embora haja na prática fortes limitações à participação política (sem mencionar a longa luta pelos direitos políticos das mulheres que, historicamente, elas alcançaram embora os resultados tenham sido bastante limitados).

10. No mundo antigo, a atividade política instituinte é muito fortemente limitada, para não dizer inexistente, fora do domínio estritamente político. Ninguém pensa, por exemplo, em tocar na propriedade ou na família (mesmo quando percebemos, no texto de Aristófanes, o eco de algumas opiniões dos sofistas — entretanto, ele o faz para ridicularizá-las). — Nos tempos modernos, e é isto que, na minha opinião, constitui a imensa contribuição da Europa, existe uma abertura extraordinária e, de direito, ilimitada, da atividade instituinte explícita e, certamente, do questionamento efetivo das mais imemoriais instituições, como demonstra, por exemplo, o movimento das mulheres. Em princípio, nenhuma instituição da sociedade moderna pode escapar do questionamento.

11. Entre os gregos, há a limitação insuperável da atividade política à *polis*, em sua concretização histórica e efetiva. — Entre os Modernos, há um conflito entre a dimensão universalista do imaginário político e um outro elemento central do imaginário moderno: a Nação e o Estado-nação. Como perguntava Burke, trata-se dos *rights of man*, dos direitos do homem, ou dos *rights of Englishman*, dos direitos do inglês? Em teoria, repele-se esta questão; nos fatos, tudo é diferente.

12. O *ethos* político dominante entre os Antigos é de uma franqueza brutal. Ela se encontra, por exemplo, em Tucídides, no discurso dos atenienses aos habitantes de Mélia, que reprovam os atenienses por fazê-los sofrer a injustiça; os atenienses então respondem: nós seguimos uma lei que não inventamos, mas já a encontramos pronta, e que é seguida por todos os humanos e até mesmo pelos os deuses, ou seja, a lei do mais forte. Isto é dito de forma brutal, acompanhado da idéia explícita de que o direito só existe entre iguais. Os iguais são os membros de uma coletividade que soube se colocar como suficientemente forte para ser independente, e no interior da qual os homens puderam se colocar como capazes de reivindicar e de obter direitos iguais. Pode-se abrir aqui um parêntese sobre a escravidão. Afirma-se que os Antigos justificavam a escravidão, o que é uma estupidez de primeira grandeza. A primeira justificativa para a escravidão que conheço está em Aristóteles (se quisermos, podemos também citar Platão, com as três raças, mas não é a mesma coisa). É impensável, para um grego clássico, que se possa justificar a escravidão, visto que ele aprende a ler e a escrever na *Ilíada*, na qual se sabe, desde o início, que as figuras mais nobres que ali estão serão reduzidas (após o poema, na seqüência da lenda) à escravidão. Quem ousaria jamais pensar que Andrômaca ou Cassandra são escravas "por natureza"? Aristóteles será o primeiro a tentar, no final do século IV, dar uma "justificativa" para o escravismo. A concepção clássica está admiravelmente expressa no famoso fragmento de Heráclito, do qual só se cita habitualmente as primeiras palavras: a guerra é o pai de todas as coisas, é ela que mostrou (*edeixe*: revelou uma natureza preexistente) quem são os deuses e quem são os homens, é ela que criou (*epoiêse*: fez deles) uns livres, outros escravos. — Entre os Modernos, constatamos a duplicidade instituída e a ideologia. Certamente, a origem, ainda aqui, está em Platão, com a "nobre mentira" da *República*, mas isso se prolonga com Roma, com o judaísmo e o cristianismo instituído: diz-se uma coisa e se faz outra. Somos todos filhos iguais de Deus, mas em todas as igrejas há, ou pelo menos havia, lugares separados para o senhor, os nobres, os burgueses e a maioria do povo, que permanecia de pé.

13. Sem dúvida, o objetivo proclamado da atividade humana no frontispício do edifício político é, na Antiguidade, o ideal do homem *kalos kagathos*, a virtude, a *paidéia*, ou como diz Péricles, também no Epitáfio (*philokaloumen kai philosophoumen*) viver em e por amor ao belo e à sabedoria. — Entre os Modernos, o objetivo coletivo proclamado é certamente a busca da felicidade, felicidade universal, porém não é mais do que a soma das felicidades privadas. Por trás do frontispício, o objetivo efetivo dos Antigos é, certamente, tanto no plano individual como no coletivo, o que denominam *kleos* e o *kudos* — a glória, o renome e a consideração. — Entre os Modernos, é sem dúvida a riqueza e o poder e, como dizia Benjamin Constant, "a garantia de nossos prazeres".

IMAGINÁRIO POLÍTICO GREGO E MODERNO

14. Por trás de tudo isso, existe uma outra camada, mais profunda, do imaginário: a maneira de dar sentido e significação ao mundo em sua totalidade, e à vida humana. Para os gregos, o fundamental é a mortalidade. Não conheço outra língua em que a palavra mortal signifique humano e humano signifique mortal. Na verdade encontramos na poesia francesa do século XVII, e mesmo depois, o termo "os mortais", mas trata-se de uma simples lembrança dos estudos clássicos, e não do espírito da língua, isto é, da sociedade em si. Mas *thnêtoi*, os mortais, são para os gregos os humanos, os seres humanos. Daí a injunção repetida, tanto na tragédia como em outros textos, *thnêta phronein*, de pensar como um mortal: lembra-te de que és mortal. Vejam as histórias de Heródoto sobre Sólon e Créso; quando Créso se queixa que Sólon não o incluiu entre os homens felizes que havia conhecido, Sólon responde, entre outras coisas: mas estás vivo, não se pode dizer que és feliz, só se poderia dizê-lo após a tua morte. A conclusão, evidente, é paradoxal, trágica: não se pode ser considerado feliz senão após a morte, quando nada mais pode nos acontecer que destrua nossa felicidade ou empane nosso *kleos*. Nunca se *é* feliz; é necessário estar morto para, talvez, *ter sido* feliz. E conhecemos bem os grandes sofrimentos de Créso. Essa mortalidade é, ao mesmo tempo, habitada pela *hubris*, que não é o pecado, mas o excesso. O pecado, hebreu ou cristão, pressupõe que existam fronteiras bem definidas (por outrem) entre o que se deve ou não fazer. O próprio da *hubris* é que não há fronteira traçada; ninguém sabe a partir de que momento ela começa e, entretanto, há um momento em que se está na *hubris*, lá onde os deuses e as coisas intervêm para nos destruir. — Entre os Modernos, a fantasia da imortalidade persiste, mesmo após o desencanto do mundo. Fantasia transferida para o progresso indefinido, para a expansão do pretenso domínio racional, manifesta, sobretudo, na ocultação da morte, cada vez mais característica da época contemporânea.

15. Existe entre os Antigos uma ontologia implícita, as oposições entre *chaos* e *kosmos*, e entre *phusis* e *nomos*; o ser é tanto o caos, simultaneamente no sentido do vazio (*chainô*) e de mistura indefinível, quanto o cosmos, ou seja, o ordenamento visível e belo. Mas o ser não é absolutamente "racional" por inteiro, tal idéia está excluída da concepção grega (até mesmo em Platão). Os deuses e o ser não se preocupam com os humanos; em um certo sentido, pode-se mesmo dizer o contrário: *to theion phthoneron*, o divino é invejoso, diz Heródoto. Os deuses não são nem oniscientes nem onipotentes. Também não são justos. Basta ler a *Ilíada* para ver as ciladas armadas pelos deuses: Heitor é morto em função de uma tripla traição de Atena. Eles próprios estão submetidos a uma lei impessoal suprema, a Anankê, que talvez prepare a sua destituição, como proclama Prometeu, e que é a lei de criação/destruição que Anaximandro exprime claramente. — No mundo moderno não conseguimos nos libertar de uma ontologia unitária e, portanto, quase que fatalmente teológica, criada, também ela, por Platão, com a monstruosa equação, também obra de Platão, o Ser igual ao Bem igual à Sabedoria igual ao Belo — o que fará com que alguém como Heidegger ainda diga que a tarefa da filosofia é a de buscar o sentido do Ser, sem questionar uma única vez se o Ser tem ou pode ter um sentido, e se até mesmo esta questão tem um sentido (e não tem). Por trás de tudo isso, continua a existir uma terra prometida, hebraico-cristã, e este Ser-Bem-Sabedoria-Beleza lá se encontra em algum lugar do horizonte acessível da história humana; e, finalmente, a transferência da promessa teológica se dará no sentido do "progresso".

Vou concluir rapidamente. Tudo o que foi dito não significa, evidentemente, que devemos retornar aos gregos, ou que neste aspecto a criação grega importa mais do que a moderna. Eu ressaltei alguns aspectos e poderia fazer o mesmo em relação a muitos outros, sobre os quais existe não um "transpor" (o termo não tem sentido), mas algo diferente que surge com a modernidade e que é para nós fundamental: um questionamento bem mais radical, uma universalização até certo ponto efetiva, não porque se realizou, e sim porque é colocada explicitamente como exigência. Minha conclusão é de que devemos ir além dos gregos e dos Modernos. Nosso problema consiste em instaurar uma verdadeira democracia dentro das condições contemporâneas, fazer desta universalização que continua formal, ou melhor, incompleta no mundo moderno, uma universalidade substancial e substantiva. Isso só poderá ser realizado quando recolocarmos os "prazeres" em seu devido lugar, quando demolirmos a importância desmesurada da economia na sociedade moderna, quando tentarmos criar um novo ethos, um ethos centralmente ligado à mortalidade essencial do homem.

DEBATE

ROGER-POL DROIT: Ao ler o esboço detalhado de sua apresentação, tal como me foi enviado,[2] tive a sensação de estar tropeçando em três obstáculos. Eles se transformaram em três perguntas que não esgotam, longe disso, a série de questões levantadas por suas análises.

Primeira dificuldade: como o senhor articula de um lado a singularidade e a contingência do nascimento da democracia e da filosofia em Atenas, e de outro, a universalidade potencial desse "germe" grego e seu esvaziamento de uma "filosofia da história" no sentido clássico do termo? Vou tornar mais precisos os elementos desta primeira questão, a fim de que o problema fique claro para todos.

Os gregos e, mais especificamente os atenienses, foram os únicos a constituir uma sociedade que deliberava explicitamente as leis que dava a si mesma, pensando na possibilidade de mudá-las, prevendo a possibilidade de sua reformulação, esforçando-se para tornar suas próprias regras visíveis, suscetíveis de emendas e retificações. Foi em Atenas, e em nenhum outro lugar, que se constituiu, num mesmo movimento, a reflexão

---

2. A fórmula adotada para os debates da noite previa a abertura da discussão com algumas questões preparadas antes da intervenção do público.

sobre os princípios das leis — o justo e o injusto, o bem e o mal — e sobre os elementos desta reflexão: a razão, o verdadeiro e o falso, o pensável e o impensável.

Singular e contingente, o nascimento grego da prática democrática e da reflexão filosófica tem, todavia, vocação universal. A ruptura se produziu em um dado tempo e lugar, mas não se encontra fechada em um período delimitado, nem restrita a um espaço cultural estritamente circunscrito. Ao contrário, ela se endereça virtualmente a todos os homens de todas as culturas — ela concerne ao devir histórico da humanidade em sua totalidade. Tudo isso já foi dito mil vezes.

Logo, onde está a dificuldade? Ela não existe, ou ao menos não é intransponível, desde que se postule, como Hegel ou Marx, a existência de um sentido da História, de uma racionalidade dialética que explique seu necessário caminhar. Mas o mínimo que se pode dizer é que este não é o seu caso: a História *não é*, em sua opinião, "um desdobramento racional", e o esvaziamento dessas visões da História está intimamente ligado à sua tese da auto-instituição radical das significações imaginárias.

Então eu lhe pergunto de que maneira o senhor articula o fato grego, em sua forma última de contingência absoluta, seu potencial de universalidade e a ausência de qualquer forma de desdobramento racional com a sua concepção de conjunto da história humana.

A segunda dificuldade por mim encontrada está ligada à questão da eventualidade de uma democracia planetária. Da maneira como a compreendi, a sua análise dos diferentes pontos de contraste entre democracia grega antiga e democracia européia moderna pode levar, *grosso modo*, à conclusão de que a primeira possui uma espécie de universalidade limitada, mas "plena", ao passo que a segunda, enquanto proclama uma universalidade ilimitada, é atravessada por conflitos que se situam principalmente nas relações dos indivíduos com o Estado e com a tecnocracia.

Minha pergunta é a seguinte: o que deveria ser a democracia para tornar-se efetivamente universal, sem excluir mais ninguém, independentemente de sexo, cultura ou mundo imaginário?

Chamarei o terceiro e último obstáculo que encontrei de tentação pessimista. Ela não tem nada a ver com a tentação cética, em relação à qual o senhor se exprime maldosamente. O que estou assim denominando surge, a meu ver, da convergência de algumas de suas observações mais insistentes. Primeiramente, suas observações sobre os últimos cinqüenta anos, que tendem a concluir que a época não é niilista, mas simplesmente nula, e que ela nem mesmo pode ser considerada uma época. A seguir, a ausência de motor oculto da História, que nos permitiria recuperar ou reciclar tudo aquilo que este século tem simultaneamente de horrível e estéril. "Ninguém pode proteger a humanidade contra a loucura e o suicídio", o senhor escreveu em algum lugar.

Eu lhe pergunto, pois, o que o faz esperar e lutar apesar de tudo, e não me refiro a seu temperamento pessoal mais inclinado ao riso do que aos gemidos, porque também se pode ser feliz no desespero; pergunto, sim, em nome de que, se isto pode ser formulado, o senhor resiste e aposta que não é em vão.

Não ignoro o caráter desmesurado de tais questões, mas ficarei grato se o senhor puder apresentar ao menos alguns elementos de respostas possíveis.

CORNELIUS CASTORIADIS: Perdoe-me por minhas respostas insatisfatórias ou demasiadamente breves. Elas certamente o serão, porque as questões levantadas são absolutamente fundamentais.

Tratarei simultaneamente da primeira e da terceira questões, pois que ambas estão relacionadas à nossa visão geral da História. Assim como não podemos viver senão a partir de uma ética da mortalidade, nossa reflexão filosófica mesma deve estar profundamente impregnada desta idéia de mortalidade, e não apenas de morte individual. Se me permite a expressão grandiloqüente, o ser é criação e destruição: as duas caminham juntas. Anaximandro não o ignorava, mas não deu muita atenção a isso. Ora, a questão está no centro de uma reflexão sobre a História, que tentaria escapar desses mitos escatológicos que, constituem os esquemas "progressistas" relativos a ela, quer se trate de Kant, Hegel ou Marx. Eu penso que se deve sair disso.

A própria humanidade é um acidente local. As formas que a humanidade deu à sua criação são igualmente contingentes. Nestas criações, há elementos que, em virtude do conjunto das condições físicas, por exemplo, não são contingentes. Nós somos animais: temos necessidade de comer e de nos reproduzir, e precisamos também de uma regulação social dessas necessidades. Mas isto não explica a variedade infinita das formas na História. Somos sempre condicionados pelo passado, embora ninguém tenha dito que este passado fosse necessário. A criação da democracia ateniense, por exemplo, foi contingente. Mas ela tem, pelo menos para nós, um caráter absolutamente extraordinário — esta contingência não impede uma espécie de perenidade virtual de certas realizações. Como e por quê? Esta é a pergunta de Roger-Pol Droit. É difícil detalhar, mas direi algumas palavras sobre isso.

A sociedade só pode viver criando a sua significação. Significação quer dizer idealidade, mas não no sentido tradicional da filosofia. A idealidade significa aqui alguma coisa muito importante, mais importante que as coisas materiais, um elemento imperceptível imanente à sociedade. As instituições, no verdadeiro sentido do termo, são o imperceptível imanente, assim como a linguagem.

Ocorre que algumas dessas idealidades ultrapassam seu lugar de origem, seja no campo lógico-matemático, seja no campo estético. Mas não estamos discutindo aqui a criação de regras aritméticas ou geométricas, nem tampouco a criação de obras artísticas. Outra coisa nos preocupa. Trata-se do questionamento de si mesmo, individual ou coletivo. Distanciar-se de si próprio, produzir esta estranha deiscência no ser da coletividade, bem como naquele da subjetividade, dizer a si próprio: "Eu sou eu, mas o que eu penso talvez seja falso", são criações da Grécia e da Europa. Trata-se de um acidente local. Não posso nem quero inseri-lo em uma teologia ou teleologia qualquer da história humana. Era perfeitamente possível que a Grécia não tivesse existido. Neste caso, não estaríamos aqui esta noite, porque a idéia de um debate público livre, no qual qualquer pessoa pode questionar a autoridade de qualquer outra, não teria emergido. Não há nada de necessário nisso, devemos admitir.

Mas também é preciso admitir que o privilégio dessas duas criações (a grega e a européia) reside na constituição de um universal que não é mais o universal lógico ou mesmo técnico. Um machado tem utilidade em qualquer cultura: se as pessoas não sabem utilizá-lo, elas aprendem bem depressa. O mesmo acontece com o jipe ou a metralhadora. A universalidade da autoreflexão, no campo individual e coletivo, é de uma outra espécie. Esta auto-reflexão, que se encontra no fundamento da democracia, é como um vírus ou um veneno. Existe uma susceptibilidade dos seres humanos a serem "envenenados" pela reflexão, a serem capturados pelo refletir, na reivindicação da liberdade de pensar e da liberdade de ação. Mas estas não pertencem a uma natureza humana.

Por outro lado, a instituição social pode criar um obstáculo intransponível para esta contaminação libertadora. Com o devido respeito a todas as crenças, para um verdadeiro muçulmano, por exemplo, é evidente que a filosofia não pode em absoluto contestar o fato de que o Alcorão é divino enquanto texto. Neste ponto, não há possibilidade de discussão racional. Quando nos perguntamos, como o fez Roger-Pol Droit, e como eu mesmo me pergunto, de que modo as sociedades ocidentais poderão afetar esses universos de crenças, não podemos encontrar uma resposta global. Devemos esperar que o exemplo ocidental, por mais trôpego que se tenha tornado, seja capaz de minar pouco a pouco esse conjunto de significações essencialmente religiosas, possa abrir brechas, a partir das quais poderá se desencadear um movimento de auto-reflexão, simultaneamente político e intelectual.

Eu disse "Ocidente trôpego". Vou me permitir retomar um exemplo de meu último livro, porque acabei de me lembrar dele. Não podemos minar as culturas islâmicas tentando persuadi-las de que Madonna é superior ao Alcorão. Ora, é mais ou menos isso que lhes dizemos atualmente. Elas não são minadas pela Declaração dos Direitos do Homem, mas por Madonna ou seus equivalentes. Este é o drama do Ocidente e da situação atual.

A segunda pergunta coloca um problema imenso, que verdadeiramente não pode ser discutido aqui. O que significaria se ela se realizasse uma universalização efetiva das instituições democráticas, uma democracia planetária, etc.? O que ela pressupõe? É bastante evidente que ela pressupõe, antes de qualquer coisa, a aceitação por parte de todos, quaisquer que sejam suas crenças individuais, do fato de que uma sociedade humana só pode existir sobre bases que não sejam fixadas por um dogma revelado, não importa qual. Mas devemos supor bem mais do que isso. E, sobretudo, existem formas concretas a serem criadas. Porque seria uma loucura tanto pensar que se possa aplicar a democracia ateniense às dimensões da nação francesa, quanto pensar que se poderia aplicar — embora ela não constitua um modelo — a Constituição da Quinta República a todo o planeta. A clivagem é igualmente enorme. Trata-se, portanto, de um campo de criação que cabe ao futuro constituir.

Enfim, podemos ser otimistas ou pessimistas em relação a tudo isso? Roger-Pol Droit acredita ver, nesta última questão, uma tentação pessimista, à qual resisto. No que me diz respeito, eu não vivencio em absoluto as coisas dessa forma. Enquanto houver pessoas que reflitam, que questionem o sistema social ou seu próprio sistema de pensamento, haverá uma criatividade da história que ninguém pode alterar. O laço que nos une a essa criatividade passa por indivíduos vivos. Estes indivíduos existem, mesmo se são atualmente em pequeno número, e mesmo se, efetivamente, o tom dominante da época não é nada atraente.

UM PARTICIPANTE: Se universalizássemos a democracia por todo o planeta, não correríamos o risco de ver desaparecer todas as formas de alteridade, de ver a constituição de um mundo sem o outro, e, pois, sem representação de sua própria morte potencial?

C. C.: Pensamos freqüentemente que só podemos nos definir *em relação* a um outro. Este postulado é absolutamente arbitrário. Mas este termo aparentemente inocente se presta a confusão. Pelo que sei, em fonologia as labiais não estão em guerra contra as dentais. As labiais não exigem a morte das dentais para poderem existir como labiais. O termo "oposição" é aqui um abuso de linguagem fantástico. Trata-se da distinção, da diferenciação.

Seu argumento se sustentaria se alguém dissesse: "Eu peço e proponho uma sociedade onde não haja nenhuma diferenciação, onde seremos todos iguais". Aqui, o senhor poderia dizer que não se trata de uma utopia, nem tampouco de uma contradição, e sim de uma infradebilidade. Uma sociedade assim não pode existir e não é de modo algum desejável. É a morte... Talvez Ceaucescu sonhasse em se clonar para ter uma Romênia com 25 milhões de Ceaucescu. É possível, mas ele era louco. Em outras palavras, todos nós vivemos por diferença em relação aos outros, mas não em oposição aos outros. É isto que devemos compreender.

UM PARTICIPANTE: O senhor falou do surgimento da democracia ateniense como uma ruptura nesse fechamento da significação constituído pelo universo religioso. Mas uma tal ruptura poderia algum dia ser total?

C. C.: Nunca poderá haver uma ruptura total do fechamento, quanto a isso não há dúvida. Mas existe uma diferença qualitativa enorme entre um mundo onde há um fechamento com, talvez, algumas fissuras, porque nada se mantém por inteiro indefinidamente, e um mundo que abre este fechamento.

No cristianismo mais fechado existe sempre o espinho da teodicéia. Enfim, não se pode escapar de dizer: "Só Deus pode saber por que existem crianças mongolóides". Mas nunca se dá uma ruptura total do fechamento. Mesmo na filosofia mais radical existe uma enorme quantidade de coisas que não podem ser questionadas, e que provavelmente o serão mais tarde. Aliás, uma filosofia digna deste nome tende, num certo sentido, a se fechar. Embora ela repita "eu não quero me fechar", ela acaba por se fechar em sua própria maneira de não se fechar, o que significa que ela determina alguma coisa. E a verdade está neste movimento de ruptura de um fechamento após outro. Não se trata da correspondência com alguma coisa.

UM PARTICIPANTE: Seria justo pensar que os gregos detestavam o poder e só viam nele um mal necessário, como demonstra, por exemplo, o uso do sorteio em lugar da eleição?

C. C.: A questão sobre os gregos detestarem o poder e o considerarem um mal necessário, etc. exige mais detalhes. Péricles, por exemplo, não exerce o poder em Atenas porque foi eleito estrategista, e sim em razão da ascendência que tinha sobre o povo. E por que ele tinha adquirido uma tal ascendência? Certamente porque havia se esforçado para adquiri-la. Não podemos dizer que ele detestava o poder, nem que era obrigado a exercê-lo. Penso que o que se deve ver no regime ateniense, se o considerarmos no momento de seu maior brilho, é o que denominamos o século de ouro de Péricles, é este frágil equilíbrio entre o desejo de poder de uns, o controle pelo povo e o não esmagamento da individualidade.

Depois, efetivamente, o desejo de poder — trata-se verdadeiramente de uma terra clássica, para que nela encontremos demonstrações surpreendentes — se transforma em outra coisa na medida em que a democracia se deteriora. Refiro-me a Alcebíades. Para ele, todos os meios são bons para conquistar o poder: fazer com que a absurda expedição à Sicília seja votada, trair a sua pátria, passar para o lado da Lacedemônia, dar-lhe a estratégia para ganhar a Guerra do Peloponeso, passar de novo para o lado dos atenienses, etc. Temos aqui o fim da democracia ateniense.

UM PARTICIPANTE: De que maneira os gregos conciliavam o princípio da igualdade sobre o qual se fundamenta a democracia e seu gosto pela luta, pelo combate, pela competição, o *âgon*, no qual só o melhor vence? E o que fazer com este problema hoje?

C. C.: Devo primeiramente ressaltar que a concepção que os atenienses tinham da democracia é inteiramente relativa à idéia de que só há direito entre os iguais. Ora, quem são esses iguais? São os homens livres. Isto se apresenta com muita nitidez tanto em Tucídides como nos demais autores. E é surpreendente ver que quando Aristóteles — no livro V da *Ética Nicômaco*, consagrado à justiça — chega à questão da justiça pública, diz precisamente que não há o justo ou o injusto em política. Aqui a política não é a gestão das questões correntes, onde evidentemente existe o justo e o injusto, e sim, a instituição. Para Aristóteles, que permanece neste ponto profundamente grego, e com o qual estaríamos, portanto, em desacordo, não podemos julgar o núcleo fundamental da instituição política da Cidade. Ela dá poder aos *oligoï*, aos pouco numerosos, ao *demos* ou a quaisquer outros. Aqui não existe o justo e o injusto. As considerações de Aristóteles na própria *Política* não são considerações de justiça ou de injustiça para os regimes políticos, mas considerações de conveniência, de apropriação ou de adequação à natureza humana. É isto que faz certos regimes serem melhores que outros, e não o fato de serem justos ou injustos.

Não há como conciliar a concepção agonística absoluta com a democracia. Nós não dizemos que queremos instaurar a democracia para os mais fortes ou para os mais fracos. É justamente esta a grande aquisição dos tempos modernos, que se encontra efetivamente em germe na invenção, pelos gregos, de um *logos* que se pretende universal, mas cuja universalidade permaneceu entre eles sem uma verdadeira ação política. A grande contribuição da modernidade é a de que queremos a democracia para todos. Agora, no interior da democracia, é certamente necessário guardar um lugar para o elemento agonístico que está presente em todo ser humano, e fazer de modo que esse elemento não se traduza em matanças ou pelo tipo de cenas que se seguem a cada partida de futebol, onde os torcedores de Liverpool esmagam os torcedores do Milan.

Neste ponto, o exemplo dos gregos ainda nos pode ser útil. Jacob Burckhardt foi o primeiro a perceber isso: a Grécia é uma cultura na qual o elemento agonístico ocupa o lugar central. Ele está presente na Atenas democrática, não somente contra as demais cidades, mas também no interior da Cidade. Mas que forma ele assume? A forma, por exemplo — eu recorro ao exemplo mais favorável à minha argumentação, mas não importa — dos concursos de tragédias, *agôn tragikos*, a luta trágica, ou seja, a competição entre três, quatro ou cinco poetas para coroar o melhor. A forma dos jogos olímpicos, que não são "jogos", e sim *agônes*; e dos concursos poéticos, e também diante do *dêmos*, a competição daqueles que se acreditam chefes políticos ou líderes políticos, que querem ser os melhores por seus argumentos, etc. Tudo isso significa que até mesmo o elemento agonístico é canalizado no interior da Cidade para formas que já não são destrutivas da coletividade, mas, ao contrário, criadoras de obras positivas para esta coletividade.

A democracia ateniense: questões falsas e verdadeiras*

Eu reli esta nona *Carta da montanha*** pela enésima vez após ler o texto de Pierre Vidal-Naquet; lamentei que Pierre não tivesse tido tempo de escrever a história, que certamente ocuparia alguns volumes, da miragem grega e da miragem romana, de suas interpretações sucessivas, e das muitas guinadas de 180 graus que se operaram nessas interpretações através dos séculos.

---

* Apresentação em um colóquio realizado em Beaubourg, em 27 de março de 1992, do qual participaram também Pierre Vidal-Naquet e Pierre Levêque. A totalidade das apresentações foi publicada em *Esprit*, em dezembro de 1993.

** Em sua exposição, Pierre Vidal-Naquet lembrou o conhecido trecho da nona das *Lettres écrites de la montagne* de Rousseau, que cito *in extenso*, porque ele se aplica a todos os países "democráticos" modernos: "Sobretudo vós, genoveses, conservai vosso lugar, e não ides aos objetos elevados que vos são apresentados para vos ocultar o abismo que estão cavando à vossa frente. Não sois nem romanos nem espartanos; não sois nem mesmo atenienses (...) Sois mercadores, artesãos, burgueses, sempre ocupados com seus interesses particulares, seu trabalho, seu comércio, seu ganho: pessoas para quem a liberdade mesma só constitui um meio de adquirir sem obstáculos, e de possuir com segurança" (La Pléiade, v. 3, p. 881). De Rousseau e Ferguson a Benjamin Constant, este breve resumo antropológico da "democracia" moderna era evidente. Ele tornou-se invisível para os "filósofos políticos" contemporâneos.

Tudo começa em Atenas no século IV. É Platão, é a visão da democracia como o poder do *vulgum pecus*, dos iletrados que acreditam saber mais do que as pessoas que sabem verdadeiramente, que matam os generais, que matam Sócrates. Passo por cima dos vinte e dois séculos que se seguem, assinalando apenas a quase reviravolta que se opera no momento da Revolução Francesa e o belo texto de Vidal-Naquet, "Atenas burguesa".[1] Lembro, a grande inversão que teve lugar na Inglaterra por volta de 1860 com o trabalho do grande George Grote, seguida das pastorais wilhelminianas na Alemanha com Wilamowitz, as correntes análogas na França, sem esquecer as tentativas de apropriação de uma Grécia "dórica" pelos nazistas. Trata-se, certamente, do objeto mais rico disponível (somente a história do cristianismo é, deste ponto de vista, tão rica) para servir um estudo sobre o imaginário sócio-histórico como fonte, não propriamente de re-interpretação, mas de *recriação* de uma época fundadora de épocas seguintes, segundo seu imaginário próprio. Além disso, a oposição Atenas/Roma tem ainda um papel na França. Quando criança, eu lia a grande *Histoire romaine* de Victor Duruy, cujo prefácio termina com um apelo aos franceses, convidando-os a estudar a história romana, porque — esta é a última frase do prefácio e, sessenta anos depois, ela permanece em minha memória — "mais do que de Atenas, é de Roma que somos os herdeiros". Ora, ainda recentemente, Claude Nicolet retomou de fato esta idéia. Haveria uma ponta de verdade nisso? Começarei o pouco que tenho a dizer com uma brincadeira, que nos remete às *Cartas da montanha*. Se eu fosse Rousseau, e se os senhores fossem genoveses, eu lhes diria esta noite — bem como a todos os povos ocidentais: "Os senhores não são atenienses, nem mesmo romanos". É bem verdade que Roma nunca foi uma democracia, ela sempre foi uma oligarquia. No entanto,

---

1. "La formation de l'Athènes bourgeoise" (em colaboração com Nicole Loraux), in *La démocratie grecque vue d'ailleurs*, Paris, Flammarion, 1990. Todos os textos deste livro devem ser consultados sobre esse tema.

pelo menos até cerca de 150 a.C., subsistia uma espécie de devoção à *res publica*, que hoje desaparece inteiramente sob os golpes do "liberalismo".

Minha apresentação tratará primeiramente de um certo número de pontos que não tentarei sistematizar; penso, todavia, que os senhores poderão facilmente apreender os íntimos laços que os unem.

De início, antes da criação da *polis*, existe uma enorme mitológica que, certamente, será re-elaborada, mas já está presente na criação democrática grega. O primeiro sorteio *político* que conhecemos tem lugar entre Zeus, Poseidon e Hades, após sua vitória contra os Titãs, para a partilha da dominação. E se Zeus é o senhor do universo, ele só o é *por acaso*, porque foi sorteado com o céu.[2] Da mesma forma, toda a concepção mitológica sobre as relações entre o direito e a força permanece viva, como veremos ainda tanto no *Prometeu* de Ésquilo como no diálogo dos habitantes de Atenas e de Mélia em Tucídides.

Em seguida, se passamos a Homero, já podemos encontrar a *agora*, como Pierre Vidal-Naquet lembrou há pouco. Muito marcantes também são os famosos versos da *Odisséia* sobre os ciclopes, que ele não citou, provavelmente por serem bastante conhecidos; ciclopes, não têm *agora* nem leis; dispensarei uma tradução, o que certamente suscitaria problemas. Não desejo entrar nas questões de datas e de conteúdo dos poemas homéricos. Moses Finley escreveu sobre isso um livro maravilhoso, e Pierre Vidal-Naquet, em um prefácio à *Ilíada*, lembra que Homero era antes de tudo um poeta, e não um correspondente de guerra ou um repórter cobrindo as explorações de Ulisses. Essas frases de Homero têm, no entanto, uma importância fundamental: com a ajuda das datas atuais, podemos fazer Homero chegar até bem antes de 750 a.C. Ora, sabemos positivamente que a colonização, a grande colonização, não a da costa da Ásia Menor

---

2. É preciso igualmente assinalar que o fato de que nenhum dos três deuses principais tem a Terra como apanágio. Esse traço mereceria um longo comentário.

(bem mais antiga), já começa por volta desta data: Pithecusae (Ischia) e Cumae, na Itália, o atestam. É preciso compreender o que significa essa colonização e o que ela pressupõe. Ela pressupõe, primeiramente, uma certa história anterior da *polis*: seria absurdo supor que uma *polis* fundada em 752 pudesse enviar, em 750, um grupo de pessoas de Eubéia para fundar uma colônia na Itália Central! Por outro lado, ela é, em si mesma, muito diferente das outras colonizações da Antiguidade ou mesmo dos tempos modernos. A colônia não é uma possessão ou um posto avançado da metrópole; ela de fato se *auto-institui*. É bem verdade que resta uma relação de veneração, no que se refere à metrópole; é igualmente verdade que a metrópole fornece, quase sempre, os modelos das instituições da colônia; mas freqüentemente também ocorre que as leis da colônia são novas, diferentes. Acredito que é nas colônias, mais do que na Grécia propriamente dita, que devemos procurar os germes político-históricos daquilo que se tornará mais tarde a democracia. Na colônia existe o *oikistès*, o "fundador", o chefe da expedição; é, entretanto, bastante característico que não se encontre nenhum rei ou autocrata entre os *oikistai*.

Pierre Vidal-Naquet tinha razão quando disse há pouco que na história da Grécia antiga há dois momentos de ruptura, que eu chamaria duas criações. Há a criação da *polis* como *polis*, que poderá vir a ser oligárquica ou tirânica, e há a criação da democracia propriamente dita, mais tarde, sobretudo em Atenas (para não entrar em uma discussão sobre Chios). Deve-se igualmente assinalar um aspecto da história de Esparta, esquecida nessas discussões. Por pouco que se possa dizer sobre isso, deixando de lado a questão dos hilotas e da "hilotagem", se posso assim dizer, Esparta começa como uma cidade onde o poder pertence ao *damos* (povo) e os cidadãos são os *homoioi*. Pierre Vidal-Naquet traduz este último termo por "pares", mas poderíamos também propor "semelhantes" ou "verdadeiros semelhantes", que seria o seu sentido literal. Isso, entre 650 e 600, ou seja, um século antes de Clístenes. Mas existe também uma *história*: a dinâmica da sociedade espartana, por razões que permanecem obscuras, é oligárquica, que culmina no século IV. Dinâmica inteiramente oposta àquela que se desdobra em Atenas, e provavelmente também em muitas outras cidades, sobre as quais, infelizmente, não temos informações. Das mais de 150 *politeiai* de Aristóteles e de seus discípulos, só nos resta uma; das demais restam apenas fragmentos de frases, dos quais não se pode extrair grande coisa. É possível que nossa imagem do mundo grego seria bem diferente se tivéssemos todos esses tratados sobre as constituições-instituições das diferentes cidades.

Precisamos, pois, nos limitar a Atenas — e é aqui que os testemunhos nos mostram uma verdadeira *história* e uma história *criadora*. A questão não é simplesmente a de que "as coisas mudam" — as instituições são criadas e renovadas, quase que constantemente, por meio do que Aristóteles denomina as 11 *métabolai* ou mudanças de regime. Entre essas mudanças de regime, algumas são importantes, outras, menos. Além disso, não há apenas mudanças de regime (basta pensar na história das "artes" ou da tragédia); mas é preciso insistir sobre essas mudanças, é preciso virar a mesa e chamar de branco o que até agora a tradição chamou de preto. Os atenienses e seu regime foram constantemente "acusados" de "instabilidade", e os ecos dessa mentalidade conservadora ainda se encontram até mesmo em Hannah Arendt e seus elogios à *auctoritas* e à *traditio* romanas, em oposição à versatilidade dos atenienses. Mas o que é precisamente, ao mesmo tempo, característico de Atenas, e precioso pelo que nos apresenta, é a auto-instituição explícita continuada, ou seja, a criação, pela primeira vez na história registrada, de uma *historicidade forte*. A História existe, na verdade, por toda parte, e nunca um tupi guarani será idêntico a si mesmo, tal como era um segundo antes. Mas no nível das instituições essa mudança é imperceptível, e nas sociedades selvagens ou tradicionais os "segundos" são milênios ou séculos. Ora, em Atenas — podemos observar isso nos séculos VI e V, e ainda no século IV — a mudança acontece entre gerações e até mesmo no seio de uma mesma geração. Não apenas Sófocles é bem diferente de Ésquilo, como o Sófocles velho não escreve da mesma maneira que o Sófocles jovem. Não se trata de um fenômeno "individual": a forma da tragédia muda, o estilo arquitetônico muda, os homens mudam, as instituições mudam. Se desejarmos a *traditio* e a *auctoritas*, deveremos querer Ênio para sempre, e não a história da tragédia. Contudo, a partir de um certo momento, os homens começam a mudar para pior, e temos a Guerra do Peloponeso, as terríveis descrições de Tucídides referentes à corrupção generalizada induzida pela guerra. Tucídides quase chega a falar de discurso mentiroso, quando diz que a guerra fez com que as palavras passassem a significar o oposto de antes. O *démos* já é outro — e será este novo *démos* que condenará os generais de Arginusas, que condenará Sócrates.

Isso nos leva a uma outra conclusão importante: a democracia não é um *modelo* institucional, como também não é um "regime" no sentido tradicional do termo. A democracia é a auto-instituição da coletividade pela coletividade, e esta auto-instituição como movimento. É bem verdade que esse movimento se apóia sobre instituições determinadas, e é facilitado, ao mesmo tempo, por essas instituições, assim como pelo conhecimento, difundido na coletividade, de que nossas leis foram feitas por nós e de que podemos mudá-las. Para terminar, direi duas palavras sobre os limites dessa auto-instituição.

Podemos esclarecer um aspecto importante da especificidade da história de Atenas como história democrática, retornando a uma concepção (que faria parte do "materialismo militar") que considera a invenção da falange como condição da democracia. Essa concepção pretende que a invenção da falange como organização guerreira dos membros de uma cidade, em razão de uma "extensão" da condição igualitária dos soldados na organização da falange, tenha levado à democracia. A concepção peca pelos dois lados. Primeiramente, a própria falange não poderia ser "inventada" se o imaginário da igualdade dos cidadãos já não estivesse fortemente presente. Quando lemos a *Ilíada*, nos questionamos às vezes sobre o que fazem e para que servem no campo de batalha aqueles "enxames" e "rebanhos" de guerreiros anônimos, aqueus ou troianos. Sua função talvez seja apenas a de testemunhar do valor, do *kléos* e do *kudos*, dos heróis cujos duelos são os únicos a serem incessantemente cantados. Evidentemente Homero descreve aqui a encarnação, no plano militar, do imaginário aristocrático (e, ao menos neste aspecto, está se referindo a um mundo certamente já desaparecido em sua época). Na falange, entretanto, realizam-se a igualdade e a solidariedade dos combatentes. Aquiles jamais teria pensado em ficar ao lado de Tersite e protegê-lo com seu escudo. Para que a falange seja concebível, é necessário que os combatentes se considerem iguais, semelhantes, prontos a se defenderem mutuamente. A falange é um resultado, não uma "causa" do imaginário da igualdade; e este é um segundo aspecto — em si mesma ela não é em absoluto suficiente para levar a um estado democrático da comunidade. A falange existe igualmente em Esparta e, sob uma outra forma, a legião romana é semelhante à falange: as diferenças em sua organização fazem parte de outras considerações. Ora, Roma nunca foi uma democracia no sentido em que Atenas o foi.

Chego assim à questão da escravidão, e à famosa frase de Finley, lembrada por Pierre Vidal-Naquet: "No mundo antigo, a liberdade avança no mesmo passo que a escravidão". Não discutirei a questão no plano teórico, abstrato. Colocarei simplesmente algumas questões no plano dos fatos.

Primeiramente, quantos escravos havia em Atenas por volta do ano 510 antes de Cristo? O número de escravos de que temos conhecimento, ou melhor, o número que supomos, que calculamos com dificuldade, para Atenas, não diz respeito à época da instauração da democracia, às suas condições iniciais, se podemos nos expressar assim — e ainda menos à toda a história *anterior* de Atenas, onde se vê os germes da criação democrática se multiplicarem. Podemos imaginar que este número cresce bastante com os escravos públicos que trabalhavam nas minas de Laurium — e sabemos que elas foram descobertas, ou começaram a ser exploradas, pouco antes da Segunda Guerra Médica; sabemos igualmente que Temístocles convenceu o *démos* a utilizar o seu produto para a construção da frota.

Neste ponto, estou de acordo com duas pessoas bastante diferentes, Jefferson e Marx. Este dizia que a verdadeira condição socioeconômica da democracia antiga era a existência de uma multidão de pequenos produtores independentes. E quando conhecemos a atitude de Jefferson, que se opôs ao desenvolvimento de uma indústria importante (portanto, de um proletariado) nos Estados Unidos de sua época, podemos compreender que por trás desta atitude está a idéia de fundar a democracia na pequena propriedade agrária, cuja extensão foi efetivamente possível nos Estados Unidos até o "fechamento da fronteira" do Oeste, no início do século XX.

A escravidão está presente por toda a parte no mundo antigo, mas a democracia só está em algumas cidades. A escravização está presente em Esparta — sob uma outra forma, é bem verdade, mas não vemos que, pelo fato de serem hilotas, e não escravos-mercadoria, afetaria a ligação postulada. Também nas cidades aristocráticas gregas temos os escravos-mercadoria. E igualmente em Roma, por outro lado, onde se vê os progressos da escravatura caminhando no mesmo passo que o poder da oligarquia.

Há aqui, a meu ver, dois pontos de fato decisivos: a escravatura presente por ocasião da criação da democracia é, sem dúvida alguma, muito limitada, e em quase todas as cidades antigas encontramos escravização, mas não democracia.

O desenvolvimento da escravatura em Atenas vai de par, na minha opinião, com um outro traço extremamente importante, o desenvolvimento do "imperialismo". Não pretendo me deter nesta questão, mas assinalo que é evidente que o fracasso de Atenas, sob todos os pontos de vista, se deve à combinação desse "imperialismo" com a manutenção da concepção de que somente os cidadãos atenienses podiam ser sujeitos políticos. Se Roma conquistou o mundo antigo, se falamos hoje uma língua que, como dizia Proust, é uma maneira errada de pronunciar o latim, isso não se deve às virtudes guerreiras dos romanos, nem à sua frugalidade, e sim à fantástica política de *assimilação* gradual que Roma inventou, ou foi forçada a inventar, começando pela plebe. A plebe, no início, era constituída pelos estrangeiros, pelos imigrantes, pelos metecos. Esta plebe luta, retira-se para o Aventino e, após um século, dois séculos, Roma é obrigada a digeri-la. Esta digestão das populações conquistadas estende-se gradualmente, por meio de grande número de instituições: as colônias romanas, as colônias latinas, a *civitas romana* — concedida a frações das populações vencidas (o que permitiu dividi-las), às populações da Itália após a Guerra Social (90 a.c.) e, finalmente, a todos os habitantes livres do Império com o edito de Caracalla (212 A. D.) — ao mesmo tempo em que a emancipação e a assimilação dos escravos era praticada em uma escala cada vez maior.

Ora, os atenienses nunca pensaram em uma extensão da cidadania ateniense em tempos normais (as que tiveram lugar em favor dos plateenses e dos sâmios virão mais tarde, no momento da catástrofe). Conhecemos poucas naturalizações, bem como poucas emancipações de escravos. O Império continua a ser o conjunto das cidades submetidas à *polis* por excelência, Atenas. O empreendimento da extensão, e mesmo da manutenção do Império rapidamente torna-se, portanto, absurdo — como também se tornou absurdo o empreendimento das nações européias modernas que desejaram dominar as colônias sem mesmo tentar assimilá-las, o que, de qualquer modo, elas não teriam podido realizar verdadeiramente.

Chego agora a um grande paradoxo aparente: o grande filósofo ateniense é Platão, e Platão é um inimigo jurado da democracia. Geralmente não se encontra nos filósofos gregos, com exceção de Aristóteles, que deixo aqui à parte, um pensamento da democracia. A única exceção notável é Protágoras, de quem falarei mais adiante. Sabemos, entretanto, que Demócrito é objeto, por parte de Platão, de uma *damnatio memoriae*, ao contrário de Protágoras, e nada impede de pensar que isso corresponda a uma intenção de dar pouca ressonância às suas opiniões em geral e às suas de políticas em particular. Que Platão conhecia a obra de Demócrito, isso pode ser constatado na leitura do *Timeu* — e Aristóteles, que fala dele todo o tempo, deve ter conhecido esta obra durante os seus anos de Academia.

Caímos sempre em autores que falam do "pensamento político grego", pensando em Platão. Isso é tão ridículo quanto querer encontrar o pensamento político da Revolução Francesa em Joseph de Maistre ou Bonald. A criação política grega é essencialmente a democracia, que é objeto do ódio inextinguível de Platão. Sobre ela, ele acumula as calúnias que, aliás, conseguiu impor à grande parte da opinião culta e profana, há mais de 2 mil anos. Os grandes políticos de Atenas — Temístocles e Péricles — são apresentados como demagogos que encheram a cidade de coisas inúteis como as muralhas, os canteiros navais, etc. Os pensadores críticos — Protágoras e Gorgias — são sofistas no sentido que Platão conseguiu dar a esta palavra. Os poetas são corruptores e apresentadores de falsas imagens (*idola*). Ésquilo e Sófocles são vistos como apresentadores de falsas imagens e corruptores — Platão é julgado por seus julgamentos.

O espírito da democracia deve ser buscado — e será encontrado — nos poetas trágicos, nos historiadores, em Heródoto (na discussão entre os três sátrapas persas sobre os três regimes), em Tucídides (e não apenas no *Epitáfio* de Péricles) e, evidentemente, sobretudo e acima de tudo, nas instituições e na prática da democracia.

Em relação à tragédia, brevemente tomarei o exemplo de *Antígona*.[3] Esta é, a meu ver, mais do que qualquer outra, *a* tragédia da democracia. Sabemos da importância que tem para o pensamento grego — e isso apresenta-se claramente no século V, talvez até mesmo antes — a idéia do *nomos*, não simplesmente como lei, mas como lei humana, colocada pelos homens; é, de certo modo, o que chamo de auto-instituição da sociedade. Ora, no famoso *stasimon* de *Antígona* (v. 332-75), "muitos são os terríveis, e nada é mais terrível do que o homem", Sófocles fala do fato de que o homem ensinou a si próprio (*edidaxato*) a língua, o pensamento e as *astunomous orgas* — as paixões que dão leis às cidades (que as instituem). *Orgé* é a cólera, o afeto, a paixão — é daí que vem o orgasmo. Os homens são determinados como aqueles que *ensinaram a si próprios* como instituir as cidades. Aponta aqui a idéia da democracia como regime que se institui com conhecimento de causa.

No que diz respeito a Protágoras, basta que nos reportemos ao seu famoso discurso no diálogo que leva o nome de Platão. Sobre o sentido deste discurso, estou inteiramente de acordo

---

3. Para uma discussão um pouco mais ampla sobre *Antígona*, ver meu texto "La *polis* grecque et la création de la démocratie", 1983, retomado em *Domaines de l'homme*, *op. cit*, pp. 261 e segs.

com o que Pierre Vidal-Naquet comentou, e eu mesmo escrevi que ele contém, sem dúvida, os *topoi*, os lugares comuns da reflexão democrática da época em Atenas, como de resto o discurso de Sócrates (a "prosopopéia das leis") no *Críton*. Ora, Protágoras diz exatamente o contrário do que Platão passará a vida a tentar demonstrar: que não há *épistemé*, saber certo e seguro em política, nem *techné*, política pertencente a especialistas. Em política há somente a *doxa*, a opinião, e esta *doxa* é igualmente e eqüitativamente partilhada entre todos. Temos aqui também, digamos de passagem, a única justificativa possível, sem contar a da norma legal, para a regra majoritária.

Mas precisamos, sobretudo, nos voltar para as instituições efetivas para compreender o espírito da democracia. Existe, primeiramente, a democracia direta, isto é, a idéia da participação política de todos nas decisões concernentes às questões comuns. Existe a invenção do princípio eletivo para os cargos que exigem um *savoir-faire* específico e igualmente a rotatividade e o sorteio para os outros. Existe a idéia, que pela primeira vez aparece na História, da responsabilidade dos magistrados diante do povo, *euthuné*. Existe a revogabilidade de fato de todos os magistrados, e esta instituição extraordinária que denominamos *graphé paranomôn*, por meio da qual se podia levar ao tribunal alguém que tivesse feito com que a Assembléia votasse uma lei "ilegítima" — apelo do povo contra ele mesmo, diante dele mesmo, que abre um abismo de reflexões. Existe a separação entre o jurídico, legislativo e o governamental. Existe a compreensão da importância das condições econômicas para a democracia, para a participação (salário eclesiástico, etc.). Existe, enfim, a fantástica cláusula, atestada por Aristóteles na *Política*, proibindo aos habitantes de uma região fronteiriça a participação no voto, quando se tratasse de votar a favor ou contra a guerra com uma cidade vizinha. Porque fazê-los votar essa questão seria colocá-los em um *double bind* desumano: ou bem eles votam como cidadãos atenienses, eventualmente pela guerra, negligenciando o fato de que suas casas correm o risco de serem destruídas, seus campos devastados, etc.; ou bem eles votam como seres humanos particulares que não podem esquecer sua carne, sua família, suas oliveiras, e eles votarão contra a guerra, não porque é do interesse da *polis,* e sim por seus interesses particulares. Para perceber o abismo que separa o imaginário político grego e o imaginário político moderno, tentemos imaginar por um momento o que aconteceria hoje se alguém tivesse a idéia bizarra (mas *politicamente correta*) de propor que na votação da Assembléia Nacional concernente à viticultura os deputados de departamentos vinícolas fossem proibidos de votar.

Como eu já disse mil vezes, não se trata de transformar tudo isso num modelo, num paradigma; trata-se sim de compreender que temos aqui germes fecundos para pensar o projeto de autonomia, o projeto de uma sociedade autônoma.

Naturalmente, também é preciso compreender os seus limites. Estes são evidentemente a escravatura, o estatuto das mulheres — tudo isso já foi dito e redito —, mas, muito mais do que isso, eles são os limites dessa auto-instituição, e são primeiramente os limites da *polis*; em outras palavras, a impossibilidade de fazer passar para o plano político a significação da *universalidade,* que, no entanto, se encontra na filosofia grega desde o início, desde os primeiros textos pré-socráticos. A filosofia nasce consubstancialmente com a idéia de um *logon didonai* universal, de uma busca da verdade e de um questionamento daquilo que está presente como representação, e que não tem limites geográficos, ou de raça, língua, comunidade política. Ora, esta idéia não consegue penetrar no campo da política. A universalidade política, mesmo se ela não passou de simples idéia, é uma criação da Europa moderna, não da Grécia. A universalidade do pensamento é uma criação grega, as formas da democracia são uma criação grega, mas não a universalidade política. Há coisas que não são mencionadas. O importante na escravatura não é o fato de que haja escravos, e sim que a questão não é, e não pode ser levantada. Como diz Pierre Vidal-Naquet, numa comédia de Aristófanes podemos pensar uma "ginecocracia" para fazer rir, mas não há possibilidade de pensar uma "dulocracia",[4] mesmo

---

4. N.T.: de *dulos*, servo.

que seja para nr. Temos aqui um limite intransponível do campo ótico (e sua transposição pós-clássica pelos cínicos ou pelos estóicos permanecerá puramente teórica). Existe também — apesar da demanda de partilha de terras e da famosa experiência comunista das ilhas Lipari, sobre a qual pouco se sabe, salvo que ela fracassou — este outro limite: a propriedade privada não é mais re-questionada (só o sendo, e com o intuito de fazer rir, na *Assembléia das mulheres*).

Na Europa moderna, temos precisamente o questionamento tanto da desigualdade política quanto da desigualdade econômica. Qual será a resposta final é uma outra história — a história. Mas ninguém ousará mais dizer que a propriedade privada, por exemplo, resulta de um decreto divino. Seus defensores mobilizarão argumentos, invocarão autoridades e a falência do "comunismo" na Rússia; serão, entretanto, obrigados a discutir.

Esta é a grande novidade da criação moderna, sua alteridade relativamente à criação grega. O que não deve nos impedir, longe disso, de refletir sobre os primeiros germes dessa autonomia que desejamos.

A cultura em uma sociedade democrática*

I

Não há, aparentemente, nada mais evidente do que a questão a que este título se refere. O que pode haver de mais imediato, com efeito, para aqueles que julgam estar vivendo em uma sociedade democrática, do que se interrogar sobre o lugar da cultura em sua sociedade — e isso ainda mais porque assistimos, ao menos em aparência, a uma difusão sem precedente do que chamamos cultura, ao mesmo tempo em que assistimos à intensificação das questões e das críticas no que diz respeito ao que é assim difundido e aos seus modos de difusão.
Existe uma maneira de responder a essa interrogação, que é, na verdade, um modo de escapar dela. Ela consistiu, já faz

---

* As idéias deste texto foram expostas por ocasião de várias conferências, sobretudo em Paris (1991), em Ancara (1992), em Alexandroupolis (1993) e em Madri (1994). A versão dada aqui corresponde à conferência realizada em Madri em 3 de março de 1994, no quadro de um colóquio organizado pela Fondation Ortega y Gasset, em colaboração com o serviço cultural da embaixada da França, sobre o atual pensamento político francês. Ela foi publicada com o título (escolhido pela redação) "En mal de culture" em *Esprit*, em outubro de 1994.

quase dois séculos, em afirmar que a especificidade do lugar da cultura em uma sociedade democrática — contrariamente ao que ocorria nas sociedades não-democráticas — resume-se ao fato de que aqui a cultura é para todos e não para uma elite assim definida ou não. Este "para todos", por sua vez, pode ser tomado num sentido simplesmente quantitativo: a cultura existente em dado momento deve ser posta à disposição de todos, não apenas "juridicamente" (o que não era, por exemplo, o caso no Egito faraônico), mas sociologicamente, no sentido de sua acessibilidade efetiva — papel que supostamente cabe hoje à instrução universal, gratuita e obrigatória, bem como aos museus, concertos públicos, etc.

Mas podemos igualmente tomar esse "para todos" sociológico em um outro sentido, ainda mais forte: considerar que a cultura existente é um produto de classe, feito *por* e/ou *para* as camadas dominantes da sociedade, e exigir uma "cultura para as massas". Foi essa, como se sabe, a teoria e a prática do *proletkult* na Rússia durante os primeiros anos que se seguiram à Revolução de 1917 e, na mistificação e no horror, a teoria e a prática de Stalin e de Jdanov do "realismo socialista" alguns decênios mais tarde.

Não discutirei aqui esta última concepção, ressuscitada hoje por diferentes movimentos (feminista, negro, etc.) que condenam a totalidade da herança greco-européia como o produto de "homens brancos mortos". Eu me pergunto por que não se condena, segundo este mesmo princípio, as heranças chinesa, islâmica ou asteca, produzidas pelos homens mortos, respectivamente amarelos, brancos ou "vermelhos". A base da questão diz respeito a uma velha interrogação filosófica: será que as condições efetivas da gênese de uma obra (de uma idéia, um raciocínio, etc.) decidem, sem mais, a sua validade? Responder que sim, significa cair na velha contradição auto-referencial, pois seria fazer implicitamente um julgamento de validade sobre esse mesmo enunciado, julgamento que se pretende independente das condições efetivas de sua gênese — salvo se nos colocarmos arbitrariamente em posição profética ou messiânica, o que faziam efetivamente, por conta do "proletariado" e pondo-se em seu lugar com uma honestidade ingênua, os partidários do *proletkult* e, com uma infame audácia, os stalinistas.

É evidente que a "atribuição à origem" não é simplesmente absurda. Mas as atitudes do *proletkult*, das feministas fanáticas, etc. — ou a "genealogia" à Nietzsche, retomada ao molho parisiense em "arqueologia" um século mais tarde — querem eliminar a questão, que não pode ser eliminada, da *validade de direito*. (O fato de que Jefferson tenha tido escravos não invalida *ipso facto* a Declaração de Independência). E em sua insondável confusão, essas atitudes "esquecem" pura e simplesmente a questão abissal: como frases e obras de outros tempos e lugares podem nos falar e, às vezes, nos fazer estremecer?

II

Os termos cultura e democracia suscitam imediatamente questões intermináveis. Contentemo-nos aqui com algumas referências provisórias. Podemos chamar cultura tudo aquilo que, no domínio público de uma sociedade, transpõe o simples funcional ou instrumental e apresenta uma dimensão invisível, ou melhor, imperceptível, positivamente investida pelos indivíduos de dada sociedade. Em outras palavras, aquilo que, nesta sociedade, está ligado ao imaginário *stricto sensu*, ao imaginário poético, tal como ele se encarna em obras e condutas que vão além do funcional. Não é necessário dizer que a distinção do funcional e do poético não é material (não está nas "coisas").

O termo democracia presta-se, evidentemente, a um número infinitamente maior de discussões, por sua própria natureza e porque vem sendo, há muito tempo, o centro de debates e de lutas políticas. Em nosso século, todos, inclusive os tiranos mais sangrentos, com exceção de nazistas e fascistas, reivindicam a democracia. Podemos sair dessa cacofonia recorrendo à etimologia: democracia, o *kratos* do *démos*, o poder do povo. Deixando por enquanto de lado a eventual duplicidade desta afirmação, vamos nos apoiar no sentido estrito do termo para extrair uma significação que poucos ousariam contestar: em uma democracia, o povo é soberano, isto é, ele faz as leis e a lei, ou ainda melhor, a sociedade faz as suas instituições e a sua instituição, ela é autônoma, ela se auto-institui. Mas, como toda sociedade de fato se auto-institui, devemos acrescentar: ela se auto-institui, pelo menos em parte, explicitamente e refletidamente. Daqui a pouco retornarei a este termo. Em todo o caso, ela reconhece suas próprias criações, deliberadas ou não, em suas regras, normas, valores, significações.

Essa autonomia, essa liberdade, implica ao mesmo tempo e pressupõe a autonomia e a liberdade dos indivíduos, ela é impossível sem esta última. Mas esta, afirmada e assegurada pela Lei, a Constituição, as Declarações dos Direitos do Homem e do Cidadão, se funda, em última análise, *de jure* e *de facto*, na lei coletiva, tanto formal como informal. A liberdade individual efetiva (não me refiro aqui à liberdade filosófica ou psíquica) deve ser decidida por uma lei — mesmo quando ela se chama "Declaração dos Direitos" — que nenhum indivíduo poderia estabelecer ou sancionar. E, no quadro desta lei, o indivíduo pode, por sua vez, definir por si próprio as normas, os valores, as significações, segundo os quais ele tentará ordenar sua própria vida e lhe dar um sentido.

Essa autonomia, ou auto-instituição explícita, que emerge pela primeira vez nas cidades democráticas gregas e re-emerge, com mais amplitude, no mundo ocidental moderno, marca a ruptura — que provoca a criação da democracia — com todos os regimes sócio-históricos anteriores.[1] Nestes regimes de heteronomia instituída, a fonte e o fundamento da lei, bem como as normas, os valores ou as significações, são colocados como transcendentes à sociedade; transcendentes no absoluto, como se verifica nas sociedades monoteístas, transcendentes, de qualquer modo, no que diz respeito à atualidade efetiva da sociedade viva, como nas sociedades arcaicas. A atribuição dessa fonte

---

1. Ver, por exemplo, meu texto "Pouvoir, politique, autonomie", *Revue de métaphysique et de morale*, 1988, nº 1; retomado em *Le monde morcelé, op. cit.*, pp. 113-40.

e desse fundamento vão de par com um fechamento da significação; a palavra de Deus, as disposições estabelecidas pelos ancestrais são indiscutíveis e estabelecidas uma vez por todas. Isso vale também para os indivíduos: o sentido de suas vidas é dado, regulado antecipadamente, por este fato certo. Não pode haver discussão possível sobre as instituições — logo, não pode haver discussão possível sobre as crenças sociais, sobre o que tem ou não valor, sobre o bem e o mal. Em uma sociedade heterônoma — ou simplesmente tradicional — o fechamento da significação faz com que não apenas a questão política e a questão filosófica estejam antecipadamente fechadas, como também as questões éticas ou estéticas. Em todas as circunstâncias, o que se deve fazer é ditado sem apelo pela lei e os costumes coletivos; nada muda quando aparecem comentários intermináveis ou uma casuística sutil, como acontece com o Talmude, os doutores cristãos ou os teólogos islâmicos. O mesmo sucede com a cultura. Não há dúvida de que as sociedades heterônomas criaram obras imortais, ou simplesmente uma imensa quantidade de belos objetos. E esta constatação já mostra o caráter insustentável, numa perspectiva democrática precisamente, das proscrições históricas às quais se entregam os novos fanáticos de hoje. (Segundo a lógica de certas feministas, por exemplo, eu devia jogar fora *A paixão segundo São João*, não apenas em razão de ser um produto do homem branco morto, mas também por constituir a expressão de uma fé religiosa alienante.) Mas essas obras imortais continuam inscritas num contexto e num horizonte sócio-histórico dados. Elas também continuam a encarnar as significações imaginárias instituídas. Por essa razão, as obras estão, em sua imensa maioria, coordenadas ao sagrado simplesmente, ou ao sagrado político, elas conformam as significações instituídas: adoração do divino, culto dos heróis, elogio dos grandes reis, exaltação da bravura guerreira, da piedade, das demais virtudes consagradas pela tradição. Evidentemente estou esboçando o quadro em suas linhas gerais. Mas tal é a fonte das grandes obras que nos legaram as sociedades arcaicas, as grandes monarquias tradicionais, a verdadeira Idade Média européia do século V ao século XI, ou o Islã.

Se as obras e seus criadores estão, por assim dizer, a serviço das significações instituídas, o público dessas sociedades nelas encontra a confirmação e a ilustração das significações e dos valores coletivos e tradicionais. E isso se harmoniza com o modo específico da temporalidade cultural nessas sociedades — a saber, a extrema lentidão e o caráter escondido, subterrâneo da alteração dos estilos e dos conteúdos, paralela e quase sincronicamente com a da própria língua; harmoniza-se também com a impossibilidade de individualizar, *ex post*, os criadores, impossibilidade de modo algum devida à nossa informação insuficiente. É assim, e não de outra forma, que se pinta na época Tang, ou que se esculpe ou constrói durante a vigésima dinastia faraônica, e é preciso ser um especialista para poder distinguir essas obras das que as precederam ou seguiram de alguns séculos. De modo que há, por exemplo, uma forma canônica eclesiasticamente regulada, até os mínimos detalhes, de um ícone bizantino de tal santo ou de tal momento da vida da Virgem. Ao passo que, antecipemos, é impossível confundir um fragmento de Safo com um fragmento de Arquíloque, um trecho de Bach com um trecho de Haendel, e podemos exclamar, ao escutarmos certas passagens de Mozart, "mas já é Beethoven!".

III

A criação da democracia, mesmo como simples germe frágil, altera radicalmente essa situação. Uma breve digressão filosófica é aqui indispensável, digressão que elucidará, espero, a questão da validade trans-histórica deixada em aberto mais acima.[2]

Da mesma forma que quando tudo foi considerado e dito, o ser é Caos, Abismo, Sem Fundo — mas igualmente criação, *vis formandi* não predeterminada que superpõe ao Caos um Cos-

---

2. Sobre o que se segue, ver, por exemplo, "Institution de la société et religion",em *Esprit*, maio de 1982; retomado em *Les carrefours du labyrinthe*, II: *Domaines de l'homme, op.cit.*, pp. 364-84.

mos, um Mundo bem ou mal organizado e ordenado, da mesma forma o ser humano é Abismo, Caos, Sem Fundo, não somente na medida em que participa do ser em geral (por exemplo como é matéria e viva), mas porque é ser de imaginação e de imaginário, determinações cuja emergência manifesta ela mesma a criação e a *vis formandi* específica do ser humano. Podemos aqui somente constatar que esta *vis formandi* vem acompanhada, no ser humano, de uma *libido formandi*: ao poder de criação característico do ser em geral, o ser humano acrescenta um desejo de formação. Denomino este poder e este desejo o elemento poético do ser humano, que dá origem à razão em si, enquanto razão especificamente humana (e não racionalidade animal, por exemplo).

O "sentido" com o qual o homem deseja (e deve) sempre investir o mundo, a sociedade, a sua pessoa e a sua vida, não é nada mais do que esta formação, esta *Bildung*, esta organização, ensaio perpétuo, e perpetuamente em perigo, de tomar em conjunto em uma ordem, uma organização, um Cosmos, tudo o que se apresenta e tudo o que ele faz, ele próprio, surgir. Quando o homem organiza racionalmente, ele apenas reproduz, repete ou prolonga formas já existentes. Mas quando ele organiza poeticamente, ele dá forma ao Caos, e este dar forma ao Caos (do que existe e de si mesmo) — que é talvez a melhor definição da cultura manifesta-se com uma clareza surpreendente no caso da arte.[3] Esta forma é o sentido ou a significação. Significação que não é simples questão de idéias ou de representações, mas que deve juntar, ligar numa forma, representação, desejo e afeto.

Evidentemente, é extraordinário o que a religião — qualquer delas — conseguiu fazer enquanto foi possível. Abrindo um parêntese, encontramos aqui o sentido pleno do famoso

---

3. Ver, por exemplo, *Devant la guerre*, Paris, Fayard, 1981, pp. 238-42; igualmente, "Transformation sociale et création culturelle", *Sociologie et sociétés*, Montreal, janeiro de 1979; retomado em *Le contenu du socialisme*, Paris, 10/18, 1979, pp. 413-39.

religare: ligar não apenas os membros da coletividade, mas tudo, absolutamente tudo aquilo que se apresenta, ligando tudo o mais com eles.

A religião só consegue realizar essa espantosa façanha acoplando as significações que ela cria com uma garantia transcendental — garantia da qual os seres humanos têm uma necessidade absoluta — e com um fechamento que parece, apenas parece, consubstancial à própria idéia de sentido, mas na verdade resulta dessa própria garantia. Garantia e fechamento que ela estabelece negando à humanidade viva a possibilidade de criação do sentido: todo sentido e todo o não-sentido já foram criados uma vez por todas. A *vis formandi* fica assim reduzida e estritamente canalizada, e a *libido formandi* é levada a usufruir seus produtos passados sem saber que são seus.

Ora, a criação democrática abole qualquer fonte transcendente da significação, pelo menos no domínio público, mas faz o mesmo, se é levada às suas conseqüências pelo indivíduo "privado". Porque a criação democrática é a criação de uma interrogação ilimitada em todos os campos: em que consiste o verdadeiro e o falso, o justo e o injusto, o bem e o mal, o belo e o feio? É nisso que reside a sua reflexibilidade. Ela rompe o fechamento da significação, restaurando assim para a sociedade viva sua *vis formandi* e sua *libido formandi*. Na realidade, ela faz o mesmo em relação à vida privada, pois pretende dar a cada um a possibilidade de criar o sentido de sua vida. O que pressupõe a aceitação do fato de que não há, como tesouro escondido a ser encontrado, "significação" no ser, no mundo, na História, em nossas vidas: criamos a significação sobre a base da ausência de base, o sentido, sobre a base do não-sentido, e também damos forma ao Caos por meio de nosso pensamento, nossa ação, nosso trabalho, nossas obras; portanto, esta significação não tem nenhuma "garantia" exterior a si própria.

Isso significa que estamos sós no ser — sós, mas não em solipsismo. Sós, já pelo fato de que falamos e de que nos falamos — ao passo que o ser não fala, nem mesmo para enunciar o enigma da Esfinge. Mas não no solipsismo, visto que nossa criação — e nosso discurso — se alicerça no ser, pois ela é constan-

A CULTURA EM UMA SOCIEDADE DEMOCRÁTICA

temente relançada por nossa confrontação com ele, e mantida em seu movimento pelo esforço de dar forma ao que só se presta a isso de modo parcial e fugitivo — que seja o mundo visível ou audível, nosso ser em comum ou nossa vida mais íntima —, e que assim esta criação é geralmente efêmera, às vezes durável, sempre arriscada e, no fim dos fins, presa no horizonte da destruição, que é a outra face da criação do ser.

Mas as condições da criação cultural aparecem então inteiramente mudadas — e chegamos ao fundo de nossa questão. Em poucas palavras, numa sociedade democrática, a obra de cultura não se inscreve necessariamente num campo de significações instituídas e coletivamente aceitas. Ela não encontra aí seus cânones de forma e de conteúdo, da mesma forma que o autor não pode aí colher sua matéria e os procedimentos de seu trabalho, ou o público os alicerces de sua adesão. A coletividade cria, ela mesma, abertamente, as suas normas e as suas significações — e o indivíduo é chamado, pelo menos de direito, a criar em quadros formalmente amplos o sentido de sua vida e, por exemplo, a julgar verdadeiramente por si mesmo as obras de cultura que lhe são apresentadas.

É bem verdade que se deve evitar apresentar essa passagem de maneira absoluta. Existe sempre um campo social da significação que está longe de ser simplesmente formal, e do qual ninguém, nem mesmo o mais original dos artistas, pode escapar: ele só pode contribuir para sua alteração. Nós somos seres essencialmente sociais e históricos; a tradição está sempre presente, mesmo quando não constrange de modo explícito, e a criação e a sanção das significações são sempre sociais, mesmo quando estas, como no caso da cultura propriamente dita, não são formalmente instituídas.

IV

São os caracteres essenciais desse campo que se alteram por ocasião da instauração da sociedade democrática. Podemos constatar isto no caso da Grécia antiga, que deixarei aqui de lado, como no caso da Europa moderna.

Consideremos a fase propriamente moderna do mundo ocidental, a partir das grandes revoluções do final do século XVIII, democráticas e, de fato, des-cristianizadoras, até por volta de 1950, data aproximada a partir da qual creio constatar uma nova situação. Qual é o campo de significações que subentendem a criação cultural nunca vista que teve lugar neste século e meio? Responder a esta pergunta exigiria certamente uma imensa pesquisa sócio-histórica, que não cabe aqui e agora. Vou me limitar a algumas observações, concernentes essencialmente à face subjetiva, à tradução pessoal dessas novas significações.

Do lado do criador, podemos provavelmente falar de uma intensa sensação de liberdade e de uma embriaguez lúcida que a acompanha. Embriaguez da exploração de novas formas, da liberdade de criá-las. Essas novas formas são, a partir desse momento, buscadas explicitamente por elas mesmas, elas não surgem como um algo a mais, como nos períodos precedentes. Mas esta liberdade continua ligada a um objeto; ela é busca e instauração de um sentido na forma, ou melhor, busca explícita de uma forma capaz de portar um sentido novo. É bem verdade que existe também um retorno do *kleos* e do *kudos* antigos — da glória e do renome. Mas Proust já disse o que isso significa: o ato em si nos modifica de modo bastante profundo para que passemos a não dar mais importância a seus móbiles, como o artista "que se pôs ao trabalho pela glória e, ao mesmo tempo, desligou-se do desejo da glória".[4] A atualização da liberdade é aqui a liberdade de criação de normas, criação exemplar (como diz Kant na *Crítica da faculdade de julgar*) e, em razão disso, destinada a permanecer. É o caso por excelência da arte moderna (como no período designado mais acima), que explora e cria formas no sentido forte. Assim, mesmo quando é aceita com dificuldade por seus destinatários, e mesmo quando não corresponde ao "gosto popular", ela é democrática, isto é, libertadora. E ela é democrática mesmo quando seus representantes são politicamente reacionários, como é o caso de Chateaubriand, Balzac, Dostoievski, Degas e tantos outros.

---

4. *La Plêiade*, III, pp. 575-76.

A CULTURA EM UMA SOCIEDADE DEMOCRÁTICA

Mas, sobretudo, ela permanece ligada a um objeto. Se deixou de ser religiosa, a arte moderna é "filosófica" — ela é a exploração de camadas sempre novas do psíquico e do social, do visível e do audível, para nesta e por meio desta exploração, e a seu modo único, dar forma ao Caos. Isso não significa que ela seja filosofia; mas que ela só pode existir questionando o sentido a cada vez estabelecido e criando outras formas. Podemos lembrar aqui que é este o tema da longa meditação que constitui *O tempo reencontrado*, onde finalmente Proust propõe como tarefa "encontrar a essência das coisas".

Kant também a tinha visto, embora ele a tenha mascarado, quando dizia que a obra de arte é "apresentação na intuição das Idéias da Razão". Porque o que a arte apresenta não são as Idéias da Razão, mas o Caos, o Abismo, o Sem Fundo, a que ela dá forma. E, por intermédio desta apresentação, ela é uma janela que dá para o Caos; abole a segurança tranqüilamente estúpida de nossa vida cotidiana; lembra-nos que vivemos sempre à beira do Abismo — o que constitui o principal saber de um ser autônomo, conhecimento que não o impede de viver como — para citar mais uma vez Proust — "o artista ateu (...) [que] se acredita obrigado a recomeçar vinte vezes um mesmo trecho, sendo que a admiração que ele suscitará importará pouco a seu corpo devorado pelos vermes, assim como a parede amarela pintada com tanta ciência e refinamento por um artista para sempre desconhecido, apenas identificado pelo nome de Ver Meer".[5]

O público, por sua vez, participa "por procuração" desta liberdade, de maneira vicária, pelo intermédio do artista. Sobretudo, ele é tomado pelo sentido novo da obra — e só pode sê-lo porque, apesar das inércias, dos atrasos, das resistências e reações, trata-se de um público ele mesmo criador. A recepção de uma grande obra nova nunca é, e nunca poderá ser, simples aceitação passiva, ela é sempre também re-criação. E os públicos ocidentais do final do século XVIII até meados do século XX

---

5. Idem, 188.

foram autenticamente criadores. Em outras palavras, a liberdade do criador e seus produtos são, em si mesmos, socialmente investidos.

V

Ainda estamos vivendo essa situação? Pergunta arriscada, perigosa, que, entretanto, não tentarei evitar.

Penso que, apesar das aparências, corre-se o risco de que a ruptura do fechamento do sentido instaurada pelos grandes movimentos democráticos se recupere.[6] No plano do funcionamento social real, o "poder do povo" serve de abrigo ao poder do dinheiro, da tecnociência, da burocracia dos partidos e do Estado, da mídia. No plano dos indivíduos, um novo fechamento está se estabelecendo, tomando a forma de um conformismo generalizado.[7] Considero que estamos vivendo a fase mais conformista da história moderna. Diz-se: todo indivíduo é "livre" — mas, de fato, todos recebem passivamente *apenas* o sentido que a instituição e o campo social lhes propõem e impõem: o teleconsumo, feito de consumo, de televisão, de consumo simulado *via* televisão.

Insistirei um pouco sobre o "prazer" do teleconsumidor contemporâneo. Ao contrário do papel do espectador, do ouvinte ou do leitor de uma obra de arte, esse prazer só comporta um mínimo de sublimação: ele é satisfação vicária das pulsões por intermédio de uma transformação de voyeurismo, "prazer de

---

6. Venho escrevendo muito sobre este assunto desde 1959. Por exemplo, "Le mouvement révolutionnaire sous le capitalisme moderne", *Socialisme ou Barbarie*, nos 31-33, dez. 1960-dez. 1961; retomado em *Capitalisme moderne et révolution*, Paris, 10-18, 1979, v. 2 — "La crise des sociétés occidentales", *Politique internationale*, no 15, 1982, pp. 131-48; retomado aqui, pp. 11-26. — "Le délabrement de l'Occident", *Esprit*, dezembro de 1991; retomado aqui, pp. 58-81.

7. Ver "L'époque du conformisme généralisé", conferência na Boston University, setembro de 1989; retomado em *Le monde morcelé, op.cit.*, pp. 11-24.

órgão" bidimensional, acompanhado por um máximo de passividade. O que é apresentado pela televisão, seja ele "belo" ou "feio" em si mesmo, é recebido na passividade, na inércia e no conformismo. Se eu leio um grande romance como se fosse um romance policial de qualidade medíocre, percorrendo as páginas em diagonal para ver "como vai acabar", no final da noite estou com dor de cabeça. Mas se o leio como grande romance, atento ao tempo próprio das frases e da narração, encontro-me numa estranha e múltipla atividade psíquica e mental que me estimula sem cansar-me.

Proclamou-se o triunfo da democracia como o do "individualismo". Mas este "individualismo" não é, e não pode ser, uma forma vazia na qual os indivíduos "fazem o que bem entendem" — do mesmo modo que a democracia não pode ser simplesmente uma questão de procedimentos. Os "procedimentos democráticos" são sempre preenchidos pelo caráter oligárquico da estrutura social contemporânea — assim como a forma "individualista" é preenchida pelo imaginário social dominante, imaginário capitalista da expansão ilimitada da produção e do consumo.

No plano da criação cultural, no qual evidentemente os julgamentos são os mais incertos e contestáveis, impossível subestimar o avanço do ecletismo, da colagem, do sincretismo invertebrado e, sobretudo, a perda do "objeto" e a perda do "sentido", que junto com o abandono da pesquisa da forma, a forma que é sempre infinitamente mais do que forma, pois, como dizia Hugo, ela é a base que sobe à superfície.

As profecias mais pessimistas estão se realizando — desde Tocqueville e a "mediocridade" do indivíduo "democrático", passando por Nietzsche e o niilismo (O que significa o niilismo? Que os valores superiores se desvalorizam. Falta o objetivo; falta a resposta à pergunta "por quê?")[8] até Spengler e Heidegger, e ainda depois. Elas estão sendo mesmo teorizadas num contentamento arrogante e estúpido no "pós-modernismo".

---

8. *Wille zur Macht*, parág. 2. Cf. também *ibid.*, parág. 12: "Un but [*Ziel*] est toujours um sens [*Sinn*]".

Se essas constatações são, ainda que parcialmente, exatas, a cultura em *uma tal* sociedade "democrática" corre grandes perigos — não, é verdade, sob sua forma erudita, museológica ou turística, mas em sua essência criadora. E, se a sociedade forma um todo — embora fragmentado, hipercomplexo, enigmático —, assim como a evolução atual da cultura tem uma relação com a inércia e a passividade social e política que caracterizam nosso mundo, assim o renascimento de sua vitalidade, se ele acontecer, será indissociável de um novo grande movimento sócio-histórico que reativará a democracia e lhe dará, ao mesmo tempo, a forma e os conteúdos que o projeto de autonomia exige.

Nós ficamos perturbados pela impossibilidade de imaginar concretamente o conteúdo de uma criação assim, quando isto constitui a característica própria de uma criação. Clístenes e seus companheiros não podiam nem deviam "prever" a tragédia e o Partenon — como os Constituintes ou os Pais Fundadores não teriam podido imaginar Stendhal, Balzac, Flaubert, Rimbaud, Manet, Proust, Poe, Melville, Whitman e Faulkner.

A filosofia nos mostra que seria absurdo acreditar que um dia esgotaremos o pensável, o factível, o "formável", assim como seria absurdo colocar limites para o poder de formação sempre presente na imaginação psíquica e no imaginário coletivo sócio-histórico. Mas ela não nos impede de constatar que a humanidade atravessou períodos de declínio e de letargia ainda mais insidiosos, porque acompanhados do que se convencionou denominar de "bem-estar material". Na medida em que isso depende daqueles que têm uma relação direta e ativa com a cultura, se seu trabalho continuar fiel à liberdade e à responsabilidade, eles poderão contribuir para que esta fase de letargia dure o menor tempo possível.

A dissimulação
da ética*

O RECENTE "RETORNO DA ÉTICA" E SUAS CONDIÇÕES

Há quase dois séculos — praticamente desde Kant — a ética parecia estar se tornando uma disciplina acadêmica, uma parente pobre da filosofia, ou então matéria de catecismo religioso. É, portanto, característico, que tenha havido *As duas fontes da moral e da religião* de Bergson, ou *O formalismo na ética e a teoria dos valores substantivos* de Max Scheler; mas, com exceção destas duas obras e, talvez, de mais uma ou duas outras, os mais importantes autores do século XX — Husserl, Heidegger, Whitehead — pouco falaram da ética, como, aliás, de política. Entretanto, nos últimos vinte anos, assistimos a um retorno aparentemente ofensivo do discurso que reivindica a ética. O termo discurso é, de resto, excessivo. Na pior das hipóteses, a palavra "ética" é utilizada como um slogan; na melhor, ela é apenas o signo de um mal-estar e de uma interrogação.

Por que essa reviravolta? Suas razões são certamente múltiplas e complexas. Três delas me parecem se impor a um primeiro olhar.

---
* Publicado em *Lettre Internationale*, nº 37, 1993.

239

Primeiramente, existe uma particularidade na história dos séculos XIX e XX, que são provavelmente os primeiros que podemos qualificar como séculos da política. Napoleão, relatado por Hegel: nos tempos modernos, a política toma o lugar do *fatum* antigo. A era que se abre com as revoluções americana e francesa (e já pelo Iluminismo) — que continua durante o século XIX com os movimentos democrático e operário, e que parece se fechar com a pulverização da ideologia marxista-leninista e o desabamento dos regimes totalitários que a reivindicavam — é aquela que, mais do que qualquer outro período da história humana, simultaneamente confiou à política o papel mais importante na solução dos problemas humanos e provocou, para o melhor e, às vezes, para o pior, uma participação maciça dos povos nas atividades políticas. Choque em contrapartida: a bancarrota fraudulenta do comunismo, mas também a decepção crescente das populações diante da impotência manifesta do liberalismo conservador, a privatização dos indivíduos numa sociedade cada vez mais burocrática e entregue aos supermercados e à mídia de massa, a corrupção e/ou a nulidade dos políticos profissionais, e, finalmente, o desaparecimento de um horizonte histórico, horizonte social, coletivo e político já lançaram há muito tempo o descrédito sobre a própria palavra "política", que passou a significar demagogia, truque, manobra, busca cínica do poder por todos os meios. Enquanto para Marx, por exemplo, o combate coletivo para a transformação da sociedade parecia incluir e subsumir tudo o mais (posição claramente expressa e racionalizada por Trotski em *A moral deles e a nossa*), a monstruosidade dos regimes comunistas levou muitas pessoas, e das melhores, a recusar toda visão e todo objetivo globais da sociedade (posição, em última análise, simplesmente incoerente) e a buscar em suas consciências individuais (ou em princípios transcendentes) as normas capazes de animar e guiar sua resistência diante destes regimes.

Em segundo lugar, uma outra grande atividade massiva, que é também um traço original dessa fase da história da humanidade, e que conheceu um desenvolvimento sem precedentes, pretendendo mesmo rivalizar com a política no papel de detentor de soluções universais para os problemas da humanidade — refiro-me à ciência ou, mais exatamente, à tecnociência —, a partir de certo momento deixa de parecer incontestável. Não que o homem moderno tenha de todo abandonado sua crença mágico-religiosa na "ciência". Mas, desde as bombas de Hiroshima e Nagasaki e a contrição de Oppenheimer, passando pela destruição cada vez maior do meio ambiente e chegando à procriação assistida e às manipulações genéticas, cresce constantemente o número daqueles que duvidam da benevolência inata das descobertas científicas e de suas aplicações. Daí, o arremedo de resposta às interrogações que surgem assim pela criação de "comitês de ética" e de cátedras de bioética nas universidades.

Enfim, embora seja inútil insistir nisso, a crise geral das sociedades ocidentais, crise dos "valores" e, mais profundamente, daquilo que denomino as significações imaginárias sociais, as significações que mantêm a sociedade unida, e onde devemos incluir o que deve ser chamado de "crise da filosofia" (expressa também pelas proclamações de Heidegger e de outros sobre o "fechamento da metafísica greco-ocidental" onto-teo-logo-falocêntrica) levou a reações que tentam fazer reviver ou aposentar as éticas tradicionais como Mc Intyre (*After Virtue*, ética "neoaristotélica), Habermas com sua "ética da comunicação" ou Rawls com sua teoria quase kantiana da justiça.

Em todos esses casos, temos uma rejeição, senão de toda política, pelo menos da grande política, e a tentativa de encontrar numa ética, definida assim ou de outro modo, critérios que poderiam guiar senão a ação, ao menos os atos e os comportamentos singulares. Impossível não constatar a semelhança desta mudança de direção com o fechamento na esfera "privada" que caracteriza a época e a ideologia "individualista". É também impossível, se tivermos algumas lembranças históricas, evitar estabelecer um paralelo com a passagem para o homem privado e a floração das filosofias voltadas para sua conduta há 23 séculos, após o declínio da *polis* democrática grega, com razão constatado por Hegel (*Lições sobre a filosofia da história*). Retornarei a este ponto mais adiante.

Incoerências e desconhecimentos

Ressaltemos agora o que parece fundamentalmente incoerente nessas atitudes, pelo menos a partir do momento em que elas pretendem ser alguma coisa a mais do que uma reação visceral às monstruosidades do totalitarismo e de sua tentativa de subordinar tudo a uma pseudo-"política", que não era mais do que uma camuflagem grosseira de uma fúria de domínio ilimitado. O que essas reações esquecem, ou acobertam, é esta evidência fundamental: todos os nossos atos encontram sua condição de possibilidade efetiva, tanto em sua materialidade quanto em sua significação, pois somos seres sociais vivendo em um mundo social que é o que é por ser instituído desta forma, e não de outra. Nós não somos "indivíduos" que flutuam livremente acima da sociedade e da história, indivíduos que poderiam decidir soberanamente no absoluto o que fariam, de que modo o fariam, o sentido que teria o que fizessem quando realizado. Não somos certamente determinados por nosso meio ou nossa situação; mas somos condicionados por eles, infinitamente mais do que gostamos de pensar e, sobretudo, na qualidade de indivíduos, não escolhemos nem as perguntas às quais teremos de responder, nem os termos nos quais elas serão colocadas, nem, sobretudo, o sentido último de nossa resposta uma vez dada. As conseqüências de nossos atos são lançadas no desenrolar sóciohistórico, elas nos escapam e, portanto, não podemos ignorar este desenvolvimento.

Não existe determinação de nossos atos, mas existe determinação de suas condições. Estas não são em absoluto "externas". Kant teria sido Kant se tivesse nascido em Burgos e não em Königsberg? Destas condições, uma grande parte nos escapa, e nos escapará para sempre. Ninguém jamais escolherá o lugar ou a época de seu nascimento, a situação ou o caráter dos pais. Mas uma outra parte depende de nós e pode, pelo menos em princípio, ser questionada e, se necessário, transformada. É ela que tem relação com as instituições explícitas da sociedade. E a verdadeira política não é mais do que a atividade que, partindo de uma interrogação sobre a forma e o conteúdo desejáveis dessas instituições, tem como objeto a realização das instituições consideradas as melhores e, notadamente, daquelas que favorecem e permitem a autonomia humana. Se pudermos ver isso com clareza, veremos que a política se sobrepõe à ética, o que não significa que ela a suprime. Aristóteles tinha razão em dizer que ela é a mais arquitetônica das ciências concernentes ao ser humano (*Ética a Nicômaco*). Insistamos na imagem: se uma casa está mal construída, todos os esforços para viver bem nela serão, na melhor das hipóteses, bricolagens insatisfatórias. Insistamos também no nome certo das coisas. Quando dissidentes heróicos como Bukovski, Soljénitsyne, Sakharov, Havel, Konrad, Michnik, Kuron, Geremek e tantos outros se opunham ao totalitarismo comunista, quaisquer que tenham sido suas motivações profundas — éticas, religiosas ou quaisquer outras — ou sua maneira de justificar suas ações a seus próprios olhos e o que tinham em vista para substituir o sistema em vigor, é evidentemente política que faziam (mesmo quando diziam o contrário). Eles julgavam inteiramente ruins não apenas as ações dos comunistas, mas o regime que eles haviam implantado e que permitia essas ações. Pensavam que um outro regime (e, talvez, neste caso, qualquer outro) seria melhor. De todo modo, a destruição do regime em vigor era a pre-condição necessária de qualquer discussão sobre um melhor sistema, e de qualquer tentativa de realizar tal sistema. Eticamente motivada e certamente válida, sua ação pública, criticando as instituições públicas como tais, transcendia a ética e tornava-se *ipso facto* política.

Exemplos: a bioética, a mentira

Ilustrarei por meio de dois exemplos da atualidade a posição soberana da política corretamente concebida no agir humano.

Os jornais estão cheios de discussões e de informações sobre a bioética. Os comitês organizados, as recomendações votadas chocam por sua simplicidade quase irrisória diante da enormidade dos problemas em jogo. Assim, discute-se sobre a procriação assistida; sobre a questão de saber se, e em que condições, o esperma de um doador desconhecido ou de um marido morto poder ser utilizado; se uma "mãe barriga de aluguel" pode alugar seu útero, etc. Discute-se ainda sobre a eutanásia, sobre manter vivas pessoas em estado de coma irreversível ou simplesmente em fase terminal de uma doença dolorosa. Tudo isso é bom. Mas ninguém levanta a questão: será que é ético, ou simplesmente decente, que a França gaste milhares de francos de seu orçamento público (e se fosse privado, a questão seria a mesma) com uma única procriação assistida, quando conhecemos muito bem o estado lamentável dos recursos sanitários e médicos elementares, ou mesmo o da alimentação nos países onde vivem cinco sextos da população mundial? Será que o desejo do senhor e da senhora Dupont de ter o "seu" filho (mesmo que seja "seu" em 50%) pesa eticamente mais do que a sobrevivência de dezenas de crianças dos países pobres que poderia ser garantida com essas somas? A universalidade dos imperativos éticos somente é universal acima de um certo nível de PNB *per capita*? Será que precisamos de uma bioética, ou estamos realmente precisando de uma *biopolítica*? Alguns recuarão assustados diante da idéia ou do termo. Inconsciência ou hipocrisia. Porque, atualmente, temos com certeza uma biopolítica que não diz o seu nome, e que condena constante e tacitamente à morte, mesmo nos países ricos, centenas de pessoas por razões "econômicas", isto é, políticas; pois evidentemente a repartição e a atribuição dos recursos em uma sociedade são por excelência questões políticas. Não estou nem me referindo à diferença na qualidade dos tratamentos médicos, sendo a pessoa rica ou pobre; e sim do fato reconhecido e sabido de que quando, por exemplo, há falta de aparelhos de diálise renal em relação à demanda, os médicos devem escolher quais os doentes que poderão ou não se beneficiar deles. Seus critérios são certamente humanos e racionais; mas todas as éticas afirmam "não matarás", não é mesmo? E, de modo igualmente tácito, condenamos à morte, simplesmente vivendo como vivemos, centenas de milhares de pessoas todos os meses nos países pobres.

Outro exemplo, o da mentira. Soljenitsyn, em *Arquipélago do Gulag* e em outros textos, assim como Havel e muitos outros insistiram com razão sobre o papel fundamental da mentira como meio de governo nos regimes totalitários, e também sobre a cumplicidade tácita geral da população, indispensável para que a mentira possa ter este papel. Mas aqueles que quiserem situar a denúncia da mentira dentro de princípios puramente "éticos" devem dotar de um caráter absoluto uma regra do tipo: "não mentirás jamais". É evidente, entretanto, que, se virmos nesta regra não uma regra política, e sim uma regra ética absoluta, seremos levados a verdadeiros absurdos. Se a KGB me interrogasse sobre a identidade de outros dissidentes, ou sobre o esconderijo do manuscrito do *Arquipélago*, eu deveria dizer a verdade. A trivialidade do exemplo não deve nos impedir de tirar uma conclusão importante: a questão "quando se deve dizer a verdade e quando se deve escondê-la" faz parte de um julgamento que não é simplesmente ético, mas político, visto que os efeitos de minha resposta não dizem respeito apenas a minha pessoa, minha consciência, minha moral, ou mesmo à vida de outras pessoas designadas por seus nomes, mas afetam diretamente a esfera pública como tal e o destino de uma coletividade anônima — o que vem a ser a definição em si da política.

Insuficiência radical das éticas tradicionais, filosóficas ou religiosas

Outra conclusão, igualmente importante, pode ser tirada desses exemplos. Nenhuma regra abstrata, nenhum mandamento universal com um conteúdo concreto, pode nos livrar da carga e da responsabilidade de nosso agir. Para citar mais uma vez Aristóteles, este agir está sempre necessariamente situado no particular, não no universal, requerendo, pois, o exercício da *phronésis*, termo mal traduzido pelos latinos como *prudentia*, prudência. A *phronésis* é o poder julgar quando não existem regras mecânicas, que podem ser objetivadas, que permitam julgar. Ora, todas as morais religiosas que conheço, e quase todas as morais filosóficas, violam esta exigência, desconhecendo que toda regra ética só pode ser aplicada em circunstâncias particulares; desconhecem, portanto, que a regra ética também faz parte de uma *phronésis* que pode levar mesmo a transgredi-la. Assim, elas apresentam catálogos de virtudes específicas e listas de mandamentos que nem sempre podem ser aplicados; sobretudo, e é este o ponto essencial, desconhecem ou ocultam a dimensão trágica da existência e da ação humana, que nos colocam freqüentemente em situações que não comportam solução sem custos. As morais tradicionais, filosóficas ou religiosas são morais felizes. Elas pretendem saber onde está o Bem ou o Mal, e o único problema é o do homem interior: nós sabemos, ou devemos sempre saber, onde está o Bem e o Mal, mas nem sempre "podemos" querer isso, ou então o queremos por "más razões" (Kant). Mas o fato esmagador da vida humana é que o que é Bem ou Mal em dadas circunstancias muitas vezes é obscuro, ou só pode ser alcançado sacrificando outros bens. Utilizando mais um exemplo trivial: há casos em que seria preciso matar alguém para salvar muitos outros. O mandamento ético ordena: "não matarás". Ele não diz: não matarás, *salvo* se... Ele afirma: "não matarás", *e ponto*. Ele é, por sua própria natureza, absoluto. E podemos defender a idéia — em princípio, eu também a defenderia — de que não podemos nem devemos fazer "contabilidade" com vidas humanas: como afirmar que o que salva 50 pessoas sacrificando outras 49 é o Bem? E, todavia, estamos ou podemos estar em situações em que devamos tomar tais decisões.

Essa fraqueza fatal encontra-se em uma das filosofias mais elevadas e mais rigorosas que existe, a filosofia prática de Kant (*Fundamentos da metafísica dos costumes, Crítica da razão prática*). Conhecemos o princípio central da ética kantiana: *aja de tal modo que a máxima de teu ato possa se tornar lei universal*. Conhecemos igualmente as críticas que lhe foram feitas, já por Hegel, em relação a seu formalismo. Mas o que é preciso sobretudo dizer é que este princípio nos deixa sem socorro nos casos mais difíceis, logo, mais importantes. Uma de suas faces é irrecusável: não a universalidade, mas a *exigência* de uma universalização possível. Ou

A DISSIMULAÇÃO DA ÉTICA

seja, eu devo agir de tal modo que possa dar conta e razão do que fiz, de tal modo que possa defender racionalmente meu ato *erga omnes*, diante de todos. Mas não podemos falar aqui de lei universal. Sendo toda ação particular, a universalidade aqui só poderia significar o seguinte: qualquer outra pessoa que se encontre nas mesmas circunstâncias deveria agir da mesma forma. Mas explicitado assim, o enunciado é sem interesse nas questões triviais (único caso em que a expressão "que se encontre nas mesmas circunstâncias" conserva, de certo modo, um sentido) e vazio nas grandes questões, precisamente marcadas pela singularidade das circunstâncias. Neste caso, o princípio significa simplesmente: no meu lugar, você teria feito a mesma coisa. Mas você jamais estará no meu lugar. (Kant tentou mostrar que a violação de seu princípio levava a contradições, mas seus raciocínios neste caso são falaciosos.)

Isso nos leva a outra fraqueza fatal das éticas tradicionais, que podemos expressar, paradoxalmente em aparência, dizendo que não são mais do que éticas. Filósofos e teólogos discutem, em dezenas de páginas, casos de uma delicada sutileza, e calam-se cuidadosamente (ou remetem a outros textos) quando se trata de questões mais pesadas. Nota-se, evidentemente, que estas têm sempre uma dimensão política que — reconhece-se tacitamente — domina a dimensão ética. Tomemos ainda o caso mais simples e mais flagrante: o homicídio. Nenhuma imposição ética parece mais indiscutível do que o "não matarás". E nenhuma foi, e continua sendo, tão constante, cínica e oficialmente violada. O próprio Kant discute em detalhes a questão dramática da restituição ou não de um depósito feito secreta e confidencialmente, mas não diz uma única palavra na *Crítica da razão prática* sobre o homicídio oficializado. É crime matar uma pessoa, mas a ética da *Crítica da razão prática* ignora os assassinatos de milhares e milhares de pessoas cometidos durante uma guerra. E ao que eu saiba, não houve uma única guerra entre nações cristãs em que as armas dos dois beligerantes não tivessem sido abençoadas por suas respectivas Igrejas. A razão de Estado é infinitamente mais forte do que a razão prática e os Dez Mandamentos.

Retorno à História

Como explicar este fantástico hiato, este abismo, entre o "privado" e o "público", entre ética e política, o abandono do decisivo em benefício do trivial, o fim da discussão racional e a demissão do espírito crítico diante das portas do poder, o que se deve chamar a *duplicidade instituída* de nossas sociedades? Para começar a elucidar esta questão, seria necessário retomar toda a história da humanidade ou, pelo menos, a história de nossa civilização greco-ocidental e hebraico-cristã, a persistência do "estado de natureza", ou seja, a guerra de todos contra todos e o reino da força bruta entre coletividades. Tarefa impossível, mesmo que fosse reduzida à "história das idéias", o que a mutilaria até o irrisório. É a história do imaginário social que deveria ser feita, no plano talvez o mais enigmático de todos: a instituição para cada coletividade de um "nós" sócio-histórico, de uma identidade coletiva em sua oposição até aqui aparentemente intransponível com o "nós" dos outros, a diferença da lei que regula nossas relações (por mais criticável que seja), e da não-lei que reina praticamente em nossas relações com o "exterior". Nem o cristianismo nem o Islã mudaram nada em relação a isso, pois que suas histórias são cheias de guerras, até mesmo de uma nova categoria de guerra que eles inventaram, ainda mais cruel do que as outras, as guerras de religião. Lembremos apenas, para voltar um pouco no tempo, que Jeová dá os Dez Mandamentos (inclusive o "não matarás") a Moisés no deserto, mas quando os hebreus entram na Palestina — a Terra Prometida — exterminam, com sua concordância, todos os povos não judeus que encontram no país. Mas os hebreus têm ao menos este privilégio: uma vez conquistada a Palestina, lá permanecem e deixam os outros tranqüilos. Os cristãos e os islâmicos, não: eles precisam converter os infiéis com ferro, fogo e sangue.

Podemos dar aqui apenas alguns pontos de referência, breves e esparsos.

No mundo grego "verdadeiro" — até o final do século V — não encontramos oposição de princípio entre o "privado" e o "público" (embora sejam claramente distintos), nem entre ética e política. Hegel percebeu bem isso. E neste mundo não se pode falar de duplicidade, instituída ou não: as relações são dominadas por uma franqueza brutal. Contrariamente às asneiras abundantemente em curso, pelo menos após Fustel de Coulanges, o indivíduo não é "absorvido" pela coletividade na cidade grega clássica democrática, mas a hierarquia dos valores é clara e unívoca. As virtudes supremas do homem são as cívicas ou políticas. E mesmo as virtudes religiosas, ou de piedade, lhes são subordinadas. A história de Heródoto sobre os homens mais felizes evocados por Sólon diante de Créso coloca em primeiro lugar Tellos, o ateniense, morto ao defender sua cidade, e em segundo, Cléobis e Biton, os filhos da sacerdotisa de Argos, que os deuses fizeram morrer durante o sono após um ato de grande piedade religiosa (e filial). É verdade que na *Antígona* de Sófocles, uma forma de oposição extrema, trágica, é posta em cena entre Antígona e Creonte; mas, contrariamente à maioria das interpretações, não se trata de uma oposição entre o "privado" ou a piedade e o "público" ou a política: obedecer às leis divinas é *também* uma lei da cidade, obedecer às leis da cidade é *também* uma imposição divina. As duas personagens principais estão erradas, porque cada uma se fecha em suas razões, ignorando as razões da outra; das duas vale o que o filho de Creonte diz ao pai: seu erro é o de querer *monos phronein*, ser o único no verdadeiro (veja meu texto "La *polis* grecque et la création de la démocratie", em *Domaines de l'homme, op. cit.*). É o que permanece geralmente incompreensível para os modernos, para quem, não importa o que digam, a comunidade política continua visceralmente um elemento "externo" à humanidade do homem. A oposição só começa a aparecer com a derrota de Atenas na Guerra do Peloponeso e com o declínio da cidade. Mas mesmo Sócrates continua a reconhecer a primazia do princípio político, como demonstra a Prosopopéia das Leis no *Críton*.

A clivagem começa com Platão nos fatos — mas não na teoria. Nos fatos, na medida em que Platão não pára de condenar a cidade efetiva. Mas não na teoria, na qual tenta reconciliar o princípio político e o princípio ético, não os hierarquizando de um modo ou de outro, e sim confundindo ontologicamente os dois campos. Existe para ele uma "alma substancial", cujas virtudes são as mesmas que as virtudes de um bom regime da cidade. Num e noutro caso, a virtude, a boa ordem é a relação correta entre partes da alma ou partes da cidade — trata-se da própria definição que ele dá de justiça —, relação posta a cada vez sob a hegemonia da parte superior e mais digna — a parte pensante da alma e os filósofos da cidade.

Aristóteles recusa, com razão, essa assimilação da alma e da cidade. Mesmo quando, para ele, a virtude cardeal é uma virtude essencialmente política, a justiça (*Ética para Nicômaco*, livro 5), e quando a maioria das virtudes que ele examina dizem respeito às relações do indivíduo com os demais, não existe nem identidade nem analogia entre o individual e o coletivo. É, entretanto, característico da época em que Aristóteles reflete e escreve, época de crise e de dissolução iminente do mundo e da *polis*, que a questão, que ele foi o primeiro a colocar, sobre se ser um homem bom e um bom cidadão vem a ser a mesma coisa, não recebe, em sua obra, nenhuma resposta categórica. Aristóteles vacila entre a idéia clássica, segundo a qual a política é a mais elevada, digna e a mais arquitetônica das ocupações, e a idéia, que anuncia os tempos por vir, de que o soberano bem para os seres humanos é a contemplação, o *bios théorétikos*, o único capaz de realizar nossa finalidade natural, nosso *telos*: de "nos comportarmos na medida do possível como imortais". Comportar-se, portanto, como deus, pois o deus de Aristóteles é puro pensamento pensando ele mesmo, não podendo, sem decair, se ocupar do mundo, objeto indigno dele. A atividade contemplativa é a única que aproxima o ideal da autarcia. É bem verdade que esta vida contemplativa é uma vida humana, logo, pressupõe a cidade. Mas neste encadeamento, a cidade aparece como instrumental para a realização da vida contemplativa.

Com os cínicos, os epicuristas e, sobretudo, os estóicos, o movimento em direção à esfera privada é surpreendente. Para os estóicos, em particular, e seu fatalismo determinista, não existe a questão política, e toda a ética se reduz à atitude interior que é a única coisa que "depende de nós". É o famoso *ta eph'hêmin*, expressão extraída de Aristóteles (em cuja obra ela tem, evidentemente, um sentido bem diferente, visto que Aristóteles admite uma liberdade humana que faz de nós "o princípio do que virá"). Podemos apenas, já que o desenrolar dos acontecimentos "reais" está determinado e é fatal, dar ou recusar nossa adesão ao que, de qualquer modo, deve ocorrer. E só nos resta representar corretamente o papel que a ordem cósmica, também chamada Providência, nos atribuiu no teatro do mundo, seja ele o papel de escravo (Epicteto) ou o do imperador (Marco Aurélio). Chegamos assim ao cristianismo, assunto imenso que só podemos aflorar. Importa, primeiramente, e, antes de qualquer coisa, distinguir e mesmo opor o primeiro cristianismo e o cristianismo instituído a partir do século IV.

No plano que nos interessa aqui, o primeiro cristianismo (o dos evangelhos e das epístolas de Paulo) encontra-se na filiação direta do estoicismo. Para ele, não existe possibilidade de se imiscuir na ordem deste mundo. "Dêem a César o que é de César", diz o Cristo; "todo o poder vem de Deus", diz Paulo (*Epístola aos romanos*). Frases que poderiam ter sido assinadas por qualquer estóico. Mas existe mais do que esta filiação: o acosmismo cristão é absoluto. Se desejarmos verdadeiramente ser cristãos, o que devemos fazer está claro: vender o que temos, distribuir o dinheiro aos pobres, deixar pai e mãe e seguir o Cristo. Não pode haver nenhuma "interpretação" sobre isso, está escrito preto no branco, e "que sua palavra seja sim sim e não não, tudo o mais [a interpretação] vem do Demônio". Praticamente desconhecemos cristãos nesse sentido, salvo aqueles que seguiram o caminho eremítico, isto é, acósmico; ainda assim, é necessário fazer uma triagem. Quantos monges — e ordens monásticas — existiram que não se preocuparam com o dia seguinte? Ora, está escrito: "Olhem os pássaros do céu, que não semeiam ou colhem, mas nosso Pai celestial os alimenta". (Da mesma forma que no *Pai Nosso*, a palavra do Cristo não é "dai a nós o nosso pão *cotidiano*", e sim "dai a nós o nosso pão de *hoje*", *sêmeron*.) Fica evidente que nestas bases não há, e não pode haver sociedade. Ao mesmo tempo, tudo isso se dirige ao "homem interior"; mas, contrariamente ao estoicismo, a imposição forte não é mais a *ataraxia*, a impassibilidade, e a recusa de adesão ao que, em nós mesmos, pode ser uma má tendência (sendo que esta adesão ou esta recusa é, mais uma vez, a única coisa ao nosso alcance). A dupla imposição é aqui inteiramente diferente. De um lado, a própria intenção, a tendência, deve ser pura (tema que encontraremos em Kant). Diz o Cristo sobre o adultério (*Mateus* 5: 27-28): "Vocês ouviram dizer nos antigos que não cometereis adultério. Mas eu lhes digo, aquele que olhou para a mulher de seu próximo com desejo já cometeu adultério em seu coração". Não basta não cometer adultério; não se pode nem mesmo desejar (para os estóicos, o que desejamos não depende de nós, o que depende de nós é a adesão a este desejo). Do outro lado, o amor: devemos amar o próximo como a nós mesmos e, evidentemente, acima de tudo, devemos amar o Cristo.

Não podemos evitar algumas observações críticas sobre essa primeira ética cristã. A pureza da intenção pressupõe, ainda assim, que os "objetos" permitidos e proibidos da intenção sejam fixados, determinados. Por quem, e como eles o são? Por Deus, por intermédio da Revelação de sua vontade (por exemplo, o Decálogo). Não se deve desejar ou cometer adultério porque Deus o proibiu. E por que Deus proibiu o adultério? Esta pergunta é proibida. Assim, a "lei moral" me é dada por alguém, sem que eu possa levantar questões. Trata-se do que podemos denominar uma ética heterônoma.

Depois, a imposição de amar o próximo como a si mesmo é duplamente paradoxal. A própria idéia de amar alguém porque *devemos* amá-lo contradiz o que entendemos por amor, não importa qual a interpretação que damos a este termo. E o fato de erigir o amor por si mesmo como medida do amor devido ao próximo parece ser, ao mesmo tempo, uma curiosa concessão ao egoísmo e logicamente pouco satisfatória (como analisar a situação em que se defende alguém ao preço da própria vida?).

Enfim, podemos questionar se uma ética que apresenta aos seres humanos algumas injunções irrealizáveis — em poucas palavras, não o controle de seus *atos*, mas, de fato, a eliminação do desejo, ou seja, a supressão de seu inconsciente — e que assim, tem por efeito necessário sua culpabilização perpétua e

A DISSIMULAÇÃO DA ÉTICA

intransponível, se uma tal ética é aceitável, e até mesmo se ela não é positivamente *imoral* (o que vale também para a ética kantiana). Fazer as pessoas julgarem que estão condenadas, salvo se receberem a graça divina (posição de Agostinho, Lutero, Calvino, Jansenius) deveria, em boa lógica, tê-las mergulhado no simples estupor.

Mas tudo isso importa pouco, em um certo sentido, porque o cristianismo permaneceu vivo por pouco tempo e, provavelmente não poderia ser de outra forma. Desde o início do século IV, o cristianismo é institucionalizado, torna-se religião de Estado e, com Teodósio, não apenas religião oficial, mas religião obrigatória para os habitantes do Império. Esta institucionalização só pode ser realizada por meio de um gigantesco compromisso. O acosmismo inicial é inteiramente abandonado (com exceção, em parte, dos anacoretas e de algumas raras ordens monásticas), a Igreja torna-se uma instituição fortemente presente no século e durante muito tempo terá objetivos importantes no poder temporal (pelo menos até o momento em que se descobre, no século XV, que o famoso "dom de Constantino" era falso) e, de qualquer modo, ela será uma engrenagem essencial da ordem social e política dominante nos diversos momentos. Dessa forma, ela porá bastante água no vinho da ética dos Evangelhos. Uma vez mais, devemos lembrar o "não matarás".

A herança de tudo isso, que continua sendo o fundamento da civilização ocidental, apesar da "laicização", é a separação entre ética e política, entre o homem interior e o homem público. É verdade que existem bibliotecas inteiras, tanto entre os Pais gregos como entre os Pais latinos e os protestantes, para explicar como e sob quais condições um rei pode guerrear sem deixar de ser cristão. Não precisamos nos incomodar com esta casuística. Mas esta separação atravessa toda a história da filosofia ocidental, com raras exceções (Spinoza, por exemplo, ou Hegel; neste último caso, entretanto, é a ética que desaparece diante da Razão da história, e a política torna-se, de fato, adoração do Real), e é ela que devemos superar.

Deveremos superar as éticas da heteronomia e, para isso, superar primeiramente as políticas da heteronomia. Precisamos de uma ética da autonomia, que só pode estar articulada com uma política da autonomia. A autonomia não é a liberdade cartesiana, menos ainda a sartriana, a fulguração sem densidade e sem engajamento. A autonomia no plano individual significa o estabelecimento de uma nova relação entre o eu e seu inconsciente, não para eliminar este último, mas para conseguir filtrar a parte de desejos que passa nos atos e palavras. Esta autonomia individual tem pesadas condições instituídas. Precisamos, pois, de instituições da autonomia, de instituições que dêem a cada um uma autonomia efetiva enquanto membro da coletividade, e que lhe permita desenvolver sua autonomia individual. Isto só é possível pela instauração de um regime verdadeiramente — e não apenas em palavras — democrático. Em um regime assim, participo efetivamente na instauração das leis sob as quais eu vivo. Participo plenamente delas, não por intermédio de "representantes" ou dos referendos sobre questões cujo teor e finalidade não me foi permitido conhecer, e sim com conhecimento de causa, de modo que eu possa reconhecer nas leis minhas próprias leis, mesmo quando não estiver de acordo com seu conteúdo, porque tive a possibilidade efetiva de participar da formação da opinião comum. Uma tal autonomia, seja no plano individual seja no plano coletivo, não nos dá, evidentemente, uma resposta automática para todas as questões colocadas pela existência humana; teremos sempre que fazer nossa vida nas condições trágicas que a caracterizam, pelo fato de que nem sempre sabemos onde estão o bem e o mal, nem no plano individual nem no plano coletivo. Mas não estamos condenados ao mal mais do que ao bem, porque podemos, na maioria das vezes, retornar sobre nós mesmos, individualmente ou coletivamente, refletir sobre nossos atos, retomá-los, corrigi-los, repará-los.

A democracia como procedimento e como regime*

O assunto de nossa discussão traduz e exprime a crise que o movimento democrático está atravessando atualmente. A escolha deste tema está, com efeito, condicionada ao aparecimento de uma concepção da "democracia", que a transforma em um simples conjunto de "procedimentos", separando-se assim de todo o pensamento político precedente. Este pensamento via na democracia um *regime*, indissociável de uma concepção substantiva dos fins da instituição política e de uma visão, e de uma intenção, relativamente ao tipo de ser humano que lhe correspondia. Vê-se claramente que, quaisquer que sejam as roupagens filosóficas, uma concepção voltada exclusivamente para os procedimentos da "democracia" tem sua origem na crise das significações imaginárias concernentes às finalidades da vida coletiva, e visa a encobrir esta crise dissociando qualquer discussão relativa a essas finalidades da "forma do regime" político; no limite, chegando até a suprimir a própria idéia de tais finalidades. O liame profundo que une esta concepção com o que cha-

---

* As idéias deste texto foram expostas por ocasião de uma conferência em Roma, em 3 de fevereiro de 1994; posteriormente, na Harvard University de Nova York, em 25 de abril de 1995.

mamos, de modo bastante irrisório, de individualismo contemporâneo, é manifesto, e retornarei a este ponto.

I

Discutir democracia significa discutir política. Ora, a política não existe sempre e em todos os lugares; a verdadeira política resulta de uma criação social-histórica rara e frágil. O que existe necessariamente em toda sociedade é *o* político: a dimensão — explícita, implícita, às vezes quase inalcançável — que diz respeito ao poder, ou seja, a instância (ou as instâncias) instituída que pode emitir imposições sancionáveis e que deve sempre compreender, explicitamente, pelo menos o que chamamos um poder judiciário e um poder governamental.[1] Pode haver, houve, e esperamos que haja novamente, sociedades sem Estado, a saber, sem aparelho burocrático hierarquicamente organizado, separado da sociedade e exercendo domínio sobre ela. O Estado é uma criação histórica que podemos datar e localizar: Mesopotâmia, Leste e Sudeste Asiáticos, América Central pré-Colombiana. Uma sociedade sem um Estado é possível, concebível, desejável. Mas uma sociedade sem instituições explícitas de poder é um absurdo, na qual caíram tanto Marx como o anarquismo.

Não existe ser humano extra-social; não existe nem como realidade, nem como ficção coerente, um "indivíduo" humano como "substância" a-, extra- ou pré-social. Não podemos conceber um indivíduo sem linguagem, por exemplo, e não existe linguagem senão como criação e instituição social. Esta criação e esta instituição não podem ser vistas sem cair no ridículo, como resultantes de uma cooperação deliberada dos "indivíduos" — nem de uma adição de redes "intersubjetivas": para que haja intersubjetividade, é preciso haver sujeitos humanos e a possibilidade de que se comuniquem — em outras palavras, seres hu-

---

1. Ver meu texto "Pouvoir, politique, autonomie" (1988), retomado em *Le monde morcelé, op. cit.*, pp. 117-24.

manos já socializados e uma linguagem que eles não poderiam produzir eles próprios enquanto indivíduos (uma ou várias "redes intersubjetivas"), mas devem receber de sua socialização. A mesma consideração vale para mil outras facetas do que denominamos indivíduo. A "filosofia política" contemporânea — como de resto o essencial do que passa por ciência econômica — é fundada nesta ficção incoerente de um indivíduo-substância, bem definido em suas determinações essenciais fora ou antes de toda sociedade: é sobre este absurdo que se apóiam necessariamente tanto a idéia da democracia como simples "procedimento" como o pseudo-"individualismo" contemporâneo. Contudo, fora da sociedade, o ser humano não é nem um bruto nem Deus (Aristóteles); ele simplesmente não é, não pode existir nem fisicamente nem, sobretudo, psiquicamente. O *hopeful and dreadful monster* que é o recém-nascido humano, radicalmente inapto para a vida, deve ser humanizado, e esta humanização é a sua socialização, trabalho da sociedade, "midiatizado" e instrumentado pelos que constituem o círculo imediato do *infans*. O ser-sociedade são as instituições e as significações imaginárias sociais que estas instituições encarnam e fazem existir na efetividade social. São estas significações que dão um sentido — sentido imaginário, na acepção profunda do termo, ou seja, criação espontânea e imotivada da humanidade — para a vida, para a atividade, para as escolhas, para a morte dos humanos, como para o mundo que elas criam e no qual os humanos devem viver e morrer. A polaridade não se situa entre o indivíduo e a sociedade — porque o indivíduo é a sociedade, um fragmento ao mesmo tempo em que é uma miniatura ou, melhor ainda, uma espécie de holograma do mundo social —, ela se situa entre a psique e a sociedade. A psique deve ser, bem ou mal, domada, aceitar uma "realidade" que lhe é — para começar e, em certo sentido, até o fim — radicalmente heterogênea e estranha. Esta "realidade" e sua aceitação são obra da instituição. Os gregos sabiam disso; os modernos o ocultaram, em grande parte, em função do cristianismo.

A instituição — e as significações imaginárias que ela porta — só pode existir se ela se mantém, se está apta para sobreviver: a tautologia darwiniana encontra aqui também um terreno fecundo de aplicação. Ela se mantém igualmente por intermédio do poder — e este poder existe primeiramente como infrapoder radical, sempre implícito. Você nasceu na Itália em 1954, na França em 1930, nos Estados Unidos em 1945, na Grécia em 1922: você não decidiu sobre isso, mas esse fato decidirá a parte essencial de sua existência: sua língua, sua religião, 99% (na melhor das hipóteses) de seu pensamento, aquilo pelo qual você deseja viver e aceita (ou não) morrer. Isso é muito mais, e mesmo bem diferente, do que o simples "estar em um mundo" que não escolhemos (a *Geworfenheit* de Heidegger). Este mundo não é um mundo qualquer, ou o mundo simplesmente, é um mundo sócio-histórico, moldado por sua instituição e contendo, de modo indescritível, inúmeros *transformados* pela história precedente.

Desde o nascimento, o sujeito humano é presa de um campo sócio-histórico, é colocado sob o domínio ao mesmo tempo do imaginário coletivo instituinte, da sociedade instituída e da história, da qual esta instituição é o resultado provisório. A sociedade não pode fazer mais do que, em primeiro lugar, produzir indivíduos sociais que lhe são conformes e que a produzem por sua vez. Mesmo quando nascemos em uma sociedade conflituosa, o terreno do conflito, o que nele está em jogo, as opções são pré-dadas; mesmo se devemos nos tornar filósofos, é *esta* história *desta* filosofia que será o ponto de partida da reflexão, e não uma outra. Encontramo-nos aqui muito além, ou aquém, de qualquer intenção, vontade, manobra, conspiração, disposição que possam ser atribuídos a qualquer instituição, lei, grupo ou classe.

Ao lado, ou "acima" deste infra-poder (*infra-pouvoir*) implícito, sempre existiu e sempre existirá um poder explícito, instituído como tal, com seus dispositivos particulares, seu funcionamento definido, as sanções legítimas que ele pode acionar.[2] A existência necessária deste poder resulta de, pelo menos, quatro elementos:

---

2. Sanções legítimas relativamente ao direito positivo, não no absoluto.

— o mundo "pré-social" como tal, ameaça sempre o sentido instaurado pela sociedade;
— a psique dos seres humanos singulares não é, e nunca poderá ser, completamente socializada e transformada exaustivamente conforme o que as instituições lhe pedem;
— o fato de existirem outras sociedades, que põem em perigo o sentido instaurado pela sociedade considerada;
— a sociedade contém sempre, em sua instituição e suas significações imaginárias, um avanço em direção ao futuro, e o futuro exclui uma codificação (ou uma mecanização) prévia e exaustiva das decisões a serem tomadas.

Resulta daí a necessidade de instâncias explicitamente instituídas capazes de tomar decisões sancionáveis quanto ao que deve ou não ser feito, isto é, capazes de legislar, "executar", decidir litígios e governar. As duas primeiras funções podem estar contidas (e, de fato, estiveram, em grande parte nas sociedades arcaicas) na regulação costumeira, as duas últimas, não. Enfim, e acima de tudo, este poder explícito é a garantia instituída do monopólio das significações legítimas na sociedade considerada.

O político é tudo o que concerne a este poder explícito (os modos de acessá-lo, a maneira apropriada de geri-lo, etc.).

Este tipo de instituição da sociedade recobre a quase totalidade da história humana. Trata-se das sociedades heterônimas: elas criam, é bem verdade, as suas próprias instituições e significações, mas ocultam esta auto-criação, imputando-a a uma fonte extra-social, de qualquer modo exterior à atividade efetiva da coletividade de fato existente: os ancestrais, os heróis, os deuses, Deus, as leis da História ou as leis do mercado. Nessas sociedades heterônimas, a instituição da sociedade acontece no fechamento do sentido. Todas as perguntas que podem ser formuladas pela sociedade considerada vão encontrar sua resposta nas significações imaginárias, e as que não poderiam são, não propriamente interditas, mental e psiquicamente impossíveis para os membros da sociedade.

Essa situação só foi rompida, pelo que sabemos, duas vezes na História: na Grécia Antiga e na Europa Ocidental — e somos os herdeiros desta ruptura, o que nos permite falar da maneira como falamos. A ruptura exprime-se pela criação *da* política e da filosofia (da reflexão). Política: o questionamento das instituições estabelecidas. Filosofia: o questionamento das *idola tribus*, das representações coletivamente aceitas. Nessas sociedades, o fechamento do sentido é rompido, ou ao menos tende a ser rompido. Esta ruptura — e a atividade de interrogação incessante que vai em par com ela — implica a recusa de uma fonte de sentido que não seja a atividade viva dos seres humanos. Ela implica, pois, a rejeição de toda "autoridade" que não prestasse conta e razão, que não justificasse a validade de direito de suas enunciações. De tudo isso, decorre imediatamente:

— a obrigação para todos de prestar contas e razão (*logon didonai*) de seus atos e de suas palavras;
— a rejeição das "diferenças" ou "alteridades" (hierarquias) prévias nas posições respectivas dos indivíduos e, portanto, o questionamento de todo o poder decorrente delas;
— a abertura da questão das boas (ou das melhores) instituições, na medida em que dependem da atividade consciente e explícita da coletividade — logo, abertura também da questão da justiça.

É fácil perceber que essas conseqüências levam a considerar a política como um trabalho que diz respeito a todos os membros da coletividade em questão, pressupondo a igualdade de todos e visando a torná-la efetiva — um trabalho, portanto, também de transformação das instituições no sentido da democracia. Assim, podemos definir a política como atividade explícita e lúcida concernente à instauração das instituições desejáveis, e a democracia como o regime de auto-instituição explícita e lúcida, na medida do possível, das instituições sociais que dependem de uma atividade coletiva explícita.

Resta acrescentar que esta auto-instituição é um movimento incessante, que ela não visa a uma "sociedade perfeita" (expressão destituída de sentido), mas uma sociedade tão livre e justa quanto possível. É este movimento que chamo de projeto de uma sociedade autônoma e que, se alcançar seus objetivos, deve estabelecer uma sociedade democrática.

Surge uma questão prévia, que foi efetivamente colocada na História: por que nós queremos, por que deveríamos querer um regime democrático? Eu não vou discuti-la, limitando-me a observar que levantar esta questão já implica que devemos (ou deveríamos) viver em um regime no qual todas as questões podem ser levantadas — e é exatamente isso o regime democrático.

Mas é também evidente que uma tal instituição, na qual qualquer questão pode ser levantada, na qual nenhuma posição, nenhum estatuto são dados ou garantidos antecipadamente, define a democracia como um regime. Voltarei a essa questão.

II

Objetou-se que essa visão acarreta uma concepção substantiva da felicidade dos cidadãos — e que, assim sendo, ela vai dar fatalmente no totalitarismo (posição explicitamente afirmada por Isaiah Berlin e implícita nas argumentações de Rawls ou de Habermas).[3]

Mas nada, no que acabamos de citar, faz alusão à "felicidade" dos cidadãos. Podemos compreender as motivações históricas dessas objeções — desde o famoso "a felicidade é uma idéia nova na Europa" de Saint-Just, até a monstruosa farsa dos regimes stalinistas, afirmando que estavam trabalhando pela (e estavam realizando) felicidade do povo "A vida ficou melhor, camaradas. A vida ficou mais alegre", declarava Stalin no apogeu da miséria e do terror na Rússia). Mas essas motivações não bastam para justificar a posição teórica: esta surge como uma reação quase epidérmica a uma situação histórica de dimensões colos-

---

3. Em relação a Habermas, ver em último lugar "Three Models of Democracy", em *Constellations*, v. 1, nº 1, abril de 1994, pp. 1-10.

sais — a emergência do totalitarismo —, que exigiria uma análise muito mais profunda da questão política. O objetivo da política não é a felicidade, e sim a liberdade. A liberdade efetiva (não discuto aqui a liberdade "filosófica") é o que denomino "autonomia". A autonomia da coletividade, que só pode se realizar pela auto-instituição e pelo autogoverno explícitos, é inconcebível sem a autonomia efetiva dos indivíduos que a compõem. A sociedade concreta, a sociedade que vive e que funciona, não é mais do que os indivíduos concretos, efetivos, "reais". Mas o inverso é igualmente verdadeiro: a autonomia dos indivíduos é inconcebível e impossível sem a autonomia da coletividade. O que significa, como é possível, o que pressupõe a autonomia dos indivíduos? Como podemos ser livres se somos obrigatoriamente colocados sob a lei social? Existe uma primeira condição: é preciso que se tenha a possibilidade efetiva de participar da formação da lei (da instituição). Eu não posso ser livre sob a lei senão quando posso afirmar que esta lei é minha, que tive a possibilidade efetiva de participar de sua formação e de sua posição (mesmo quando minhas preferências não prevaleceram). Sendo a lei necessariamente universal em seu conteúdo e, em uma democracia, coletiva em sua fonte (o que não é, em teoria, contestado pelos partidários dos "procedimentos"), resulta que a autonomia (a liberdade efetiva) de todos, em uma democracia, é e deve ser uma preocupação fundamental de cada um. (O "esquecimento" desta evidência é uma das inúmeras enganações do pseudo-"individualismo" contemporâneo.) Porque a qualidade da coletividade que decide sobre nós importa-nos vitalmente — caso contrário, nossa própria liberdade torna-se politicamente irrelevante, estóica ou ascética. Tenho um interesse positivo fundamental (e até mesmo egoísta) em viver em uma sociedade mais próxima daquela do *Banquete*, do que daquela do *Poderoso chefão* ou de *Dallas*. Minha própria liberdade, em sua realização efetiva, está em função da liberdade efetiva dos outros. Esta idéia é certamente incompreensível para um cartesiano ou um kantiano.

Não há dúvida de que o desdobramento e a realização dessa liberdade pressupõem disposições institucionais e até disposições "formais" e "procedimentais": os direitos individuais (um *Bill of*

Rights), as garantias judiciárias (*due process of law, nullum crimen nulla poena sine lege*), a separação dos poderes, etc. Mas as liberdades resultantes são estritamente defensivas. Todas as disposições pressupõem — e este é o postulado tácito, quase geral, daquilo que passa por filosofia política moderna — que existe, bem próximo, um poder estranho à coletividade, intocável, inatacável, essencialmente hostil e perigoso, do qual é necessário limitar, na medida do possível, a potência. Trata-se da filosofia tácita das Comunas Inglesas perante o monarca, e a posição explícita dos textos fundadores da Constituição Americana. O fato de que, alguns séculos mais tarde, os "pensadores políticos" da modernidade comportem-se psíquica e intelectualmente como "de Vossa Excelência, o submisso e obediente servidor" (*Excellenz untertänig gehorsamster Diener*[4]) não surpreenderá senão aqueles que nunca refletiram sobre a estranha relação da maioria dos intelectuais com os poderes estabelecidos.[5] Liberdade sob a lei — autonomia — significa participação na posição da lei. É uma tautologia dizer que esta participação só realiza a liberdade se for igualmente possível para todos, não na letra da lei, mas na efetividade social. Decorre daí, imediatamente, o absurdo da oposição entre igualdade e liberdade, com a qual nos enchem os ouvidos há decênios. A menos que a tomemos sob acepções inteiramente especiosas, as duas noções implicam-se reciprocamente.[6] A igual possibilidade efetiva de participação exige a concessão efetiva a todos das condições de todo o tipo dessa participação. Suas implicações são visivelmente imensas; elas incluem uma parte considerável da instituição global da sociedade; mas o ponto de Arquimedes é evidentemente a *paidéia*, em seu sentido mais profundo e permanente, à qual retornarei.

---

4. Final da dedicatória da *Crítica da razão pura*, Königsberg, datada de 29 de março de 1781, ao Freiherr von Zedlitz, ministro de Estado do rei da Prússia.
5. Ver meu texto "Les intellectuels et l'histoire" (1987), retomado em *Le monde morcelé, op. cit.*, pp. 103-11.
6. Ver meu texto "Nature et valeur de l'égalité" (1981), retomado em *Domaines de l'homme, op. cit.*, pp. 307-24.

Não é, pois, possível realizar até mesmo uma democracia "procedimental" que não seja uma fraude, a menos que se intervenha profundamente na organização substantiva da vida social.

III

A língua grega antiga e a prática política dos atenienses nos oferecem uma distinção preciosa — e, em minha opinião, de validade universal — entre três esferas das atividades humanas, que a instituição global da sociedade deve simultaneamente separar e articular: a *oikos*, a *agora* e a *ecclesia*. Podemos traduzir livremente por: a esfera privada, a esfera privada/pública, a esfera (formalmente e fortemente) pública, idêntica ao que denominei mais acima de poder explícito. Assinalo de passagem que esta distinção fundamental só está presente nos fatos e na linguagem, mas não foi explicitada como tal na época clássica, como também não o foi, salvo em parte, pelo pensador clássico da democracia, Aristóteles. Estas esferas só encontram-se nitidamente distintas (e propriamente articuladas) nos regimes democráticos. Em um regime totalitário, por exemplo, em princípio a esfera pública absorve tudo. Ao mesmo tempo, ela não é na realidade de modo algum pública, e sim a propriedade privada do aparelho totalitário que detém e exerce o poder. As monarquias absolutistas tradicionais respeitavam, em princípio, a independência da esfera privada, da *oikos*, e intervinham com moderação na esfera privada/pública, a *agora*. Paradoxalmente, as pseudo-"democracias" ocidentais contemporâneas transformaram em grande parte a esfera pública em questão privada: as decisões verdadeiramente importantes são tomadas em segredo e nos bastidores (do governo, do Parlamento, dos aparelhos dos partidos). Uma definição da democracia tão boa quanto qualquer outra é: o regime em que a esfera pública torna-se verdadeiramente e efetivamente pública — pertencente a todos e efetivamente aberta à participação de todos.

A *oikos*, a casa-família, a esfera privada, é o campo no qual, formalmente e em princípio, o poder não pode nem deve intervir. Assim como as demais questões deste campo, mesmo isso não pode e não deve ser tomado em sentido absoluto: a lei penal proíbe atingir a vida ou a integridade corporal dos membros da família e a instrução das crianças é obrigatória até mesmo nos governos mais conservadores, etc.

A *agora*, o mercado-lugar de reunião, é o domínio no qual os indivíduos encontram-se livremente, discutem, contratam entre si, publicam e compram livros, etc. Ainda aqui, formalmente e em princípio, o poder não pode nem deve intervir — mas também aqui, de qualquer forma, a questão não pode ser tomada em sentido absoluto. A lei impõe o respeito aos contratos privados, proíbe o trabalho infantil, etc. De fato, não se terminaria nunca de enumerar os pontos nos quais e as disposições pelas quais o poder, mesmo nos Estados mais "liberais" (no sentido do liberalismo capitalista), intervém neste domínio (exemplo do orçamento, que será evocado mais adiante).

A *ecclesia*, termo utilizado aqui metaforicamente,[7] é o lugar do poder, o domínio público/público. O poder compreende os poderes, e estes devem ser simultaneamente separados e articulados. Como já mencionei isto anteriormente,[8] vou me limitar aqui a alguns pontos importantes para a presente discussão.

Se considerarmos concretamente a atividade dos diferentes ramos do poder, fica claro que, em nenhum campo, decisões podem ser pensadas e adotadas sem que considerações substanciais sejam levadas em conta. Isso vale tanto para legislação como para o governo, para a "execução" como para o Judiciário.

Com efeito, é impossível imaginar uma lei, salvo precisamente as leis procedimentais, e isto com ressalvas, que não decida de questões substantivas. Mesmo a proibição do homicídio não é evidente por si, o que comprovam as múltiplas restrições,

---

7. Termo que emprego simbolicamente (e não por abuso de linguagem). A Assembléia ateniense não exercia o Poder Judiciário e não fazia mais do que supervisionar o "executivo" no sentido aqui dado a este termo (administração).
8. Ver meu texto "Fait et à faire" em *Autonomie et auto-transformation de la société*, op. cit., em particular, pp. 500-13.

exceções, qualificações que a acompanham em todos os tempos e lugares. O mesmo se dá com a "aplicação" das leis, seja por parte do Judiciário ou do "Executivo".[9] O juiz não pode (ou ao menos não deve) ser nunca um *Paragraphenautomat*, porque existem sempre "vazios de direito" (*Rechtslücken*); mas, sobretudo, porque existe sempre uma questão de interpretação da lei e, mais profundamente, uma questão de eqüidade.[10] Tanto interpretação como eqüidade são inconcebíveis sem que se recorra e invoque o "espírito do legislador", ou seja, as suas "intenções"[11] e os valores substantivos a que elas supostamente visam. O mesmo acontece com a administração, na medida em que ela não poderia "aplicar" leis e decretos sem interpretá-los; e, também, por excelência, no que diz respeito ao governo. A função governamental é "arbitrária"; desenrola-se no quadro da lei, está sujeita à lei (refiro-me, evidentemente, ao que se supõe nos regimes "democráticos" ocidentais), mas ela não aplica ou executa, em geral, as leis. A lei (em geral, a Constituição) afirma que o governo deve enviar todos os anos um projeto de orçamento ao Parlamento e que este (que, neste caso, compartilha de uma função governamental e não "legislativa") deve votá-lo, na íntegra ou com alterações; ela não diz, e jamais poderia dizer, o que deve constar deste orçamento. Certamente é impossível imaginar um orçamento que não esteja embebido, de alto a baixo,

---

9. O que chamamos, na linguagem filosófica e constitucionalista moderna, "executivo," cinde-se, na verdade, em dois: poder (ou *função*) governamental e poder (ou *função*) administrativo. O *"Governo"*, *enquanto* governo, não "executa" as leis, mas essencialmente ele *age* (governa) *no quadro* das leis. A administração, na medida em que não pode ser integralmente "mecanizada", também não escapa às questões de interpretação, como as evocadas anteriormente.
10. Ver minha análise das concepções de Aristóteles a esse respeito em "Valeur, égalité, justice, politique: de Marx à Aristote e d'Aristote à nous" (1975), retomado em *Les carrefours du labyrinthe, op. cit.*, especialmente pp. 274-306.
11. Não se trata evidentemente de intenções "historicamente confirmadas", mas da inserção necessária — e problemática — de toda cláusula particular na totalidade do sistema jurídico, sistema que, em princípio, evolui continuamente.

tanto da parte das receitas como das despesas, de decisões substantivas, que não seja inspirado por objetivos e "valores" que ele visa realizar. De um modo geral, todas as decisões governamentais não triviais concernem e engajam, em uma obscuridade radical e radicalmente inevitável, o futuro. Elas tendem a orientar a evolução da sociedade, pois esta depende dessas decisões, para tomar uma direção em vez de outra. Como então elas poderiam ser tomadas sem apelar, ainda que tacitamente, para opções substantivas?

Poderíamos dizer: mas todas essas decisões explícitas (e notadamente legislativas e governamentais) poderiam muito bem visar apenas à conservação do estado de coisas existente — ou então à preservação da liberdade da sociedade (não "política") para fazer emergir de si mesma e desdobrar as "formas de vida substanciais" que quiser. Mas este argumento contém, ainda que implicitamente, uma asserção de valorização positiva das formas e dos conteúdos já existentes da vida social, que eles sejam a herança de tempos imemoriais ou o produto da atividade contemporânea da sociedade. Para tomar um exemplo bem familiar ao leitor de hoje, o "liberalismo" extremo retorna a uma afirmação de substância: o que os "mecanismos do mercado" ou a "livre iniciativa individual", etc. produzem é "bom" ou "o menos ruim possível", ou então: aqui não cabe nenhum julgamento de valor. (As duas afirmações, contraditórias evidentemente, são simultaneamente ou sucessivamente defendidas por F. von Hayek, por exemplo.) Dizer que não cabe nenhum julgamento de valor sobre o que a sociedade "espontaneamente" produz leva ao niilismo histórico total e significa afirmar que qualquer regime (stalinista, nazista ou outro) vale o mesmo que qualquer outro. Dizer que o que a tradição ou (isso vai dar finalmente no mesmo) a sociedade produz "espontaneamente" é bom, ou o menos ruim possível, significa evidentemente esforçar-se em demonstrar, a cada vez e por meio de exemplos precisos, "em que" e "por que" é assim; significa, pois, entrar na discussão substantiva.

Como ninguém de posse de suas faculdades mentais contestaria essas constatações, a duplicidade da posição normativa torna-se clara: não se trata de negar que decisões que afetam questões de substância devam ser, de qualquer modo, tomadas, qualquer que seja o tipo de regime considerado; mas de afirmar que em um regime "democrático" só a "forma" ou a "norma" segundo as quais essas decisões são tomadas importam — ou então que a "forma" ou a "norma" por si mesmas caracterizam um regime como "democrático".

Concordemos que seja assim. Mas todo o "procedimento" deve ser aplicado por seres humanos. E estes devem poder aplicar, e se limitar a aplicar este procedimento segundo o seu "espírito". Quem são estes seres, e de onde eles vêm? Somente a ilusão metafísica — aquela de um indivíduo-substância, pré-formado em suas determinações essenciais, para o qual o seu pertencer a um meio sócio-histórico definido seria tão acidental quanto a cor de seus olhos — permitiria evitar esta pergunta. Postulamos aqui a existência efetiva (estamos na política efetiva, não nas "ficções" "contrafactuais"), a existência de átomos humanos, já dotados não apenas de "direitos" etc., mas de um conhecimento perfeito das disposições do Direito (sem o que seria necessário legitimar uma divisão do trabalho estabelecida, uma vez por todas, entre "simples cidadãos" e juízes, administradores, legisladores, etc.), os quais tenderiam por si mesmos, inelutável e independentemente de toda formação, história singular, a se comportarem como átomos jurídico-políticos. Esta ficção do *homo juridicus* é tão irrisória e inconsistente quanto a do *homo oeconmicus*, e a metafísica antropológica que os dois pressupõem é a mesma.

Para a visão "procedimental", os seres humanos (ou uma boa parte deles) deveriam ser puros entendimentos jurídicos. Mas os indivíduos efetivos são bem diferentes. E somos obrigados a considerá-los da maneira como eles chegam, já moldados pela sociedade, com suas histórias, suas paixões, seus pertences particulares de todo tipo; tais quais já foram fabricados pelo processo sócio-histórico e por dada instituição da sociedade. Para que eles fossem diferentes, seria necessário que essa instituição, em seus aspectos substanciais e substantivos, fosse diferente. Suponhamos que uma democracia, a mais completa e perfeita que pudermos imaginar, caia do céu: essa democracia não vai durar mais do que alguns anos se ela não engendrar indivíduos que lhe correspondam e que, primeiramente e antes de qualquer coisa, sejam capazes de fazê-la funcionar e de reproduzi-la. Não pode haver sociedade democrática sem *paidéia* democrática. A concepção normativa é, a menos que caia na incoerência, obrigada a introduzir subrepticiamente pelo menos dois julgamentos de substância, simultaneamente e de fato:

— as instituições efetivas da sociedade são compatíveis com o funcionamento de procedimentos "verdadeiramente" democráticos;
— os indivíduos, tais como são fabricados por esta sociedade, podem fazer funcionar esses procedimentos estabelecidos segundo o seu "espírito" e defendê-los.

Esses julgamentos oferecem múltiplos pressupostos e acarretam inúmeras conseqüências. Menciono apenas dois.

O primeiro é que estamos novamente aqui diante da questão fundamental da eqüidade, não em seu sentido substantivo, mas primeiramente em seu sentido estritamente lógico, já estabelecido por Platão e Aristóteles.[12] Existe sempre uma inadequação entre a matéria a ser julgada e a forma em si da lei — sendo a primeira necessariamente concreta e singular e a segunda abstrata e universal. Esta inadequação só pode ser resolvida pelo trabalho criador do juiz "que se coloca no lugar do legislador" — o que implica que ele apele para considerações substantivas, o que vai além do procedimental.

O segundo é que, para que os indivíduos sejam capazes de fazer funcionar as normas democráticas em seu "espírito", é preciso que uma parte importante do trabalho da sociedade e de suas instituições seja dirigida para o engendramento de indivíduos que correspondam a esta definição, isto é, mulheres e homens democráticos, mesmo no sentido procedimental do termo. Mas então devemos fazer face ao dilema: ou bem esta educação

---

12. Ver meu texto citado na nota 21, *supra*.

dos indivíduos é dogmática, autoritária, heterônima — e a pretensa democracia torna-se o equivalente político de um ritual religioso, ou bem os indivíduos que devem "aplicar os procedimentos" — votar, legislar, executar as leis, governar — foram educados de maneira crítica. Neste caso, este espírito crítico deve ser valorizado, como tal, pela instituição da sociedade — e a caixa de Pandora do questionamento das instituições existentes está aberta; a democracia torna-se mais uma vez movimento de auto-instituição da sociedade, ou seja, um novo tipo de regime no sentido pleno do termo.

Os jornalistas, assim como os filósofos políticos que parecem ignorar tudo sobre as longas disputas da "filosofia do Direito", vêm falando constantemente, há mais de dois séculos, sobre o "Estado de Direito". Mas se o "Estado de Direito" (*Rechtsstaat*) é diferente do "Estado de lei" (*Gesetzstaat*),[13] ele só o é quando vai além da simples conformidade a "procedimentos": na medida em que a questão da justiça é colocada e afeta até mesmo as regras jurídicas já consideradas. Mas a questão da justiça é a questão da política, desde que a instituição da sociedade deixou de ser sagrada ou tradicional. O "reino da lei", a partir daí, não se pode esquivar à pergunta: que lei, por que esta lei e não uma outra? Até mesmo a resposta "formalmente democrática": a lei é lei porque é a decisão do maior número (deixo aqui de lado a questão de saber se ela o é realmente) não pode fechar a questão: e por que deve ser assim? Se a justificação da regra da maioria é estritamente "procedimental" — por exemplo, que é necessário que toda discussão termine — então não importa qual regra seria justificada, como sortear a decisão. A regra majoritária só pode ser justificada se admitirmos o igual valor, no campo do contingente e do provável, das *doxae* de indivíduos livres.[14]

---

13. Muitos séculos antes da Revolução Francesa, a monarquia absoluta ou "esclarecida" implantava na maior parte dos países da Europa Ocidental um "Estado de lei". "Há juízes em Potsdam", replicava o moleiro prussiano a Frederico o Grande.
14. É mais ou menos assim que Aristóteles a justificava na *Constituição dos atenienses*, XLI.

Mas se este igual valor não deve permanecer um "princípio contrafactual", um truque pseudotranscendental, então cabe permanentemente à instituição da sociedade transformar os indivíduos de tal modo que se possa racionalmente postular que suas opiniões têm o mesmo peso no domínio público. Uma vez mais, a questão da *paidéia* não pode ser eliminada.

A idéia de que se pode separar o "direito positivo", e seus procedimentos, dos valores substantivos é uma miragem. É igualmente uma miragem a idéia de que um regime democrático poderia receber da História, *ready made*, indivíduos democráticos que o fariam funcionar. Tais indivíduos não podem ser formados senão em e por uma *paidéia* democrática, que não cresce como uma planta, mas deve ser o objeto central das preocupações políticas.

Os procedimentos democráticos formam uma parte, importante na verdade, mas apenas uma parte de um regime democrático. E eles devem ser verdadeiramente democráticos em seu espírito. No primeiro regime que podemos denominar, apesar de tudo, democrático, o regime ateniense, eles foram instituídos não como simples "meio", mas como momento de encarnação e de facilitação dos processos que o realizavam. A rotação, o sorteio, a decisão após deliberação de todo o corpo político, as eleições, os tribunais populares não se fundavam apenas em um postulado de igual capacidade de todos em assumir cargos públicos: eles eram as peças de um processo político educativo, de uma *paidéia* ativa, visando exercer e, portanto, desenvolver em todos as capacidades correspondentes, tornando assim tão próximo quanto possível da realidade efetiva o postulado da igualdade política.

IV

As raízes dessas confusões não são certamente apenas "ideais", no sentido em que deveriam ser buscadas essencialmente ou exclusivamente nas "falsas idéias"; também não são apenas "materiais", no sentido da expressão, consciente ou não, de interesses, pulsões, posições sociais, etc. Elas mergulham no imaginário sócio-histórico do período "político" moderno, já em sua préhistória, mas, sobretudo, em seu caráter antinômico. Não será possível empreender aqui a sua elucidação. Limitar-me-ei a uma tentativa de extrair alguns pontos que sobressaem na constelação de idéias na qual e por meio da qual este imaginário se exprimiu na esfera política.

Começarei *in medias res*. Conhecemos a crítica habitual que o marxismo endereçava aos direitos e às liberdades "burguesas" (e que é, bem ou mal, da autoria de Marx, não importa o que se diga): tratar-se-ia de liberdades e de direitos simplesmente "formais", estabelecidos mais ou menos no interesse do capitalismo. Crítica multiplamente errada. Esses direitos e essas liberdades não surgiram com o capitalismo, nem foram por ele concedidos. Reivindicados de início pela protoburguesia das comunas desde o século X, eles foram arrancados, conquistados, impostos por lutas seculares do povo (nas quais um papel importante foi representado não só pelas camadas mais carentes, mas freqüentemente também pela pequena burguesia). Nos lugares em que foram importados, foram quase sempre átonos e frágeis (ver os países da América Latina ou o Japão). Em seguida, esses direitos e liberdades não correspondem ao "espírito" do capitalismo, que exige, de preferência, a *one best way* de Taylor ou a "gaiola de ferro" de Max Weber. A idéia de que eles seriam a contrapartida e a pressuposição políticas da concorrência no mercado econômico é igualmente falsa; trata-se apenas de um momento, nem espontâneo nem permanente do capitalismo. Se considerarmos a sua tendência interna, é no monopólio, no oligopólio ou nas coalizões entre capitalistas que ela termina. Elas também não são um pressuposto do desenvolvimento do capitalismo (ver mais uma vez o Japão ou os "tigres" asiáticos). Enfim, elas não são de modo algum "formais" e, sobretudo, correspondem a traços vitalmente necessários a qualquer regime democrático. São parciais e, como indicado no início deste texto, essencialmente defensivas. Mesmo a qualificação de "negativas" (I. Berlin) é inadequada. O direito de se reunir, de se manifestar, de publicar um jornal ou um livro não é "negativo": seu exercício forma um componente da vida social e política e pode ter, e necessariamente tem, efeitos importantes sobre ela. Será diferente se ele for entravado pelas condições efetivas ou, como acontece hoje nos países ricos, tornar-se mais ou menos fútil pela desertificação política geral. Precisamente, uma grande parte da luta pela democracia visa a instaurar condições reais permitindo a todos o exercício efetivo destes direitos. Reciprocamente, esta falaciosa denúncia do caráter "formal" dos direitos e da liberdade "burgueses" teve efeitos catastróficos, servindo de trampolim para a instauração do totalitarismo leninista e de cobertura para sua continuação pelo stalinismo.

Essas liberdades e esses direitos não são, pois, "formais": eles são parciais e, na realidade social efetiva, são essencialmente defensivos. Pela mesma razão, não são "negativos". A expressão de I. Berlin pertence ao contexto e à herança sócio-histórica a que fiz alusão ao começar. Ela corresponde à atitude subjacente, quase permanente, das sociedades e das populações européias (e não apenas delas, mas é sobre elas que falamos aqui) em relação ao poder. Quando, enfim, é quebrado, pelo menos em parte, o imaginário milenar da realeza do direito divino (ainda ratificado e reforçado pelo cristianismo, "todo o poder vem de Deus"), continua ainda assim a subsistir a representação do poder como diferente da sociedade, situado à sua frente, opondo-se a ela. O poder significa "eles" (*us and them*, diz-se ainda em inglês), ele é, em princípio, hostil — trata-se de contê-lo em seus limites e de se defender contra ele. Foi apenas durante as épocas revolucionárias, na Nova Inglaterra ou na França, que a frase *we are the people*, ou o termo a Nação, adquire um sentido político, que declara que a soberania pertence à nação — frase que será de resto rapidamente esvaziada de seu conteúdo, por meio da "representação". Neste contexto, compreendemos que direitos e liberdades tenham passado a ser considerados como meios de defesa contra um Estado onipotente e essencialmente estranho.

Berlin opõe a essas liberdades "negativas" — as únicas, em sua opinião, aceitáveis uma idéia da liberdade "positiva", semelhante à concepção democrática antiga (grega), segundo a qual todos os cidadãos devem participar do poder. Para ele, ela seria potencialmente totalitária porque pressuporia a imposição de uma concepção positiva, e coletivamente (politicamente) determinada do bem comum, ou do bem-viver. As falhas do raciocínio são múltiplas. A liberdade efetiva (mais do que "positiva") de todos por intermédio de sua participação no poder não implica mais uma concepção do bem comum do que qualquer decisão legislativa, governamental ou até mesmo judiciária, tomada por "representantes", ministros ou juízes profissionais. Como mencionei anteriormente, não pode haver um sistema de direito, por exemplo, que seja completamente (ou mesmo essencialmente) *Wertfrei*, neutro quanto aos valores. O reconhecimento de uma esfera livre de "atividade privada" — quaisquer que sejam as suas fronteiras — procede da afirmação de um valor substantivo e que pretende valer universalmente: é bom para todos que os indivíduos possam se movimentar livremente no interior de esferas de atividade privada reconhecidas e garantidas pela lei. A delimitação dessas esferas, o conteúdo das sanções eventuais de sua transgressão por outros, devem necessariamente apelar para algo que não uma concepção formal da lei, como seria fácil demonstrar em qualquer sistema de direito positivo. (Para apresentar apenas um exemplo, é impossível definir uma escala de gravidade dos delitos e das penas sem "comparar" entre si o valor da vida, da liberdade — prisão —, do dinheiro, etc.).

Implícita na argumentação de Berlin temos outra confusão: aquela entre o bem comum e a felicidade. O fim da política não é a felicidade, que só pode ser uma questão privada,[15] mas a liberdade ou a autonomia individual e coletiva. Entretanto, não pode ser *somente* a autonomia, porque então cairíamos no formalismo kantiano e sob todas as críticas justificadas de que foi alvo, desde a sua origem. Como já escrevi em outro texto,[16]

---

15. Ver o parágrafo "Racines subjectives du projet révolutionnaire", na primeira parte (1964-65) de meu livro *L'institution imaginaire de la société*, Paris, Le Seuil, 1975, pp. 126-27.
16. Ver "La *polis* grecque et la création de la démocratie" (1982), texto retomado in *Domaines de l'homme, op. cit.*, em particular pp. 287-96.

desejamos a liberdade, ao mesmo tempo, por ela mesma e para fazer alguma coisa com ela, para fazer coisas. Ora, uma grande parte delas ou não podemos fazê-las sozinhos, ou elas dependem fortemente da instituição global da sociedade e, geralmente, das duas coisas simultaneamente. Isso implica necessariamente uma concepção, ainda que mínima, do bem comum.

É certo — lembrei isso no início do texto — que Berlin não criou esta confusão, ele simplesmente a partilhou. Ela vem de longe, o que torna ainda mais necessário dissipá-la. A distinção a ser restabelecida é antiga (o que faz com que os teóricos modernos não tenham desculpa em esquecê-la). Trata-se da distinção entre a felicidade, questão estritamente privada, e o bem comum (ou a boa vida), impensável sem apelar para o domínio público e mesmo o público/público (o poder). Trata-se, em outros termos que enriquecerão a discussão, da distinção entre a *eudaimonia*, a felicidade, que não é *eph'hêmin*, não depende de nós, e o eu *zein*, o bem-viver, que, em grande parte, depende de nós, individual e coletivamente (porque depende tanto de nossos atos como daquilo e daqueles que nos cercam e, em um nível simultaneamente mais abstrato e mais profundo, das instituições da sociedade). Podemos fazer a contração das duas distinções dizendo que a realização do bem comum é a condição do bem-viver.

Mas quem determina ou define o bem-viver? Talvez uma das razões principais da confusão que cerca a questão é o fato de que a filosofia pretendeu ser capaz de dar essa determinação ou definição. E isso porque o papel dos pensadores da política sempre foi representado por filósofos, e estes, por profissão, queriam determinar uma vez por todas uma "felicidade" e um "bem comum" e, se possível, fazê-los coincidir. No quadro do pensamento herdado, essa determinação, com efeito, não podia ser senão universal, válida para todos, em todos os tempos e lugares e, ao mesmo tempo, estabelecida, de certo modo, *a priori*. Temos aí a raiz do "erro" da maioria dos filósofos que escreveram sobre a política, e do erro simétrico dos outros que, para evitar o absurdo das conseqüências desta solução — Platão, por exemplo, legislando sobre os modos musicais permitidos e interditados para toda "boa" sociedade —, acabaram recusando a questão em si, deixando-a por conta do livre arbítrio de cada um.

Não pode haver filosofia que defina para todos em que consiste a felicidade, e, sobretudo, que queira impô-la por meio de decisões políticas. A felicidade pertence à esfera privada e à esfera privada/pública. Ela não pertence à esfera pública/pública como tal. A democracia, como regime da liberdade, exclui certamente uma "felicidade" que poderia se tornar, em si mesma ou em seus "meios", politicamente obrigatória. Mais ainda: nenhuma filosofia pode definir em momento algum um "bem comum" substantivo, e nenhuma política pode esperar que a filosofia tenha definido um tal bem comum para agir.[17]

Mas as questões que se colocam à esfera pública/pública (à legislação, ao governo) não podem ser de fato discutidas sem uma visão do bem comum. O bem comum é, ao mesmo tempo, uma condição da felicidade individual e, além disso, concerne às obras e aos empreendimentos que a sociedade, com ou sem felicidade, deseja ver realizados.

Isso não diz respeito apenas ao regime democrático. A análise ontológica demonstra que nenhuma sociedade pode existir sem uma definição, mais ou menos certa, de valores substantivos compartilhados, de bens sociais comuns (as *public goods* dos economistas constituem apenas uma parte deles). Esses valores formam uma parte essencial das significações imaginárias sociais a cada vez instituídas. Eles definem o avanço de cada sociedade; fornecem normas e critérios não formalmente instituídos (os gregos, por exemplo, distinguiam entre *dikaion* e *kalon*); enfim,

---

17. É bem verdade que seria difícil para um filósofo defender que uma sociedade na qual a filosofia é impossível, a seu ver, tem o mesmo valor que uma outra onde ela é praticada. Mas, sem uma elucidação suplementar (e longa) do conteúdo do termo filosofia, isso não define politicamente uma classe de sociedades. Houve uma (pelo menos uma espécie de) filosofia na Índia e na China (para não falar do Islã e da Europa medieval). Não decorre daí que uma sociedade de castas ou de mandarins valha politicamente o mesmo que uma sociedade democrática.

eles subentendem o trabalho institucional explícito. Um regime político não pode ser totalmente agnóstico em termos de valores (morais ou éticos). O direito, por exemplo, só pode exprimir uma concepção comum (ou dominante e, bem ou mal, aceita) sobre o "mínimo moral" implicado pela vida em sociedade. Mas esses valores e essa moralidade são criação coletiva anônima e "espontânea". Eles podem ser modificados sob a influência de uma ação refletida e deliberada — mas é necessário que esta tenha acesso a outras camadas do ser social-histórico, que não sejam aquelas concernidas pela ação política explícita. De qualquer modo, a questão do bem comum pertence ao campo do fazer sócio-histórico, e não ao da teoria. A concepção substancial do bem comum é criada social-historicamente a cada momento — e é ela que, evidentemente, está por detrás de todo direito e de todo procedimento. Isso não nos leva ao simples "relativismo" quando vivemos num regime democrático no qual a interrogação continua, de fato, permanentemente em aberto, o que pressupõe a criação social de indivíduos capazes de se interrogarem efetivamente. Encontramos aqui ao menos um componente do bem comum democrático, substantivo e não-relativo: a cidade deve fazer todo o possível para ajudar os cidadãos a se tornarem efetivamente autônomos. Isto é, antes de tudo, uma condição de sua existência como cidade democrática: uma cidade é feita de cidadãos, e um cidadão é aquele que é "capaz de governar e de ser governado" (Aristóteles). Mas isso constitui também, como já foi dito, uma condição positiva do bem-viver de cada um, que depende da "qualidade" dos demais. E a realização deste objetivo: ajudar os indivíduos a se tornarem autônomos, a *paidéia* na acepção mais forte e mais profunda do termo, é impossível sem decisões políticas substantivas a serem tomadas nos vários tipos de regime e em situações diversas.

 A democracia como regime é, pois, ao mesmo tempo, o regime que tenta realizar, na medida do possível, a autonomia individual e coletiva e o bem comum, tal como ele é concebido pela coletividade concernida.

V

O ser humano singular absorvido em "sua" coletividade, na qual ele só se encontra, evidentemente, por acaso (o acaso de seu nascimento em dado lugar e tempo); este mesmo ser desligado de toda coletividade, contemplando à distância a sociedade e tentando ilusoriamente tratá-la simultaneamente como um artefato e como um mal necessário — temos aqui dois resultados do mesmo desconhecimento, que se desdobra em dois níveis:

— como desconhecimento do que são o ser humano singular e a sociedade é o que demonstra a análise da humanização do ser humano como socialização, e a "encarnação" — materialização do social no indivíduo;
— como desconhecimento do que é a política enquanto criação ontológica em geral — criação de um tipo de ser que, explicitamente, dá a si mesmo, ainda que parcialmente, as leis de sua própria existência — e, simultaneamente, como projeto de autonomia individual e coletiva.

A política democrática é, nos fatos, a atividade que tenta reduzir, na medida do possível, o caráter contingente de nossa existência sócio-histórica em suas determinações substantivas. Nem a política democrática através dos fatos nem a filosofia através da idéia podem, evidentemente, suprimir o que, do ponto de vista do ser humano singular, e mesmo da humanidade em geral, aparece como o acaso radical (a que Heidegger visava em parte, mas limitava estranhamente ao ser humano singular, sob o título de *Geworfenheit*, abandono ou o ser-posto-de-lado), fazendo que haja um ser e este se manifeste como um mundo; que neste mundo haja vida e nesta vida uma espécie humana; nesta espécie uma determinada formação sócio-histórica e, nesta formação, num dado momento e lugar, saindo de um ventre entre milhões de outros, apareça este pedacinho de carne chorão, e não um outro. Mas a política democrática e a filosofia, a práxis e o pensamento, podem nos ajudar a limitar, ou melhor, a transformar a parte imensa de contingência que determina a nossa vida pela ação livre. Seria ilusório afirmar que elas nos ajudam a "livremente assumir" as circunstâncias que nunca podemos, e nunca poderíamos, escolher. O fato mesmo de que um filósofo possa pensar e escrever que a liberdade é a consciência da necessidade (independentemente de toda consideração substantiva quanto ao sentido desta frase) é condicionado por miríades incontáveis de outros fatos contingentes. A simples consciência da mistura infinita de contingência e de necessidade — de contingência necessária e de necessidade ultimamente contingente — que condiciona o que somos, fazemos e pensamos, está longe de ser liberdade. Mas ela é condição desta liberdade, condição requerida para empreender lucidamente as ações que podem nos levar à autonomia efetiva tanto no plano individual como no plano coletivo.

IMPRESSÃO E ACABAMENTO:
YANGRAF Fone/Fax: 6198.1788